翻译实务与语言服务系列丛书

An Engineering Practice Guide to Translation and Localization

翻译与本地化工程技术实践

崔启亮　胡一鸣　编著

北京大学出版社
PEKING UNIVERSITY PRESS

图书在版编目（CIP）数据

翻译与本地化工程技术实践/崔启亮，胡一鸣编著． —北京：北京大学出版社，2011.1
（翻译实务与语言服务系列丛书）
ISBN 978-7-301-18419-6

Ⅰ.①翻… Ⅱ.①崔…②胡… Ⅲ.①计算机应用—翻译 Ⅳ.① H059-39

中国版本图书馆 CIP 数据核字（2011）第 006123 号

书　　　名：	翻译与本地化工程技术实践
著作责任者：	崔启亮　胡一鸣　编著
责 任 编 辑：	王　晶
标 准 书 号：	ISBN 978-7-301-18419-6/H · 2741
出 版 发 行：	北京大学出版社
地　　　址：	北京市海淀区成府路 205 号　100871
网　　　址：	http://www.pup.con
电　　　话：	邮购部 62752015　发行部 62750672　编辑部 62754382
	出版部 62754962
电 子 邮 箱：	zbing@pup.pku.edu.cn
印　刷　者：	河北滦县鑫华书刊印刷厂
经　销　者：	新华书店
	787 毫米×1092 毫米　16 开本　12.25 印张　375 千字
	2011 年 2 月第 1 版　　2011 年 2 月第 1 次印刷
定　　　价：	28.00 元

未经许可，不得以任何方式复制或抄袭本书之部分或全部内容。

版权所有，侵权必究　举报电话：010-62752024
　　　　　　　　　　　电子邮箱：fd@pup.pku.edu.cn

北京大学 MTI 教育中心
北京大学"翻译实务与语言服务"系列丛书编委会

顾问委员会（按首字音序排列）

程晓堂　程朝翔　冯志伟　孔　岩　李　兵　李　未　林国夫　林戊荪
Mark Lancaster　王立非　王明舟　向明友　叶子南　俞士汶

主　编

王继辉

副主编（按首字音序排列）

陈小全　崔启亮　林庆新　俞敬松　张　冰

编委会成员（按首字音序排列）

陈小全　崔启亮　丁林鹏　贺　军　胡一鸣　林怀谦　林庆新　蔺　熠
刘　璐　刘　微　彭　蓉　王华树　王华伟　王继辉　王　巍　王维东
熊　伟　杨春丽　杨颖波　俞敬松　张　冰　张南军　郑培林　朱宪超

总序

随着社会的发展，我国走向全球一体化的步伐正在逐年加快，社会对具有宽广国际视野、精湛翻译技能与技术、丰富行业经验的高级译者与语言服务业管理人才的需求也在与日俱增，在这一大格局下，我国根据教育部的统一部署，适时地开展了翻译硕士专业学位（MTI）教育。

作为 MTI 教育的十五个试点单位之一，北京大学 MTI 教育中心经过认真的思考与摸索，以外国语学院和软件与微电子学院强强联合的姿态，于 2007 年率先提出了"MTI+CAT[①]"翻译硕士培养模式。在此模式中，"MTI"强调人文学术基本素养、翻译技能与行业经验；"CAT"强调翻译技术对于翻译活动的支撑。几年来，朋友们正是在这一模式下，秉承北京大学优良学风，努力探索着培养集人文素养、翻译技能、语言服务技术和行业经验于一身的、符合当今业界发展需要的、高素质复合型翻译从业者与语言服务行业管理人才的道路。由北京大学出版社鼎力支持出版的这套"翻译实务与语言服务"丛书，即是学界和业界的朋友们在近三年的辛勤耕耘中所获得的部分劳动果实。

北京大学"翻译实务与语言服务"丛书计划分 10 册于今明两年陆续出版，其目标读者包括英语、翻译专业本科生和研究生、英语、翻译专业教育者和培训专家、翻译和本地化公司从业人员、翻译爱好者及翻译界自由职业者。出于上述群体对翻译技能训练与语言技术培训的特殊要求，这套丛书的编辑委员会刻意邀请了有翻译教学经验和语言服务企业从业经验的学者专家直接参与编纂工作，并请前辈学者和业界知名专家严格把关，以借助他们的学识与阅历，有效地传达我们产学结合的基本理念，推广与普及现代化翻译技能、语言服务和翻译技术的培训方法与实际应用，从而为我国翻译教育与翻译产业的发展再做一点有益的工作。

本套丛书的所有编纂者均对翻译教育与翻译产业抱有强烈的使命感和浓厚的参与热情，但由于水平的局限和时间的压力，各部小书都难免存有亟待澄清和进一步探讨的问题，甚至谬误，我愿借此机会代表参加这次编辑与写作工作的朋友们，真诚地向各界学者行家们寻求指教，以便尽可能完整地做好后续编纂与出版此套丛书的艰巨工作。

[①] MTI，即 Master of Translation and Interpreting（翻译专业硕士）；CAT，即 Computer Aided Translation（计算机辅助翻译硕士）。2007 年，北京大学在国内率先开设了计算机辅助翻译硕士培养方向。

本丛书编辑委员会在筹划并实施这套丛书的出版计划过程中，有幸得到了很多业内行家以及北京航空航天大学、北京师范大学、对外经济贸易大学、南开大学、中国人民大学等单位相关领导和教授们的热情鼓励与无私支持，我们在此向帮助过我们的朋友们一并表示感谢。

王继辉

北京大学智学苑寓所

2010 年 9 月 22 日

翻译与本地化工程是利用计算机软件工程技术对翻译和本地化的产品进行分析和信息转换的技术。本书介绍翻译与本地化工程的基础知识，根据翻译和本地化项目的业务特征，详细论述软件、联机帮助、文档、多媒体等典型业务的本地化工程技术，介绍本地化工程管理与过程改进方法，提高学生应用计算机软件技术从事翻译和本地化工作的能力，增强学生处理翻译和本地化复杂项目的实践经验。

致谢

《翻译与本地化工程技术实践》一书的写作和出版,得到了众位老师和朋友的帮助和支持,作者在此感谢他们的指导和关怀。

感谢北京大学王继辉和俞敬松老师的指导,感谢王华树、刘劲松、陈勇、佟志会等同志对本书提供的帮助。同时感谢北京大学出版社提供的机会,使本书可以早日与读者见面。

前言

经济全球化已经成为社会发展的趋势。经济全球化推动了企业国际化，而企业国际化离不开产品和服务的本地化。对于众多成功的国际化企业而言，本地化已经成为国际化的驱动力。随着企业国际化和产品本地化规模和价值的不断深化，催生了现代翻译和本地化行业。

我国翻译与本地化行业与世界领先的国家相比，依然处于初级发展阶段，本土的翻译公司虽然成千上万，能跻身世界前列的却寥寥无几，这与我国悠久的翻译历史极不协调。尽管中国最早的翻译活动起源于3000多年前的周朝，而且在汉朝已设立了翻译外交官，开始大批量的翻译，技术翻译在元明两代开始发展，清代出现了像严复那样杰出的翻译家，但是为什么直到现在，中国的翻译与本地化行业还只是初级发展阶段，是什么决定了这一历史的进程呢？

我国本地化行业发端于20世纪90年代。回首过去十几年本地化行业在中国的发展历程，翻译与本地化公司成为行业的主要实践者和推动者，其发展路线大体分为三种方式：第一，由国外本地化行业巨头在中国设立分支机构；第二，本土的本地化公司不断做大，转型为信息技术外包公司；第三，国内较有实力的翻译公司被收购，成为国外行业巨头在中国的分公司。但综观上述各条发展道路，国内的本地化团队目前基本上依然扮演着"执行者"的身份，提供详尽的国际化与多语言本地化项目的解决方案的能力相对不足，那么终结这种尴尬需要依靠什么呢？

国外巨头通过植入一种"力量"，可在短时间内实现规模的飞跃，将原先3至5人的"小团队"打造成百人规模的本地化公司。而且在一年内即可将其主要的生产转向低成本地区，并抢占该地区的本地化业务输出市场，不断挖掘和利用有潜力的经济发展体中所产生的翻译与本地化需求。在这一过程中，是什么样的"力量"才能做到呢？

这种力量的核心是"本地化工程技术"，一种将语言技术与软件技术相结合的技术。本地化工程成为了任何一个本地化和翻译公司不能避开的话题，也是发展中不可逾越的一部分。本地化工程技术的强弱决定了翻译和本地化公司的技术实力和服务水平，也是大型本地化公司的核心技术和竞争优势。

能够提供详尽的产品国际化与多语言本地化项目的解决方案，是一个成功的翻译或本地化公司必不可少的核心竞争力。工程分析解答了"本地化和翻译该如何进行"的问题,它回答了"怎么做"、"做多少"和"花多少时间"等一系列项目计划和实施所需要了解的重要项目信息。其中,工程数据为工程工作提供了量化的依据,工程报告则是工程分析的结果、遇到的问题和可能的风险等信息的汇总,为本地化项目经理和销售经理提供了决策的依据。在某种程度上,工程分析决定了在项目公开竞标时是否可以获取,工程技术推动了本地化项目的进程。

本地化工程技术随着软件和多媒体技术的发展,也呈现出了两大技术分支,即软件本地化工程技术和多媒体本地化技术。其中,软件本地化工程技术呈现了向"云计算"发展的趋势。软件技术正随着"云计算"的推进和部署而向前发展,已经有很多软件公司开始尝试将软件发布成在线模式,这种迁移将对软件本地化工程原有的流程和工具产生影响。而多媒体技术则是一门综合性很强的技术,涉及计算机、图像设计、音视频数字技术以及交互技术等多项技术和技能的综合。随着多媒体技术的不断完善和成熟,这一新技术在本地化中的应用也越来越广泛。

集成化工程项目已成为本地化行业发展中的一个必然的趋势,集成化工程在实施过程中汇集了来自多个领域的挑战,要求工程项目管理者和实施者在项目管理、知识管理、资源管理、外包采购和沟通管理等领域都要具备良好的素养和广博的知识,只有这样才能将集成化工程项目推向高品质和高效率的实施水平。工程技术的管理是技术与管理的结合。在本地化工程项目实施过程中,我国所处的位置赋予了项目管理更具挑战的特点和难题。此外,管理经验和管理人才的缺乏,为项目实践的成功竖起了另一道屏障。

随着越来越多的本地化工程项目迁移到中国,如何培养优秀的工程人员与技术经验的积累,成为了困扰国内工程发展的两大难题。工程实施管理是本地化行业所面临的新挑战。经过长期的摸索,一种由工程实施前的核实、团队建设与管理、工程采购、工程技术管理系统和沟通技能的培养这五个方面所构建的新型管理模型,为解决工程项目管理中的难题提供了综合性的方案,也只有将这五个方面整合在一起,我国本地化企业才能找到一条具有中国特色的管理解决之道,不断提高本地化工程团队与项目管理的绩效水平,跻身世界的前列。

工程技术的标准化,不仅仅是为了在工程实施和管理中适应大规模生产的需求,同时也是获取更高利润和客户满意度的核心准则。工程技术的标准化可以促进成功经验的复制、团队间无障碍的协作以及服务品质始终如一的客户认同感。但标准不是一成不变的,需要所有翻译人员与本地化工程人员在充满变化的机遇中,不断做出新的调整,以适应行业的新发展、新动向,使翻译与本地化工程事业的基础更加坚实、实践管理的模式更加充实,为其注入更为持久的、技术领先的发展动力。

本书由崔启亮和胡一鸣合作编写,崔启亮编写了第一章、第二章、第四章、第七章和第十章,胡一鸣编写了第三章、第五章、第六章、第八章和第九章,崔启亮通读全文并定稿。

由于水平和时间的限制,书中不可避免会出现一些错误,请各界同仁不吝赐教。

第一章　翻译与本地化工程 1
　第一节　概　述 2
　第二节　本地化工程的工作任务 6

第二章　本地化工程技术 13
　第一节　概　述 14
　第二节　软件技术基础 15
　第三节　本地化技术基础 20
　第四节　本地化工程工具 23
　第五节　本地化工程技术的经验技巧 25

第三章　本地化工程分析与计划 29
　第一节　概　述 30
　第二节　工程分析的概念与目的 30
　第三节　工程分析的基本操作流程 31
　第四节　工程分析的质量保证 38
　第五节　本地化工程计划 40

第四章　软件用户界面工程 45
　第一节　概　述 46
　第二节　软件本地化技术基础 47
　第三节　软件用户界面本地化工具 51
　第四节　软件用户界面本地化的基本规则与流程 53
　第五节　标准任务分配表和生产文件夹结构 56
　第六节　软件界面本地化的工程准备与分析 58
　第七节　软件界面本地化的工程实施 61
　第八节　软件用户界面本地化工程的质量保证 69

第五章　软件联机帮助工程 75
　第一节　概　述 76
　第二节　软件联机帮助的介绍 76
　第三节　常见软件帮助写作与编译工具 79
　第四节　软件联机帮助CHM的本地化流程 82
　第五节　标准任务分配表和生产文件夹结构 86
　第六节　以WebWorks ePublisher Pro为例的编译过程 ... 87
　第七节　本地化联机帮助的质量保证 90

第六章　多媒体课件工程 ... 93
第一节　概　述 ... 94
第二节　多媒体和多媒体本地化 ... 94
第三节　多媒体的元素构成 ... 96
第四节　多媒体的本地化流程 ... 105
第五节　标准任务分配表和生产文件夹结构 ... 113
第六节　多媒体eLearning课件 ... 115

第七章　手册文档工程 ... 121
第一节　概　述 ... 122
第二节　手册文档的基础技术 ... 123
第三节　手册文档本地化质量保证的软件工具 ... 126
第四节　标准任务分配表和生产文件夹结构 ... 128
第五节　手册文档本地化的工程实施 ... 130
第六节　手册文档本地化工程的质量保证 ... 134

第八章　工程管理与沟通技巧 ... 139
第一节　概　述 ... 140
第二节　集成化工程 ... 140
第三节　集成化工程项目实施与管理 ... 142

第九章　本地化工程标准化 ... 153
第一节　概　述 ... 154
第二节　工程标准化的目标 ... 154
第三节　工程标准化的作用 ... 155
第四节　工程标准化的界定过程及方法 ... 156
第五节　工程标准产出率的标准化过程 ... 162

第十章　本地化工程的现实挑战与发展趋势 ... 167
第一节　概　述 ... 168
第二节　本地化工程的现实挑战 ... 169
第三节　本地化工程的发展 ... 171
第四节　本地化工程技术的发展趋势 ... 173

跋 ... 177

参考书目 ... 179

第一章

翻译与本地化工程

本章精要

本地化翻译是科技翻译领域快速发展的一个分支,为了保证本地化翻译的效率和质量,需要灵活有效地应用本地化工程技术。本地化工程集成应用语言技术和软件技术,是对本地化项目中的技术处理和支持工作,代表着现代语言服务行业的技术发展方向。

本章在简要介绍翻译与本地化概念的基础上,详细介绍本地化工程的工作内容和知识技能,引领读者逐步进入本地化工程的广阔世界。

本章的重点内容包括:
* 本地化工程的概念
* 本地化工程的特征与作用
* 本地化工程的工作任务

第一节 概 述

翻译的实现主要包括口译和笔译两种形式,其中笔译在商业翻译领域占有更大的比例。根据笔译内容所属的领域,可以分为科技、文学、法律、经济和文教等领域的翻译。在科技笔译领域,本地化翻译已是深刻影响以语言文字内容为主的传统翻译工作的新兴分支之一。

什么是"本地化"呢?根据本地化行业标准协会(LISA)的定义,本地化是对产品或服务进行修改以适应不同市场差异的过程。

随着经济全球化和区域化的快速发展,跨国公司在全球市场设计与销售产品的过程中,产品所使用的语言、文化和技术需要积极适应全球或区域市场用户的需要,实施产品语言信息翻译和功能特征改造的过程即是本地化。

本地化处理的对象是在全球或区域市场销售的产品,而不是单一的、孤立的产品所包含的文字片段。本地化的输入是源语言的产品(包括软件、网站、用户手册、多媒体材料等),输出是目标语言的产品。因此,本地化不仅仅是源语言内容的翻译,还包括对产品的功能特征进行修订和改造。

在有效实施产品本地化过程中,本地化工程起到举足轻重的作用,是产品本地化流程不可缺少的环节之一,它应用多种最新最有效的软件工程技术(软件、工具和模型),保证了产品本地化的质量。

什么是"本地化工程"呢?

从工作性质而言,本地化工程是对本地化项目中的技术处理和支持工作,既包括所有翻译人员不能做的工作,也包括所有源语言产品设计开发人员不能做或不愿意做的工作。

从应用的技术而言,本地化工程技术包括软件工程、翻译技术和质量保证技术。包括软件国际化设计技术、计算机辅助翻译技术、术语管理技术、译文质量检查与统计等技术。

本地化工程不是翻译工作,但与语言息息相关;本地化工程不是软件工程,但与生成产品息息相关;本地化工程不是测试工作,但与产品质量息息相关。本地化工程主要是针对产品的开发环境和信息内容,先把它们分析拆开、内容抽取、格式转换,然后再将所有已翻译的信息内容再次配置到产品开发环境中,从而生成本地化产品的一系列技术工作。

总之,本地化工程是本地化工作中的一项独立的工作,它综合使用多种技术,辅助本地化团队完成本地化的工作。事实上,是否独立存在本地化工程是本地化项目和传统翻译项目之间的主要区别。

一、历史起源

国际本地化行业兴起于20世纪80年代初期,IBM(国际商用机器公司)等跨国公司的软件产品本地化促进了本地化行业的兴起。当时本地化工程只是作为一项附属性的工作。那时候,一般是源语言产品的开发人员与翻译人员直接合作构建生成本地化版本的软件产品。

由于翻译人员的语言背景与开发人员的技术背景之间存在明显的差异，翻译人员经常陶醉于语言文字的优雅表达之中，而对各种软件开发和程序代码没有兴趣，而开发人员则痴迷于编写代码的创造性过程，对不同语言之间的翻译工作兴味索然。因此，双方沟通一直不流畅，彼此并不赏识或不理解对方工作的重要性。

随着科学技术的进步以及信息化的深入发展，产品全球化目标语言的数量增多，产品开发和发布周期逐渐缩短，为了在全球迅速发布本地化产品，一些软件开发商开始尝试将包括软件翻译等的工作外包给一个或多个本地化语言服务提供商（Language Service Provider，LSP），简称"本地化公司"。对于LSP而言，产品的设计开发商是它们的客户（Client），为了协调成本与进度，LSP也经常把从客户接到的本地化项目的一部分工作外包给外部服务商（Vendor）。

通过外包和转包方式，产品的开发人员集中精力从事源语言（Source Language）产品的开发和发布，没有时间解决产品本地化多个语言版本中复杂琐碎的技术问题。软件开发商的最理想模式是将产品的构建环境发给本地化公司，并在几周或几个月后收到可以发布出售的本地化产品。

本地化行业日趋成熟后，软件开发商意识到同时发布所有语言版本的产品具有很高的竞争优势，因此需要在本地化和翻译过程中做更多的技术工作（使用翻译技术、处理内容更新、过程度量与控制、本地化测试等）。由于软件开发商的开发人员精通软件代码，而本地化翻译人员专注于语言翻译，彼此在共同构建生成本地化产品时，遇到技术交流问题，经常相互不理解，不欣赏对方的工作，影响了产品本地化的效率和质量。

对于软件或者网站本地化，通常软件开发商将大量的、各种类型的文件提供给本地化公司，要求本地化公司提供报价，然后进行本地化，提交本地化产品。本地化公司需要分析和筛选需要本地化的文件，统计工作量，之后才能合理报价，这项工作需要精通软件和网站开发技术的人员完成，很多翻译人员不胜任这项技术含量较高的工作。

由于翻译人员通常对软件技术不精通，进行文件或内容的技术分析和处理，构建生成本地化产品时，需要独立的熟悉产品技术和本地化技术的专职人员。本地化工程人员承担着架起开发人员和翻译人员交流桥梁的角色。

二、特征和作用

为了做好本地化工程工作，需要完整、准确地理解本地化工程工作的特征，深入理解本地化工程在产品本地化过程中的作用。在此基础上，根据产品本地化的要求，组建和规范本地化工程部门和团队，制定本地化工程工作流程，配置本地化工程工作环境和相关软件及工具。

（一）本地化工程工作的特征

以软件产品的本地化过程为例，本地化工程贯穿本地化生命周期之中。图1.1描述了本地化工程在软件本地化各个阶段的任务和次序。其中，SSR Build 是 Software Screenshot Ready Build 的缩写，指的是可以用于屏幕拍图（Screenshot）的本地化软件版本，此版本的用户界面（User Interface, UI）都已经完成

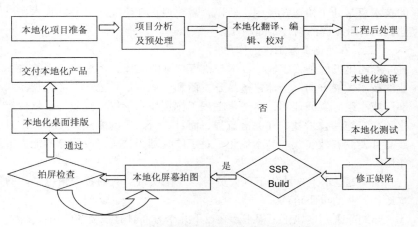

图1.1　本地化工程工作与软件本地化生命周期

翻译并且处于冻结不再修改的状态。

说明：

* 有些公司把"SSR"版本也称为"UI Freezed"版本，即冻结了用户界面的版本。
* "本地化屏幕拍图"是使用图像捕捉软件，在本地化软件用户界面上截取和保存相关软件界面的过程，有些公司称为"截图"、"拍屏"等。

归纳起来，本地化工程工作具有以下特征：

1. 本地化工程贯穿产品本地化的整个生命周期

本地化工程从项目准备阶段开始介入，协助本地化项目经理和市场经理，进行项目分析、工作量估算。在本地化项目实施阶段，进行详细工作量计算，文件格式转换等预处理工作（Pre-process），也称"前处理"或"译前处理"。在翻译人员完成文件翻译后，执行本地化内容和格式检查，把文件格式转换为源语言文件格式等后处理工作（Post-process），也称"后处理"或"译后处理"，参照源语言软件的开发环境，进行语言和技术方面的设置，构建生成本地化产品（软件、联机帮助、网站、多媒体文档等）。针对本地化测试报告的各种本地化缺陷（Bugs），需要采用适当的技术及时修正。经过多次迭代，最终生成稳定可发布的本地化产品，依据源语言用户手册包含的软件用户界面图，使用屏幕抓图软件，把本地化产品的用户界面抓取下来，供本地化排版人员进行手册本地化排版和输出。

2. 熟练组合使用多种软件技术和工具

本地化工程工作要求熟悉各种软件开发的新技术，精通字符编码的知识，熟悉本地化需要处理的各种文件类型，并且选择或编写合适的工具软件进行处理，深刻理解和利用翻译记忆技术为核心的计算机辅助翻译工具。

3. 经常与多个本地化部门和人员配合

本地化工程属于翻译之外的独立的技术工作，为翻译人员提供便于翻译的文件格式、为桌面排版人员提供本地化屏幕拍图的图像、修正本地化测试人员报告的本地化缺陷、为项目管理进行项目难度分析和工作量统计提供数据，协助本地化项目经理回复和解决客户方技术人员提出的本地化技术问题。

4. 注重较高的时效性

本地化工程工作一般以小时为计量单位，需要在有限时间内完成任务，例如，统计文件中需要翻译的字数，处理源语言的内容更新，解决本地化产品构建生成中的各种问题，修正本地化产品的缺陷等，发现和解决问题。如果本地化工程在某个处理环节占用了较多的时间，将会加重翻译或排版等工序的工作时间压力，还可能因为项目报价不及时或者不准确而受到客户的抱怨，甚至丢失客户。

5. 不断学习和快速应用新知识和新技术

本地化工程工作的处理对象是采用各种开发技术设计的产品，由于软件开发和技术写作所应用的技术总是处于快速发展中，所以，需要追踪和研究产品开发技术，以便在本地化工程中解决可能遇到的各种琐碎的新技术问题。

（二）本地化工程工作的作用

本地化工程是集成软件技术与语言技术的工作，本地化工程的技术方向代表了现代科技翻译行业的技术发展方向。全球化产品开发商和专业本地化公司，无论规模大小，都需要设有本地化工程部门或小组。实践证明，本地化工程工作及技术不仅广泛应用于软件产品本地化项目，是产品本地化顺利实施的技术基础和关键流程，而且它所采用的方法、技术和工具，对于非软件领域的全球化产品开发商有效实施产品本地化，对于传统翻译公司提高翻译的能力、效率和质量同样具有积极的作用。

图 1.2 显示了本地化工程人员与本地化项目团队的各个角色之间的关系，本地化工程人员成为本地化团队的重要角色。

归纳起来，本地化工程工作在以下几个方面具有积极的作用：

1. 为产品经理、项目经理和市场营销人员提供技术支持

对全球化产品开发商的产品经理而言，无论是来自公司内部的本地化团队，还是来自外部本地化服务提供商的本地化具体技术问题，本地化工程人员起到技术支持的作用，协助回复和解决产品本地化的具体技术问题。

对于本地化服务公司而言，为了从市场上顺利获得本地化项目订单，本地化市场营销人员经常需要回答客户针对项目的本地化技术问题，而大部分市场人员对技术细节缺少专业知识。对于本地化项目经理，也面临同样的问题，针对客户发来的本地化项目报价请求

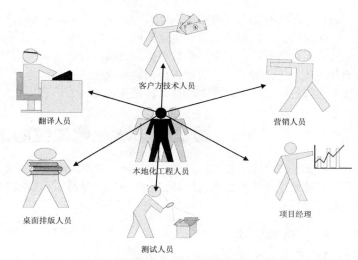

图1.2 本地化工程人员与项目团队的关系

（Request for Quotation，RFQ），由于对各种开发技术、文件类型、本地化技术了解的不够深入，而且本地化项目经理经常同时承担多个客户的多个本地化项目，所以，在项目计划阶段需要本地化工程人员进行快速和准确地项目分解分析、工作量统计，以便提供科学的项目报价。在本地化项目实施阶段，需要回答来自本地化公司内部和客户方的各种具体技术问题，这些都离不开本地化工程人员的支持。

2. 在产品开发人员和翻译人员之间架起沟通交流的桥梁

由于产品开发人员的工作重点在于设计开发满足市场需求的源语言产品，对产品的本地化过程，特别是语言文字内容翻译的技术不了解。翻译人员遇到产品或软件的具体技术问题时，开发人员经常无法及时、准确地提供解决方法。

由于本地化工程人员熟悉软件开发技术，熟悉各种计算机辅助翻译软件，可以起到在开发人员和翻译人员之间交流沟通的作用。本地化工程人员的工作不仅减轻了产品开发人员的工作负担，而且翻译人员可以及时地得到解决问题的最佳方法。

3. 提高本地化翻译人员和质量保证人员的工作效率和一致性

对于需要本地化翻译的各种类型的文件，为了方便翻译人员，避免在翻译过程中因为误操作删除或者修改了某些不能修改的控制文字格式的标识符（Tag），本地化工程人员需要把各种文件进行格式转换，把不需要修改的标记在字处理软件（例如，Microsoft Word）中"隐藏"起来。另外，对于来自客户的文件更新，本地化工程人员采用适当的工具软件，根据已有的译文内容进行重复使用（Leverage），执行预翻译工作，大大降低了本地化项目的实际翻译工作量，同时保证了译文的一致性和语言质量。

对于本地化质量保证工作，本地化工程人员的工作同样举足轻重。例如，本地化翻译的质量要求之一是保证文件句子级别的翻译一致性，保证产品术语在译文中的一致性，保持软件用户界面（UI）、联机帮助、用户手册以及市场宣传材料的一致性。另外，对于译文的标点符号、空格、数字、标记符等都有一致性要求。如果这些内容单纯依靠本地化质量保证人员的手工检查，在文件数量成百上千，提交时间非常紧张的情况下是很难完成的。这时，本地化工程人员可以选择合适的本地化软件或者编写本地化工具（宏、脚本代码），自动化实现这些内容和格式的检查，甚至可以在一定的规则下自动化批量修改。

4. 提供生成本地化产品的能力

对于本地化公司或者传统翻译公司而言，如果没有本地化工程技术，只能提供文件级别的翻译服务，很难依靠这些文件生成客户要求的本地化产品。所以，传统的翻译公司经常无法提供软件或者联机帮助的本地化构建服务，无法有效地解决本地化产品的功能问题。例如，字符显示乱码、排

序错误、某些本地化功能失效等，似乎成为"不可逾越"的技术门槛。

本地化公司依靠出色的本地化工程人员的努力，可以娴熟地综合运用各种软件和工具，解决本地化产品的各种技术问题，最终生成满足客户需要的本地化产品。在某种程度上，本地化公司的本地化工程人员的能力，代表着该公司的本地化服务技术能力，是参与市场角逐的核心竞争力，也是能够在同行中脱颖而出所依赖的"秘密武器"。

第二节 本地化工程的工作任务

由于本地化处理的产品类型多种多样，本地化工程工作的处理对象具有各自不同的特征。针对每个需要本地化工程处理的产品，需要分析产品特点和要求，确定有效的工程技术，执行对应的本地化工程任务。

一、对象分类

根据本地化产品和该产品需要本地化的对象，在本地化公司内部，通常把本地化工程的处理对象分为软件本地化工程、网站本地化工程、手册文档本地化工程、多媒体电子课件本地化工程、其他本地化工程等。

（一）软件本地化工程

软件本地化工程通常需要处理的内容包括用户界面（User Interface，UI）、联机帮助（Online Help，OLH）、用户手册（Manual）、软件教程（Tutorials）等。与其他类型的本地化相比，软件本地化工程包含了最全面的工作，几乎涵盖了本地化工程的所有内容，最具有代表性。

随着软件运行平台和开发技术的发展，软件的形式和利用的技术不断变化，例如 Windows 平台的桌面软件和基于 Web 的软件，在 Macintosh 和 Linux 平台上的软件，以及手机和汽车上的软件等。每种类型的软件都可能使用不同的开发工具开发，在本地化工程中，需要选择适当的工具，采用不同的方式处理软件中需要本地化的内容。

（二）网站本地化工程

网站本地化工程通常需要处理的内容包括网页文字、图像、动画、视频等。从本地化工程处理的技术难度上分析，网站本地化工程是仅次于软件本地化工程的技术性工作，在某种程度上，对于基于服务器后台数据库支撑的网站，可以把它看作基于 Web 运行的软件。

全球化公司的网站，通常需要多语种本地化，针对不同的语言市场，网站的内容和表现形式也可能需要修改或者重新设计，以适应目标市场用户在内容、习惯、功能等方面的需要。

（三）手册文档本地化工程

为了方便用户使用产品，产品开发商通常提供多种类型的使用手册，包括产品用户手册、安装手册、维护手册、产品规格说明书等。

不同的开发商会选择不同的技术写作软件设计编写手册，并且以电子方式或者印刷成纸质手册随同产品交付给用户。对于不同的手册文件类型，需要选择不同的软件工程方法和工具进行本地化工程处理。

（四）多媒体电子课件本地化工程

为了更有效提高产品的用户体验，减轻产品维护过程中的各种用户操作和使用问题，越来越多的产品手册和电子课件使用多媒体方式表现，例如使用 Flash 动画、视频、音频文件等代替传统文字描述。多媒体信息具有生动活泼、交互性高、栩栩如生的效果，可以显著增强用户体验。

多媒体文件的本地化工程采用多种软件，分别提取需要本地化的文字内容，翻译后合成到原来文件中，并且进行音频和视频同步的合成和调整工作，最后完成输出。

（五）其他本地化工程

其他本地化工程的对象包括产品的市场宣传材料、包装盒等，与前述本地化相比，这些对象本地化的信息内容较少，本地化工程的工作相对较少。

二、工作任务

典型的本地化项目工作可以分解为工程、翻译、排版、测试和项目管理。本地化工程工作任务包括以下八个方面的内容：

（一）文件抽取与工作量统计

一个典型的产品本地化项目（例如，软件或者网站的本地化），开发人员或者客户提供的源语言文件包中，通常包括几百个文件，用来构建软件应用程序、联机帮助文件和网站的环境文件。这些文件有些是需要本地化的，有些是不需要本地化的。识别出所有需要本地化的文件，并为翻译人员做好准备工作是本地化工程人员的职责之一。本地化工程人员应确保完整、准确地列出需要本地化的文件。理想情况下，所有可本地化的文本存储在一个或多个资源文件中，使得本地化工作相对简单。然而，多数情况下，客户提供的是包括很多文件的源语言文件包，包含了需要本地化和不需要本地化的文件，需要本地化工程人员进行分析和识别需要本地化的文件。

本地化工程人员在项目准备阶段需要做好文件抽取和工作量统计等收集项目数据的工作，项目经理使用这些数据制定产品本地化计划、定义工作范围、制定工作步骤。本地化工程人员需要根据客户要求和专业经验，抽取或者筛选需要本地化的全部文件，根据文件类型列出本地化文件清单，并且分析和统计出本地化的工作量，统计工作量不仅包含需要本地化翻译的字数，还要包括需要本地化的图像、图形和动画等多媒体文件的数目。

为了使工作量统计的结果一致，客户方和语言服务方要对工作量分析统计方法、使用的软件及其版本、软件的参数设置等达成一致。如果使用翻译记忆库（Translation Memory Database）统计翻译工作量，还要保证双方使用相同的翻译记忆库统计。图1.3是使用SDL TRADOS软件对5个需要本地化翻译的文件的字数分析和统计的结果，以此可以作为翻译工作报价和工作量分析和分配的依据。

说明：本书示例中应用的是SDL TRADOS 2006，版本号是7.5.0.756，特别说明的除外。

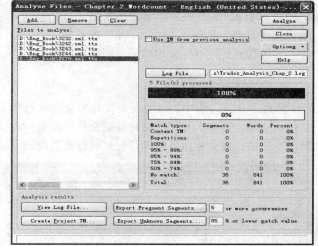

图1.3 使用SDL TRADOS 统计的翻译字数

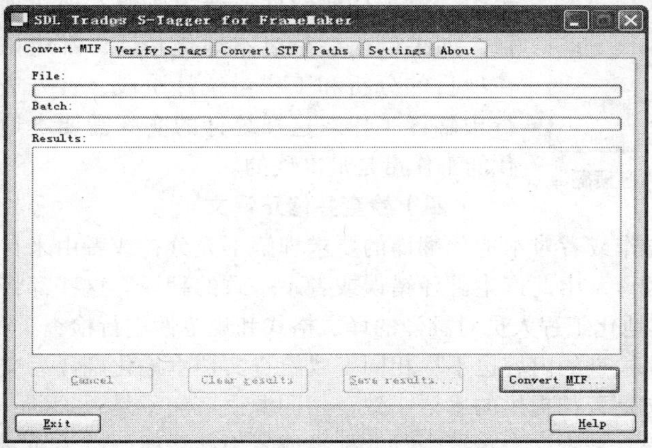

（二）文件格式转换与标记

由于产品开发技术和文档写作工具的多样性，需要本地化的文件包括非常多的文件类型（具有不同的文件扩展名）。为了方便翻译人员有效地、方便地使用翻译记忆软件翻译，通常需要将源文件使用不同的工具软件转换成 RTF（Rich Text Format，富文本格式）、Microsoft Word 的 DOC 或者计算机辅助软件支持的其他文件格式，通常称为"预处理"，翻译人员完成翻译工作后，本地化工程人员再把译文文件格式转换成原来的格式，通常称为"后处理"。这项工作的重要内容是"文件格式转换"。

图1.4 使用TRADOS S-Tagger for FrameMaker转换FM文件

针对不同的文件格式需要选择合适的转换工具，对于特定的非标准文件格式，还需要开发专门的工具进行转换。例如，使用 SDL TRADOS S-Tagger for FrameMaker 可以将 FrameMaker 格式的 fm 文件转换成 RTF 格式。

在文件格式转换过程中经常需要对翻译过程中不应该修改的文本格式标识符（Tag）进行特别标记（例如，把 Tag 的样式修改成"tw4winExternal"样式），这个过程称为"标记（Markup）"。标记可以减少翻译过程中因误操作对 Tag 的修改，起到保护作用，也使得统计本地化翻译的字数更准确。

例如，为了生成 Chm 格式的联机帮助本地化文件，需要对其中的目录文件（扩展名 hhc）在格式转换中将 Tag "保护"起来。图 1.5 是使用 Microsoft Word 对转换成 RTF 格式的 hhc 文件打开后，可以看到 Tag 都呈现"灰色"，样式为"tw4winExternal"样式，翻译人员在使用 SDL TRADOS 工具在 Microsoft Word 中翻译过程中可以直接跳过这些被保护起来的 Tag。从图中可以清楚地看出，目录文件中只有一个单词（Licensing）需要翻译，其他都是已经被标记出的不需要翻译的各种 Tag。

图1.5 目录文件hhc转换后标记出"标识符（Tag）"

（三）文件预翻译

软件本地化过程中，软件开发工作经常与本地化工作同步进行。由于开发人员经常修改和增强软件的功能，需要本地化的用户界面文件经常进行内容更新。为了减少重复翻译的工作量，保持翻译的一致性，需要使用各种翻译记忆软件把以前翻译过的内容，导入到更新后软件文件中，这个过程称为"预翻译"（Pre-Translation），也称为"译文重用（Leverage）"。

图 1.6 是使用 Alchemy Catalyst 8.0 软件对更新的用户界面文件进行预翻译译文重用后的结果。可以看出，经过预翻译原来已经翻译过的内容直接替代了源语言（英文）内容，其他都是更新的英文 UI 内容。

文件预翻译不仅应用于产品本地化过程中，对于任何软件或者手册的本地化项目，如果以前进行过本地化翻译，都应该在项目的分析和工作量统计阶段，首先进行预翻译工作，这样统计的实际需要本地化的工作量是最准确的。

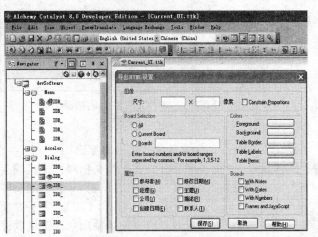

图1.6 使用Alchemy Catalyst对更新的软件用户界面内容预翻译

（四）检查并修正译文

翻译人员在翻译过程中，可能会因为误操作或者对本地化翻译的要求理解不充分，或者由来自不同的公司的不同翻译人员对不同文件进行翻译，由此产生翻译错误或者不一致的翻译，这些都将影响到最终本地化产品的质量。因此，需要本地化工程人员对翻译的译文格式和规范性进行检查。

根据项目对质量和规范的要求不同，需要检查的内容也不尽相同。以检查文档本地化翻译后文件为例，通常需要对以下内容进行检查：译文是否与提供的术语一致，相同源语言句子是否翻译一致，标点符号、数字和空格规范性、超链接等，是否存在不符合行业标准或者引起法律、政治纠纷的问题。

本地化工程人员需要根据检查的译文文件格式和检查项，选择适当的检查工具（有时候需要组合使用各种检查工具）或者开发专门的检查工具。图 1.7 是使用 SDL TRADOS QA Checker 工具检查译文的软件界面。

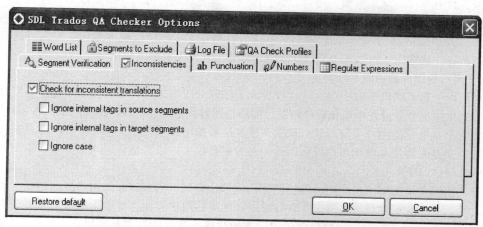

图1.7　使用Alchemy Catalyst对更新的软件UI内容预翻译

（五）生成本地化产品

本地化的最终目标是生成本地化的产品（例如本地化的软件、联机帮助、网站、用户手册等），这样才能进行产品的发布。

一般的，生成本地化的软件或者联机帮助都需要在开发环境（Development Environment）或者构建环境（Build Environment）下进行，为了本地化工程人员顺利和正确地生成本地化产品，需要开发人员提供与生成源语言产品相同的环境（称为"构建环境"，也称"编译环境"）。

以联机帮助为例，不同格式的联机帮助文件需要选择合适的生成工具（需要与生成源语言的联机帮助文件的工具一致）。常用的生成工具包括 Microsoft Html Help Workshop、RoboHelp for HTML Help、WebWorks ePublisher Pro 等。图 1.8 是使用 RoboHelp for HTML Help X3 生成联机帮助文件的用户界面。

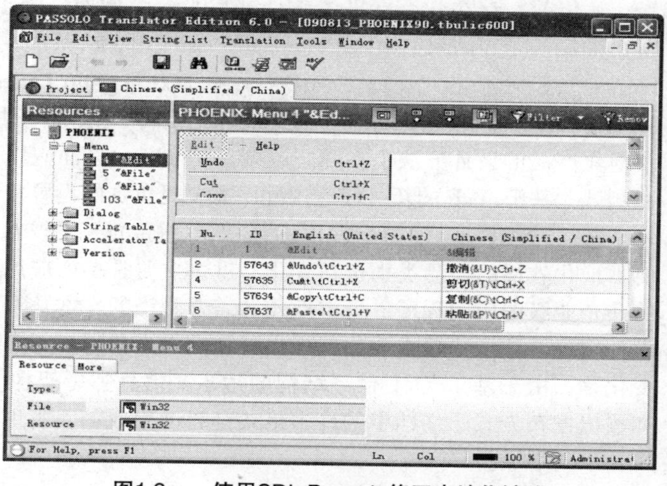

（六）修正产品的本地化缺陷

产品在本地化过程的各个环节都有可能引入各种缺陷，这些缺陷包括翻译的错误、格式错误或者功能失效等，需要本地化工程人员尽早、尽快地修正这些缺陷。为了本地化过程合理分工，很多公司都设置专职的本地化测试部门，

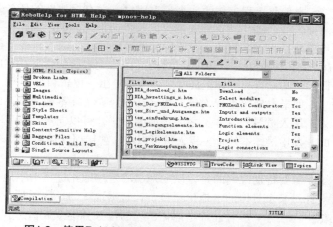

图1.8　使用RoboHelp for HTML Help生成联机帮助文件

图1.9　使用SDL Passolo修正本地化缺陷

主要负责对本地化产品进行测试，记录和报告测试中发现的产品缺陷，本地化工程人员负责修正这些缺陷。

由于本地化缺陷可能出现在软件用户界面、联机帮助、用户手册等不同的模块的不同格式的文件中，而且具有不同的缺陷类型，所以，没有统一的修改缺陷的方法，需要根据具体情况，使用不同的软件定位并修正缺陷。图1.9使用SDL Passolo 6.0修正本地化文件中的热键错误，需要将"&编辑"修改为"编辑(&E)"。修正缺陷是具有挑战性的技术工作，反映本地化工程人员的能力。需要说明的是有些缺陷属于源语言产品设计缺陷，需要由开发人员最终修正。

（七）用户界面屏幕拍图

如果用户手册或联机帮助中包含从软件界面上截取的图像，这些手册在本地化后需要对这些图像进行本地化。通常通过在本地化软件商进行屏幕拍图替代手册和联机帮助中的源语言用户界面图，最终输出完全本地化的用户手册和联机帮助文件。屏幕拍图的另外一个目的是为不熟悉软件具体操作的目标语言专家提供本地化用户界面图，语言专家可以发挥语言优势，从这些用户界面图中发现和报告语言翻译的缺陷。

本地化工程人员需要使用专用屏幕拍图工具软件，参照源语言产品的用户界面，在本地化的操作系统上运行本地化的软件/文档，截取与源语言对应的用户界面。本地化屏幕拍图要在本地化的用户界面冻结版本上进行。对于视频动画中的本地化用户界面图，需要使用适当的动态拍图软件，最后合成与源语言视频动画相同格式的本地化文件。

（八）技术支持

本地化工程工作的一个最重要也是最有挑战性的任务是支持市场经理、产品经理、项目经理和翻译人员的工作。这种支持可以是任何形式的，例如，在项目启动阶段，协助市场销售人员评估项目的复杂程度和报价；在项目实施过程中，协助项目经理回答来自开发人员或者翻译人员的各种具体技术问题；回答翻译人员对产品中特定术语的含义，判断某些词汇是否需要翻译，计算机辅助翻译工具的设置和翻译记忆库的导入、导出、更新和维护等。

如果本地化工程人员无法确认翻译人员在本地化产品时遇到的与产品开发有关的具体问题，作为翻译人员与开发人员之间沟通的桥梁，可以向产品开发人员反映和求助。如果确定属于开发人员的开发错误，本地化工程人员可以将这些错误反馈给开发人员，修正这些问题。

需要特别说明的是，以上列出的是本地化过程中本地化工程的传统角色和主要工作任务。实际上针对某个具体的本地化项目，针对本地化的具体要求，可能包括以上所列的全部或者某几项本地化工程任务。尽管此种本地化工程的任务分类今天仍然有效，但是在过去几年中，本地化工程人员所处理的产品发生了戏剧性的变化。

几年前，存在几个标准的软件开发平台。例如，对于Microsoft Windows应用程序，多数开发是由Microsoft Visual C++或Microsoft Visual Basic完成的，联机帮助系统是基于RTF（Rich Text Format，富文本格式）或HTML（HyperText Markup Language，超文本标记语言）的。随着XML（Extensible Markup Language，可扩展标记语言）在软件应用程序中作为主要接口的重要性越来越高，本地化产品的设计方法也在随之改变。Windows桌面应用程序可以在一台单独的机器上构建、运行和测试，基于Web的新一代应用程序需要更负责的设置，包括构建和执行。

Java、XML、.NET和数据库平台等多种新的开发技术已经应用于企业级软件的开发。同时，需要本地化软件的产品类别也在变化。过去主要是桌面应用程序的本地化，现在已开始了对各行各业的和企业级的应用程序进行本地化。需要翻译的文本数量正在增加，但是文本内容没有包含布局和设计信息，这意味着本地化工程人员和翻译人员越来越多地脱离上下文环境进行翻译工作。另一个变化是，由于基于XML体系结构的达尔文信息类型架构（DITA）改变了传统技术文档的写作方式和输出发布方式，文档中的许多格式是自动生成的，本地化工程的工作量逐渐减少，但是技术难度将会不断增加。

本章小结

本地化提供语言和信息技术相结合的服务，是对产品或服务进行修改以适应不同市场差异的过程。在有效实施产品本地化过程中，本地化工程应用多种最新最有效的软件工程技术（软件、工具和模型），保证了产品本地化的质量和效率，是产品本地化流程不可缺少的环节之一。

本章介绍了本地化工程的历史起源、特征和作用，列出了本地化工程的对象类型，详细阐述了本地化工程的工作任务。

本章的知识要点归纳如下

* 本地化工程是融合软件工程、翻译技术和质量保证技术等的综合性技术，是对本地化项目的技术处理和支持工作。
* 本地化工程贯穿产品本地化的整个生命周期，不断学习和快速应用新知识和新技术，解决本地化项目的各种技术问题。
* 本地化工程人员为市场经理、产品经理、项目经理提供技术支持，是翻译人员、项目经理与开发人员之间交流的桥梁。
* 本地化工程工作任务包括：文件抽取与工作量统计、文件格式转换与标记、文件预翻译、检查并修正译文、生成本地化产品、修正产品的本地化缺陷、用户界面屏幕拍图和技术支持。

思考题

1. 什么是本地化？什么是本地化工程？
2. 当前本地化工程面临哪些挑战？
3. 本地化工程的特征和作用分别是什么？
4. 本地化工程的处理对象分为哪些类型？
5. 本地化工程包括的工作任务有哪些？每项任务包括哪些内容？

第二章

本地化工程技术

本章精要

本地化工程技术融合了软件工程技术、翻译技术和质量保证技术，软件工程技术以字符集和文件编码为基础，对文件或者文件字符内容进行技术处理。翻译技术以翻译记忆技术和术语技术为基础，使用各种计算机辅助翻译工具、格式转换工具和检查工具，保证本地化产品的质量。

本章介绍本地化工程工作的软件基础技术和本地化技术，详细介绍本地化工程的工具类型和功能特征，学习本地化工程工作必要的基础知识，熟悉和掌握本地化工程的基础技术。

本章的重点内容包括：
* 字符、字符集编码
* 模板、样式、标识符、宏与VBA
* 计算机辅助翻译、翻译记忆、术语、模糊匹配
* 文件格式转换、文件格式检查、本地化质量模型

第一节 概述

本地化工程技术融合了计算机软件工程技术、翻译技术和质量保证技术，这些技术以文件或者文件字符内容为处理对象，以为翻译人员和项目管理人员提供技术服务为目的，贯穿了本地化项目的整个生命周期。

对于从事本地化工程的初级人员而言，短时间内熟悉和掌握本地化工程的各项技术是很难做到的。初级人员可以从学习本地化工程的基础技术入手，包括软件基础技术和本地化基础技术，并且加强项目实践，才能融会贯通。

软件基础技术中需要理解各种常见的字符集编码、文件编码格式、字符样式、常见标记语言的标识符，在进行文件格式转换、标记和内容格式检查时，需要这些基础技术知识，并能够灵活的选择合适的工具实现这些工程任务。

本地化工程工作的特点之一是实践性和创造性。实践性体现在不论采用什么方法或者指导思想，都需要在实际项目和工作中进行验证和确认，而创造性要求本地化工程人员不要拘泥于现有的技术、工具、方法和经验，应针对本地化项目工程处理出现的新需求、新问题、新技术，进行工具创新、流程创新和模式创新。

本地化工程人员不仅需要良好的软件基础技术，还需要深刻理解本地化业务，掌握本地化基础技术，并且将软件技术与本地化技术有效地结合。实际上，本地化工程人员需要对任何新兴的软件技术保持高度的敏感，并且勇于尝试将他们引入解决本地化工程的具体要求，以便提高工程工作的效率。另外，本地化工程的很多具体问题，经常有多种解决思路，可以使用多种工具解决，需要从解决问题的效率和成本等方面选择一种风险最低的方法。

本地化基础技术包括以翻译记忆技术和术语技术为核心的计算机辅助翻译，以生成本地化产品为核心的构建技术，以检测和修正本地化产品缺陷为核心的质量保证技术。文件格式转换和内容标记等可以有效利用翻译记忆库和术语库资源。各种文件、文件夹以及文本内容格式的检查工具都是为了尽早、尽快、有效的发现问题和解决问题，提高本地化产品的质量。

为了做好本地化工程工作，需要收集、编写和整理各种软件工具，所以，对于具有丰富工作经验的本地化工程人员，都有各自收集和整理的多种本地化工程工具，这是他们知识和能力发挥最大作用的"武器"。这些本地化工程工具不在于数量的多寡，也不在于是否拥有漂亮的用户界面，而在于是否能有效组合使用，并且可以根据实际需要，快速地编写出新的工具，解决常规工具和方法无法解决的新问题。

本地化工程工作的最高境界是"无招胜有招"，也就是针对具体的本地化工作任务的要求，从纷

繁复杂的文件格式和工具中解脱出来，选择最有效的思路和技术，快速和有效地的解决现实技术问题。达到这种境界需要日积月累磨炼，需要加强项目实践，需要思维和技术创新，最重要的是打好技术基础。

第二节 软件技术基础

软件技术的内涵丰富而广泛，作为本地化工程人员，需要熟悉和掌握与产品本地化紧密相关的软件技术，例如，字符集编码、文档模板、字符样式、标记语言和标识符等，并且将其灵活应用于本地化工程的文件格式和内容样式转换过程。

一、字符与字符集编码

本地化的重要内容之一是对产品包含的文字内容进行翻译。计算机处理的文字是以字符为单位，以不同编码的形式存储。在本地化过程中，不仅需要对文字内容进行翻译，还需要正确处理字符编码。

如果源语言产品没有良好的国际化设计，在本地化后可能无法支持目标语言的字符编辑、显示和存储，表现为字符显示乱码或者功能失效。即使源语言产品设计过程中选择了合适的字符集编码，在本地化过程中如果没有根据目标语言调整字符集的编码，也可能引起字符显示乱码。

（一）文字、字符、字符集及字符集编码

文字是人们日常交流中使用的符号，例如，汉字、拉丁字母和日文假名等。

字符（Character）是计算机能够处理的各种文字和符号的总称。字符包括各种语言的文字、标点符号、图形符号、数字、控制符号等。

字符集（Character Set）是字符的集合。由于文字的多样性，世界上存在很多种字符集，许多国家和地区从方便本国和民族应用的角度出发，制定了相应的编码标准和内码体系，如日本的 JIS X 0208 和 JIS X 0212，韩国的 KS C 5601 和 KS C 5657 等。每个字符集包含的字符个数不同，例如 GB2312 字符集包括了 6763 个汉字，而 GB 18030-2005 收录了 70244 个汉字。

字符集编码是将不同字符集中的字符进行数字编码，以便计算机软件可以正确地处理这些字符。在计算机和信息系统中，所有类型的数据一般都通过字节（Byte）和字节流的形式表示，当这种表示形式以某种特定的规则表现出来的时候，就形成了编码。

因此，当计算机和信息系统中对字符集中的字符进行某种形式编码表示时，就形成了不同的编码字符集。

（二）常用的字符集编码

常用的编码字符集包括：ASCII 编码字符集、GB2312 编码字符集、BIG5 编码字符集、GB 18030 编码字符集和 Unicode 编码字符集等。其中，GB2312、BIG5、GB 18030 是专门针对中文进行的编码字符集。下面主要介绍最常用的 Unicode 编码字符集。

1. 概述

Unicode 是国际组织制定的可以容纳世界上所有书面文字和符号处理、显示和互换的编码字符集方案，它为每种语言中的每个字符设定了统一并且唯一的二进制编码，以满足跨语言、跨平台进行文本处理的要求。Unicode 自 1990 年开始研发，1994 年正式公布，2009 年 10 月 1 日，Unicode 发布了最新标准版本 5.2.0。

Unicode 编码系统可分为编码方式和实现方式两个层次。

Unicode 用数字 0-0x10FFFF 来映射这些字符，最多可以容纳 1114112 个字符。而 UTF-8、UTF-16、UTF-32 都是将数字转换到程序可处理格式的编码方案。

Unicode 字符集可以简写为 UCS（Unicode Character Set）。早期的 Unicode 标准分为 UCS-2 和 UCS-4。UCS-2 用两个字节编码，UCS-4 用 4 个字节编码。在 Unicode 中，汉字的"字"对应的数字是 23383。在 Unicode 中，有很多方式将数字 23383 表示成程序中的数据，包括 UTF-8、UTF-16 和 UTF-32 三种方式。UTF 是"UCS Transformation Format"的缩写，可以翻译成"Unicode 字符集

转换格式"，即怎样将 Unicode 定义的数字转换成程序数据。

2. UTF-8

UTF-8 是 Unicode 向前兼容性最好的使用方式，在 HTML 和 XML 文件中大量应用。

使用 UTF-8 的原因是便于在不同的计算机之间通过网络传输不同语言和编码的文字，使得双字节的 Unicode 能够在处理单字节的系统上正确传输。

使用可变长度字节来储存 Unicode，可对不同范围的字符使用不同长度的编码，例如 ASCII 字母继续使用 1 字节储存，重音字母、希腊字母或西里尔字母等使用 2 字节来储存，而常用的汉字使用 2 至 4 字节。

3. UTF-16

UTF-16 编码以 16 位无符号整数为单位，使用一个或两个未分配的 16 位代码单元的序列对 Unicode 代码点进行编码。

4. UTF-32

UTF-32 将每一个 Unicode 代码点表示为相同值的 32 位整数。很明显，它是内部处理最方便的表达方式，但是，消耗了更多的计算机内存。

5. 字节顺序标识（BOM）

在 Unicode 编码的文本文件中，使用一个字节顺序标识（Byte Order Mark，BOM）指定文件中的字符表示是大尾数法 BE（高位在前）还是小尾数法 LE（低位在前）。

BOM 出现在 UTF-16 和 UTF-32 编码的文本文件的头部。例如，在一个 UTF-16 的文件中，如果开始 2 个字节依次为 FEFF，则说明该文件采用大尾数法编码。表 2.1 列出了各种 Unicode 编码实现的方法、字节序列与 BOM 的关系。

表 2.1　Unicode 编码模式与字节序列

Unicode 编码	字节数	字节序列	是否需要 BOM
UTF-8	1～4 字节	唯一确定的字节序列	否
UTF-16	2～4 字节	字节序列不确定	是
UTF-16BE		字节序列确定，大尾数法，高位在前	否
UTF-16LE		字节序列确定，小尾数法，低位在前	否
UTF-32	4 字节	字节序列不确定	是
UTF-32BE		字节序列确定，大尾数法，高位在前	否
UTF-32LE		字节序列确定，小尾数法，低位在前	否

二、模板与样式

Microsoft Word 是本地化过程中对文本文件进行处理的常用软件之一。任何 Microsoft Word 文档都是以模板（Template）为基础的，模板决定文档的基本结构和文档设置，例如，自动图文集词条、字体、快捷键指定方案、宏、菜单、页面设置、特殊格式和样式。Microsoft 的公共模板包括 Normal 模板，所含的设置适用于所有文档。

样式（Style）是应用于文档中的文本、表格和列表的一套格式特征，它能迅速改变文档的外观。例如，在 Microsoft Word 2003 软件中，无需采用三个独立的步骤来将标题样式定为宋体二号粗体、左对齐，只需应用默认的"标题 1"样式即可获得。

可以创建或应用下列类型的样式：

（一）段落样式

控制段落外观的所有方面，如文本对齐、制表位、行间距和边框等，也可能包括字符格式。

（二）字符样式

影响段落内选定文字的外观，例如文字的字体、字号、加粗及倾斜格式。

（三）表格样式

可为表格的边框、阴影、对齐方式和字体提供一致的外观。

（四）列表样式

可为列表应用相似的对齐方式、编号或项目符号字符以及字体。

TRADOS 的 tw4winExternal 样式是在 Microsoft Word 中对 Tag 等字符进行标记的常用样式。默认情况下，Microsoft Word 的 Normal 模板没有包括 TRADOS 的 tw4winExternal 样式（即使安装 TRADOS 软件后），因此，可以通过手工方法将 tw4winExternal 样式复制到 Normal 模板，今后在 Word 中打开文件就可以对文本内容应用此样式了。

向 Microsoft Word 2003 的 Normal.dot 模板复制 tw4winExternal 的步骤如下：

1. 在 Microsoft Word 2003 中打开一个包含 tw4winExternal 样式的 Word 文件。

2. 单击"工具"菜单中的"模板和加载项"命令。

3. 单击"管理器"按钮，再单击"样式"选项卡。

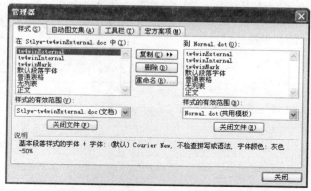

图2.3 在Microsoft Word中复制样式

4. 在左边的列表中，单击准备复制的 tw4winExternal 样式，然后单击"复制"。

5. 单击"关闭"按钮。

图 2.3 示例了从 Microsoft Word 2003 打开的 DOC 文件中，复制 tw4winExternal 等样式到 Normal 模板。

在产品本地化过程中，经常需要修改文本文件中的字符样式，以便被计算机辅助翻译工具正确的识别处理。例如，如果使用 SDL TRADOS Translator's Workbench 在 Microsoft Word 中对文本文件进行翻译，对于不需要翻译的文本内容，通常将样式

图2.4 在Microsoft Word中修改后的文本样式

修改成 TRADOS 的外部样式 "tw4winExternal"。图 2.4 是在 Microsoft Word 2003 中，将文件中不需要翻译的文本内容的样式修改为 "tw4winExternal"（灰色文本）。

三、标记语言与标识符

计算机标记语言（Markup Language）用一系列约定好的标识符（Tag）来对电子文档进行标记，以实现对电子文档的语义、结构及格式的定义。这些标识符必须很容易与内容区分，并且易于识别。

根据计算机标记语言的发展历史，常见的标记语言包括 SGML（1985 年）、HTML（1993 年）、XML（1998 年）。HTML 是网页中最常使用的标记语言，随着信息内容和标记的发展需要，XML 标记语言获得了更广泛的应用。

SGML（Standard Generalized Markup Language，标准通用标记语言），是一种定义电子文档结构和描述其内容的国际标准语言，是所有电子文档标记语言的起源。SGML 规定了在文档中嵌入描述标记的标准格式，指定了描述文档结构的标准方法，目前在 Web 上使用的 HTML 格式便是使用固定标签集的一种 SGML 文档。由于 SGML 可以支持无数的文档结构类型，并且可以创建与特定的软硬件无关的文档，因此很容易与使用不同计算机系统的用户交换文档。

HTML（Hyper Text Markup Language，超文本标记语言）是一种超文本标记语言，通过它可以往

普通文档中加入一些特殊的标识符，使生成的 Web 网页文档中还含有其他文档，甚至图像、声音、动画等，从而成为超文本文档（Hyper Text Document）。

XML（eXtensible Markup Language，可扩展的标记语言），具备 SGML 的核心特性，但简洁易于扩展。

在 HTML 语言中，尽管各种版本的标识符数量不同，但各种标识符的名称和含义是确定的，表 2.2 列出了 HTML 中常用标识符的名称和含义。

说明：虽然大部分标识符总是成对出现的，但是有些标识符是孤立出现的，例如 <HR> 是水平线的标识符。

表 2.2　HTML 标记语言中常用标识符的含义

开始的标识符	结束的标识符	标识符的意义
<A>	</A>	锚元素，定义超文本连接点
<B>	</B>	字体加粗
<BODY>	</BODY>	超文本的正文主体的起止
 		回车换行
<CENTER>	</CENTER>	元素间的内容居中
<FONT>	</FONT>	变化字体大小和颜色
<HEAD>	</HEAD>	超文本件头的起止
<HR>		面水平线的隔线
<HTML>	</HTML>	超文本的开始和结束
<I>	</I>	字体为斜体
<IMG>		插入图形图象文件
<INPUT>		输入信息元素
<LI>		清单条目，多用语目录列表
<MARQUEE>	</MARQUEE>	字符移动方式控制
<META>		资料说明
<OL>	</OL>	用序号显示一级标题
<P>	</P>	段落的起止，也可以加空行
<TABLE>	</TABLE>	表格的起止，图文混排时使用
<TD>	</TD>	表格中一栏内容的起止
<TITLE>	</TITLE>	超文本标题起止
<U>	</U>	下划线
<VAR>	</VAR>	变量

在 XML 标记语言中，文档设计人员可以自定义标识符表示不同对象以及对象的属性。

不论是使用 HTML 标记语言还是 XML 标记语言创建的文件，在本地化过程中，通常不需要对文件中的标识符进行修改。因此，在翻译过程中使用的软件首先需要过滤识别出这些标识符，采用相应的方法把 Tag "保护"起来，避免翻译人员因为误操作而修改它们。

以使用 TRADOS TagEditor 翻译 XML 文件为例，首先把 XML 文件中的标识符识别并保存在文件名为 INI 的文件中（INI 文件是 TRADOS 软件中用于解析和识别文件中的标识符的文件），然后把 INI 文件添加到 TRADOS TagEditor 中。这样使用 TRADOS TagEditor 打开 XML 文件翻译时，全部标识符都被正确的识别和保护起来，翻译人员只需要翻译其中需要翻译的文本内容即可，如图 2.5 所示，XML 文件中的标识符都以灰色背景显示在 TRADOS TagEditor 中。

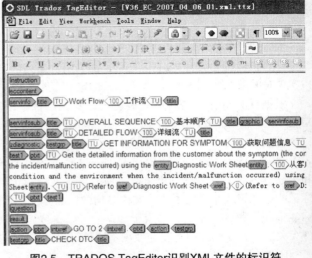

图 2.5　TRADOS TagEditor 识别 XML 文件的标识符

四、宏与 VBA

宏（Macro）是一系列命令和指令，这些命令和指令组合在一起，形成了一个单独的命令，以实现任务执行的自动化。如果反复执行某项任务，可以使用宏自动执行该任务。

Visual Basic for Applications（VBA）是 Microsoft Visual Basic 的宏语言版本，用于编写基于 Microsoft Windows 的应用程序，内置于多个 Microsoft 程序中。

在 Microsoft Word 中对文本文件进行本地化工程处理时，经常需要定制不同的宏以实现不同的目的。例如，对文本中的某些文本内容标记成 tw4winExternal 格式，便于使用 TRADOS 进行翻译。

在 Microsoft Word 中定制宏可以采用录制或编写方式，采用先录制后编写的方式可以提高工作效率。

（一）在 Word 中录制宏

Word 中的宏录制器的作用如同磁带记录器。录制器通过将有目的的键击和鼠标按键单击等动作翻译为 Microsoft Visual Basic for Applications（VBA）语言代码进行记录。录制宏时，可以使用鼠标单击命令和选项，但不能选择文本。必须使用键盘记录这些操作。

为了正确地、有效地录制宏，需要注意以下事项：

* 在录制宏之前，请计划好需要宏执行的步骤和命令。
* 如果在录制宏的过程中进行了错误操作，更正错误的操作也将被录制。录制结束后，可以编辑宏以删除录制的不必要的操作。
* 尽量预测任何 Microsoft Word 可能显示的信息，这些信息可能阻止宏运行。
* 如果宏包含"编辑"菜单中的"查找"或"替换"命令，实现全文查找或替换，请单击"查找"或"替换"选项卡上的"高级"按钮，然后单击"搜索范围"框中的"全部"选项。如果宏仅向上或向下进行搜索，Word 会在达到文档开头或结尾时停止运行宏，并显示提示信息询问是否继续搜索。
* 如果要在其他文档中使用正在录制的宏，请确认该宏与当前文档的内容没有关联。
* 如果经常用某个宏，可将其指定给工具栏按钮、菜单或快捷键。这样，就可以直接运行该宏而不必打开"宏"对话框。

下面说明录制宏的详细步骤：

1. 在"工具"菜单上，指向"宏"，然后单击"录制新宏"。
2. 在"宏名"框中，键入宏的名称，例如，"Markup_Label_File"。
3. 在"将宏保存在"框中，单击将保存宏的模板或文档。
4. 在"说明"框中，键入对宏的说明。
5. 如果不希望将宏指定到工具栏（工具栏：包含可用于执行命令的按钮和选项的栏。要显示工具栏，请按 Alt 然后按 Shift+F10。）、菜单（菜单：单击菜单栏或其他工具栏上的菜单名时出现的命令的列表。）或快捷键（快捷键：功能键或组合键，例如 F5 或 Ctrl+A，可用来执行菜单命令。存取键是另外一种组合键，例如 Alt+F，可以将焦点移至菜单、命令或控件。），请单击"确定"开始录制宏。

若要将宏指定到工具栏或菜单，请单击"工具栏"，然后单击"命令"选项卡。在"命令"框中，单击正在录制的宏，然后将其拖动到需指定到的工具栏或菜单。单击"关闭"，开始录制宏。

要给宏指定快捷键，请单击"键盘"，在"命令"框中单击正在录制的宏，在"请按新快捷键"框中键入所需的快捷键，然后单击"指定"。单击"关闭"，开始录制宏。

6. 执行要包含在宏中的操作，完成录制。

录制宏时，可以使用鼠标单击命令和选项，但不能选择文本。必须使用键盘记录这些操作。例如，可以使用 F8 来选择文本，并按 End 将光标移动到行的结尾处。

7. 若要停止录制宏，请单击"停止录制"。

说明：模板是指一个或多个文件，其中所包含的结构和工具可以用来生成文件的样式和页面布局等元素。例如，Microsoft Word 模板能够生成单个文档，而 FrontPage 模板可以形成整个网站。

如果为一个新的宏指定与现有 Microsoft Word 内置命令相同的名称，新的宏操作将代替现有的操作。若要查看 Microsoft Word 中的内置宏列表，请指向"工具"菜单上的"宏"，然后单击"宏"。在"宏的位置"列表中，单击"Word 命令"。

（二）使用 Microsoft Visual Basic 编辑器修改宏

可以使用"Visual Basic 编辑器"来编辑修改录制的宏，其中包含无法录制的 Visual Basic 指令，删除不必要的步骤，增强宏的功能，或对宏重新命名。

下面说明使用"Visual Basic 编辑器"修改宏的步骤：

1. 在"工具"菜单上，指向"宏"子菜单，再单击"宏"。
2. 在"宏名"框中单击要编辑的宏的名称，例如，"Markup_Label_File"。

如果宏没有出现在列表中，请在"宏的位置"框中选择其他的文档、模板或列表。

3. 单击"编辑"按钮。

（三）使用 Microsoft Visual Basic 编辑器导出宏

为了便于在不同计算机上传播和应用，可以通过"Microsoft Visual Basic"编辑器，把需要的宏模块导出成 .bas 文件。其他计算机上需要宏时，可以通过"Microsoft Visual Basic"编辑器，导入 .bas 文件到 Word 模板文件中。

下面说明使用"Visual Basic 编辑器"导出宏的步骤：

1. 在"工程"窗体上，右键单击需要导出的宏模块名称。
2. 在弹出菜单中，选择"导出文件"。
3. 在"导出文件"对话框，命名导出的 bas 文件，单击"保存"按钮。

第三节 本地化技术基础

本地化工程人员需要掌握的本地化技术基础知识包括计算机辅助翻译与机器翻译的概念和基本功能、翻译记忆与模糊匹配的概念、翻译记忆库和术语库的标准交换格式以及本地化项目的质量评估模型。

一、计算机辅助翻译与机器翻译

（一）计算机辅助翻译（CAT）

计算机辅助翻译的英文全称是"Computer Aided Translation"，缩写为"CAT"，是为了提高翻译的效率和质量，应用计算机信息技术对需要翻译的文本进行内容处理的辅助翻译技术。狭义的 CAT 技术仅仅是翻译记忆技术和术语技术，它利用计算机的巨大存储能力与快速检索能力，建立供翻译人员使用语料库和术语库，以节省翻译人员的检索时间，显著提高工作效率并保证翻译的速度和一致性。使用计算机辅助翻译技术开发的 CAT 有很多种，例如，TRADOS、Dejavu、Transit、Logoport 和 Heartsome 等。

（二）机器翻译（MT）

机器翻译的英文全称是"Machine Translation"，缩写为"MT"，机器翻译可实现一种自然语言到另一种自然语言的转换，通常应用于自然语言之间句子和全文的翻译。机器翻译可划分为基于规则和基于语料库两大类。前者由词典和规则库构成知识库，后者由双语对齐的语料库构成知识源，不需要词典和规则，依靠统计得到。

随着因特网的快速发展、软件计算方法的不断优化以及多语语料内容的极大丰富，基于语料库的统计机器翻译在某些"语言对"之间的机器翻译已经达到了可以接受的程度。综合利用计算机辅助翻译技术，机器翻译技术与人工后期编辑相结合是未来翻译翻译服务的基本形态。

二、翻译记忆与模糊匹配

（一）翻译记忆（TM）

"翻译记忆"的英文全称为"Translation Memory"，缩写为"TM"，是计算机辅助翻译的核心内容。在翻译过程中，翻译记忆工具软件将自动储存新的译文到翻译记忆库；同时对于要翻译的内容，自动从翻译记忆库中搜索相同或相似的翻译资源（如单词、短语、句子、段落），给出参考译文，使翻译人员避免无谓的重复劳动，只需专注于新内容的翻译。

采用翻译记忆的主要优点包括：

* 提高翻译人员的效率。

* 提高翻译的一致性。

* 充分利用分散的译文和翻译人员资源。

* 在保证翻译质量的同时最大限度降低质量检查和校对时间。

* 将语言技术与系统相结合。

* 管理多个项目，严控成本和时间。

（二）模糊匹配（Fuzzy Match）

模糊匹配（Fuzzy Match）是所有 TM 工具都应用的一项技术，当所要翻译的文本片段与 TM 中的某个片段比较近似时，TM 工具在预处理时会将其标记为模糊匹配，同时 TM 工具还会通过某种算法来比较两个片段的相似程度，并给出一个百分比。比例越高，表明 TM 中该近似片段被利用的程度也就越高；比例为 100% 时，即称之为 100% 匹配，表明该译文是可以完全利用的。由于各个 CAT 工具中的所采用的算法各不相同，因此，即使是使用同一个翻译记忆库和同一段文本，其所得出的模糊匹配也往往是不尽相同的。

使用计算机辅助翻译软件和翻译记忆库分析和计算出来的模糊匹配数值，将影响到本地化项目的翻译工作报价和工作量的分配，因此，对于本地化工程人员来说，为了保证模糊匹配结果的准确性、一致性和可重复性，需要根据项目的要求，确定选择的计算机辅助翻译 CAT 软件的名称和版本号，确定 CAT 软件中的各项参数设置，并且确定用于分析和计算的翻译记忆库文件。

图 2.6 是使用 SDL TRADOS Translator's Workbench 对更新后的文件内容分析计算的模糊匹配的结果。

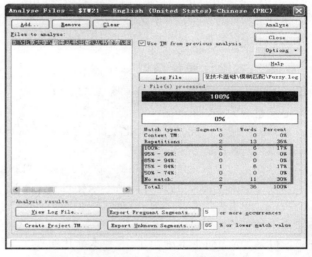

图2.6　　TRADOS分析的文件模糊匹配结果

三、TMX 与 XLIFF

（一）翻译记忆交换（TMX）

TMX 是由本地化行业标准协会（LISA）所属的 OSCAR 组织开发的一种独立于各个厂商的开放式 XML 标准，用于存储和交换使用计算机辅助翻译（CAT）创建的翻译记忆（TM）数据。TMX 的目标是在保证翻译数据内容的前提下，为不同 CAT 工具制定中立的数据交换标准，现在市场上已经有越来越多的本地化翻译工具提供对 TMX 标准的支持。TMX 具有不同的版本，常见的包括 TXM 1.4b、TMX 1.4，TMX 2.0 将是未来的新标准。

例如，计算机辅助翻译工具 SDL TRADOS 2006，它的翻译记忆库文件格式为 TMW，可以从 TMW 中将翻译记忆库的内容导出为 TMX 1.4b 格式。操作步骤如下：

1. 选择 TRADOS Translator's Workbench 的 "File" 菜单的 "Export…" 命令。

2. 在 "Export" 对话框中，单击 "OK" 按钮。

3. 在 "Create Export File" 对话框，从 "保存类型" 列表中，选择 "TMX 1.4b (*.tmx)"，单击 "保存" 按钮。

（二）XLIFF

XLIFF 是由软件开发商、本地化服务提供商、本地化工具提供商等团体共同倡议和设计，由

OASIS 标准组织发布的用于本地化数据交换的格式标准。它基于 XML 技术制定文件格式的转换规格，其目的在于提高本地化作业效率。随着 XML 信息技术和文件类型的广泛应用，越来越多的 CAT 工具将支持 XLIFF 文件的翻译。

XLIFF 是一种存储抽取的文本，并且在本地化多个处理过程进行数据传递的格式规范。它的基本原理是从源文件中抽取与本地化相关的数据，并对这些抽取出来的数据进行本地化处理，然后再与源文件中不需要本地化的数据合并成与源文件相同的格式文件。

四、术语与 TBX

术语（Terminology）是各门学科中的专门用语。术语可以是词，也可以是词组，用来正确标记生产技术、科学、艺术、社会生活等各个专门领域中的事物、现象、特性、关系和过程。术语的特征和构成要求为单名单义性、透明性、简明性、稳定性以及合乎语言习惯。

术语库交换（TBX）是 LISA 制定的基于 XML 的用于交换结构化术语数据的标准，已经申请成为 ISO 标准之一，编号为 ISO 30042。一个 TBX 文件其实就是一个 XML 格式的文件，采用这样的标准，可以更好地控制和优化公司信息资产，减少本地化成本，加快产品上市时间，减少修订和编辑的时间，提高本地化的质量。

TBX 是通用的开放标准，用户不局限于使用任何一个 CAT 工具，为了有效进行术语内容交换，术语管理软件需要支持术语内容的 TBX 导入和导出功能。这样可以方便用户在不同术语管理软件之间交换术语库数据，极大地促进了组织机构内部与外部在术语管理的整个周期内的数据处理。

五、本地化质量模型

本地化项目或产品的质量评估是项复杂的工作，本地化质量与本地化技术、实施流程和源语言产品质量有关。如果产品开发商对于本地化的质量指标和度量方法不同，使得对本地化项目的质量评估结果不同。因此，在本地化项目实施前，产品开发方和语言服务供应方之间必须制定双方接受的本地化质量评估方法。

本地化行业标准协会（LISA）制定了称为"LISA QA Model"（LISA 质量保证模型）的本地化项目质量评估方法。它针对产品本地化过程，集成了可自定义的一系列模板（Templates）、表单（Forms）和报表（Reports），实现对本地化项目的计划、报告和本地化内容的质量测试和评估，改进产品本地化的过程。

LISA QA Model3.0 列出了 26 种本地化错误类型（表 2.3 列出了 LISA QA Model 包含的本地化错误类型），错误的严重性分为 3 级，列出了需要执行的质量评估任务，预定义了评估对象"通过（Pass）"和"失败（Fail）"的度量数据指标。

表 2.3 LISA QA Model 3.0 的本地化错误分类

Accury	Alignment	Graphics
Code Page	Consistency	Country
Double/Single Size	Call Outs and Captiions	Hotkeys/Accelerators
Index	Jumps/Links	Language
Localizable Text	Menu Functionality	Truncation/Overlap
Sizing	Style	Terminology
Mistranslation	Typography	Layout
Punctuation Marks	TOC	Dialog Functionality
Character Formatting	Hyper text functionality, jumps popup	

表 2.3 中的"TOC"是"Table of Contents"的缩写，表示文档中的"目录"。LISA QA Model 中针对语言"Language"错误，从以下 7 个方面进行详细度量：Accuracy（对原文理解的准确性和译

文表达的准确性）、Terminology（术语遵守情况和一致性）、Language Quality（译文语言质量）、Style（本地化翻译风格指南的遵守情况）、Country Standards（是否符合目标语言国家/地区的规范）、Formatting（译文文件格式）和 Client Specific（客户特定的要求和规范）。

第四节 本地化工程工具

本地化工程需要处理的文件格式种类繁多，不同产品开发商之间的文件类型各不相同，即使相同开发商的不同产品之间的文件类型也是千差万别，而且随着软件开发技术的发展，文件格式还会层出不穷，很多产品开发商还经常开发它们专有的文件类型。

本地化工程人员需要针对不同的文件类型，在不同的本地化阶段，根据不同的目的，对这些文件进行格式转换、文件内容和格式检查，最后生成本地化的产品文件格式。

一、文本标记工具

假如需要使用 TRADOS 在 Microsoft Word 中翻译包含如图 2.7 的以等号连接的 TXT 或 INI 文件，在文件中不需要翻译等号左边的内容，只需要翻译等号右边的内容。对于这种格式如何有效地使用 CAT 软件工具翻译呢？

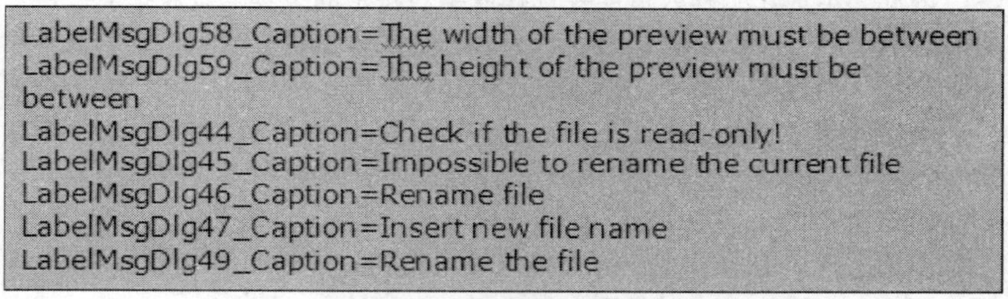

显然，没有商业的 CAT 软件工具可以直接标记这些不需要翻译的文本，本地化工程人员可以在 Microsoft Word 中编写一个宏自动将等号左边的文本（包括等号）在 Word 中标

```
LabelMsgDlg58_Caption=The width of the preview must be between
LabelMsgDlg59_Caption=The height of the preview must be between
LabelMsgDlg44_Caption=Check if the file is read-only!
LabelMsgDlg45_Caption=Impossible to rename the current file
LabelMsgDlg46_Caption=Rename file
LabelMsgDlg47_Caption=Insert new file name
LabelMsgDlg49_Caption=Rename the file
```

图2.7 等号后面需要翻译的文本文件

记成 tw4winExternal 样式。首先录制宏"Markup_Label_File"，将指针回到文件开头，然后查找等号 "="，将等号以及等号前面的文本修改成 tw4winExternal 样式，然后将鼠标指针回到下一段的开头。然后使用 Visual Basic 编辑宏，添加循环查找和替换代码，直到全文标记完成。

运行宏"Markup_Label_File"的自动标记（Markup）功能，对文本文件标记后的结果如图 2.8 所示，可以看到所有等号左边的文本都被自动标记成 tw4winExternal 样式。

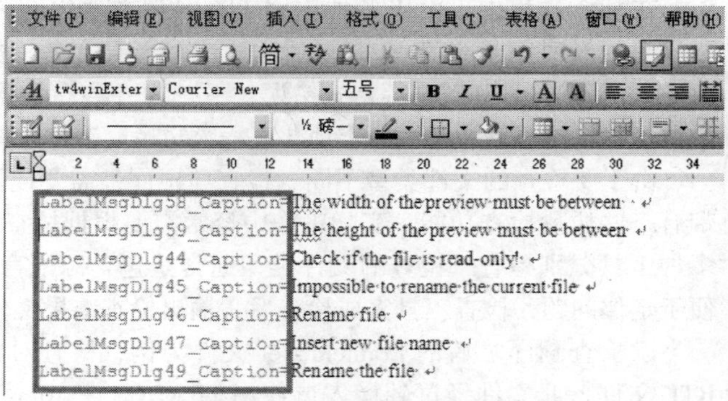

图2.8 运行宏后标记的等号左边文本

二、文件格式转换工具

本地化文件转换是将一种文件格式转换成另外一种格式，这种转换具有多种目的，例如，将联机帮助文件中的目录文件（HHC）文件转换为 RTF 文件，可以便于翻译人员使用 TRADOS 在 Microsoft Word 中进行翻译；将包含源语言和目标语言的表格文件（CSV）转换成 TMX 或 TBX 文件，是为了在不同计算机辅助翻译软件（CAT）中重复利用；将包含源语言和目标语言的双语格式文件转换为目标语言文件是为了获得与源语言文件格式相同的最终译文文件，用于构建本地化的产品。

即使为了同一个目的进行文件转换，也需要根据实际情况（现有工具、人员技能等），选择最合适的转换工具。以包含源语言和目标语言的表格文件（CSV）转换成 TMX 文件为例，可以使用现有的商业软件，也可以编写转换工具。

以使用 Heartsome 公司的 CSVConverter 1.1 转换工具为例，可以将以逗号分割的包含源语言和目标语言两列的 CSV 文件格式，转换成 TMX 1.4 格式的文件。如图 2.9 所示，把 CSV 文件转换成 TMX 文件格式。

三、文本抽取与导入工具

对于特定软件设计的文件进行本地化翻译时，例如，Microsoft Visio、Adobe Illustrator、Adobe Photoshop、Adobe Flash、Autodesk AutoCAD 等格式的文件，如果翻译人员没有安装这些特定的软件，则无法打开文件进行翻译。即使安装了这些软件，由于这些软件不支持翻译记忆功能，在翻译过程中无法重复使用以前的译文。

图2.9 Heartsome的文件转换工具 CSVConverte

因此，本地化工程人员需要选择或编写特定的工具，首先把需要翻译的文字内容从这些文件中抽取出来，然后交给翻译人员翻译，翻译后的译文再导入到源语言文件中。这样不仅方便了翻译人员的翻译，而且支持翻译记忆功能，减少了翻译过程中对源文件格式的破坏，提高了翻译的效率。

以抽取和导入 Adobe Illustrator CS2 文件中的文本为例，可以自定义编写宏代码文件，从 Illustrator 的 ai 文件中抽取出需要翻译的文本，然后翻译成简体中文，再使用该工具将译文导入到 Illustrator CS2 的 ai 文件中。

使用宏代码时，首先，将宏代码导入当前打开的 Microsoft Word 文件中。然后，通过下面的步骤运行宏，完成从 ai 文件抽取和导入文本。

四、文件检查工具

在翻译过程中，由于各种原因（不熟悉本地化翻译规范、不熟悉译文所属行业领域知识、粗心大意或者时间紧张等），翻译后的译文可能存在各种类型的错误，例如，删除或者修改了标识符（Tag）、标点符号和空格等格式错误、不一致错误（术语不一致、句子译文不一致、文字翻译风格不一致）等，这些错误都需要本地化工程人员及时查出并修正。

由于要检查的文件类型不同、检查项不同，需要使用不同的工具实现。专业的 CAT 工具一般都带有一些质量检查功能。实际工作中经常需要根据检查的需要，定制编写检查工具。通常需要选用多种工具分别检查，检查的文件类型通常是包含源语言和目标语言的双语文件（Dirty Files）。为了便于定位问题，检查工具完成检查后，输出检查结果文件，指出错误的类型和位置。

以检查翻译之后的 FrameMaker 文件为例，检查对象是使用 S-Tagger for FrameMaker 转换成的 RTF 文件，此文件经过翻译人员使用 TRADOS 在 Microsoft Word 中翻译成双语文件 RTF 格式。本地化工程人员可以运行 SDL TRADOS S-Tagger for FrameMaker 工具，选择"Verify S-Tags"选项卡，单击"Verify S-Tags"按钮即可实施检查。

五、本地化编译构建工具

本地化工程中的编译（Complie）是对本地化文件进行集成处理，构建（Build）本地化产品的技术。使用本地化编译工具把本地化翻译后的文件组合在一起，构建生成本地化产品。例如，把翻译后的多个文件生成本地化的联机帮助文件。

如果要构建本地化的产品（软件或者联机帮助），需要构建源语言产品的软件工具和项目设置文件，称为"构建环境"，将本地化后的文件替换源语言的文件，然后执行软件工具的编译功能即可。构建生成 Windows 操作系统上运行的联机帮助的软件工具，常见的包括 Microsoft Html Help

Workshop、RoboHelp 和 WebWorks ePublisher Pro 等。应该根据源语言联机帮助的类型和项目的要求，选择合适的构建工具。

六、多媒体编辑工具

多媒体文件在产品说明书、用户手册、联机帮助、网站和电子学习（e-Learning）等领域的应用越来越多，多媒体技术提高了产品的用户体验，表现形式生动活泼，多媒体中的动画、漫画、视频和音频等形式适当结合，可以更直观、更准确地向用户传达普通文本难以描述的信息。

由于多媒体文件具有多种不同的设计工具，而这些工具生成的文件的扩展名不同，在本地化过程中，需要选择合适的工具进行处理。对于文字内容很少，文件数量不多的多媒体文件的翻译，可以使用设计源语言文件的软件工具直接翻译即可。而对于需要翻译大量文件，每个文件包含很多需要翻译的文本内容时，通常需要选择合适的工具抽取其中的文本，翻译后再导入，最后经过微调，合成为最终的多媒体文件。常见的处理多媒体文件本地化的工具软件包括 Adobe Flash、Adobe Captivate、Adobe Premiere 等。

以上列出了本地化工程常用的软件工具，由于工程工作的复杂性以及本地化文件类型的多样性，本地化工程人员还可能用到很多其他类型的软件或工具，例如，文件拆分和合成工具、文件内容查找和替换工具、文件和文件夹比较工具、文件压缩和解压工具、文件上传和下载工具、修正字符乱码的工具、文件批处理重命名工具、简体中文和繁体中文文字转换工具、图像文字识别工具、字符排序工具、术语抽取工具和修改缺陷的工具等。每种类型的工具都有多种不同的产品，这些软件工具需要本地化工程人员不断积累和整理，在项目中不断实践和优化，才能发挥各自的功能优势。

第五节 本地化工程技术的经验技巧

为了做好本地化工程工作，工程人员需要根据项目和技术的需要，准备和应用各种软件和工具，并且在实际项目中灵活和组合应用。由于本地化工程工作是实践性非常强的工作，因此，需要在具体项目中不断思考和总结，才能逐步提高实战技能。

一、工具检查表

根据工具的作用和应用领域，本地化工程人员需要的软件和工具检查表详列如下：
* 文本标记工具
* 文件类型格式转换工具
* 文件编码格式转换工具
* 文本抽取与导入工具
* 文件检查工具
* 文件批处理重命名工具
* 文件拆分和合成工具
* 文本查找和替换工具
* 文件和文件夹比较工具
* 文件压缩和解压工具
* 文件上传和下载工具
* 修正字符乱码的工具
* 图像文字识别工具
* 多媒体编辑工具
* 字符排序工具
* 构建编译工具
* 计算机辅助翻译工具

* 术语抽取工具

* 修改缺陷的工具

二、经验技巧

"罗马不是一天建成的"。本地化工程人员需要学习和掌握很多技术、知识和工具,需要按照循序渐进的原则,从本地化工程的基础知识和基本技术起步,需要在项目实践过程中,不断思考、不断学习、不断尝试、不断求证、不断总结。面对困难不畏缩,面对压力不崩溃,主动向经验丰富的人士学习和求教。经过两三年的实际工作锻炼,便可以成为合格的本地化工程人员。

"君子生非异也,善假于物也"。本地化工程人员始终需要将本地化工程技术应用于提高本地化工作的效率、提高本地化产品质量、减少人工重复操作的时间和次数、降低翻译人员的翻译工作的难度。对任何具有规律和特征、需要人工重复操作的结构化内容都可以尝试使用计算机技术实现。

随着软件开发技术的发展,本地化工程技术的内容和处理方式不断更新。需要根据本地化项目的特征和要求,灵活应用本地化工程工具。在人与工具的关系上,一定要坚持"工具为人所应用",而不是"人被工具所支配"的态度,不要在种类繁多的工具面前感到困惑,不要沦为使用工具的奴隶。

坚持用发展的眼光对待工具,随着技术的发展和项目需求的更新,某些过时的工具需要及时更新或被抛弃,选择或者开发新工具。新工具的开发也需要经历获取需求、分析需求、设计和开发、测试和试用、发布和维护的过程。

做好本地化工程工作,除了要具有良好的计算机技术,更重要的是深刻了解产品设计和本地化的流程和技术,熟悉翻译人员、项目经理和排版人员对本地化工程工作的期望。简而言之,要精通本地化业务的需求,并且分析哪些需求可以采用计算机技术实现。

本地化工程人员是技术的"杂家",尽管计算机专业的人员开始从事本地化工程工作可以更快地跨越某些技术门槛,但是,对于其他专业的人员仍然可以通过后天的努力,成为合格的本地化工程人员。因为本地化工程人员需要非常熟悉本地化流程和业务技术,才能有效地解决本地化过程中的技术问题。

本地化工程人员除了拥有过硬的技术知识,还必须具备良好的职业修养和道德品质。严格遵守知识产权保密协议,信守承诺按时保质保量的提交工作,与项目各个团队密切合作、互相信任与尊重,具备多元文化交流、始终贯彻为项目组和客户提供服务的理念。

本章小结

本地化工程技术是软件技术计算机辅助翻译、术语管理和质量保证技术相结合的复合型技术。本地化工程人员需要学习、掌握和应用计算机软件技术,同时有效结合本地化技术,针对本地化项目和过程的具体任务,选择或编写软件工具解决影响本地化效率、质量和时间的问题。

本章介绍了本地化工程人员需要掌握的软件技术,阐述常用的本地化技术,详细总结了本地化工程人员经常使用的工具,提出了帮助本地化工程人员成长的经验技巧。

本章的知识要点归纳如下

* 字符集编码是计算机对各类字符的集合进行编码识别和处理的技术,Unicode 字符集编码针对全球主要文字进行统一编码;不同字符集编码之间可以根据一定的算法规则进行转换。

* 标识符(Tag)是标记语言中对电子文档进行标记的符号。在 Microsoft Word 中,对某些不需要修改的标识符,通过改变样式,变成隐藏形式的灰色,称为"标记(Markup)"操作。根据文件中的标识符的特征，可以通过 Visual Basic for Application 语言编写 Word 的宏命令，执行自动标记文本标识符的目的。
* CAT 主要运用翻译记忆技术、术语技术和模糊匹配计算等技术，保证翻译的速度和一致性；机器翻译可划分为基于规则和基于语料统计的两种类型。
* TMX 是开放式 XML 标准，用于存储和交换使用计算机辅助翻译（CAT）创建的翻译记忆（TM）数据；XLIFF 是一种存储抽取的文本并且在本地化多个处理过程进行数据传递的格式规范。
* LISA QA Model 集成了可自定义的一系列模板（Templates）、表单（Forms）和报表（Reports），可以实现本地化项目的计划、报告和本地化内容的质量测试和评估。
* 本地化工程常用的工具类别包括文本标记工具、文件类型格式转换工具、文本抽取和导入工具、文件检查工具、构建编译工具和多媒体编辑工具等。需要根据项目的要求和具体的处理对象，选择或开发一种或多种本地化工程工具。
* 本地化工程人员需要按照循序渐进的原则，从本地化工程的基础知识和基本技术起步，在项目实践过程中锻炼成长。

思考题

1. 本地化工程人员需要掌握哪些软件技术？
2. 本地化工程人员需要掌握哪些本地化技术？
3. 本地化工程人员常用的本地化工程工具有哪些分类？分别具有哪些功能？
4. 本地化要求译文保持一致性，请说明"一致性"表现在哪些方面？可以采用哪些工具和方法检查这些一致性？
5. 编写一个 Microsoft Word 的宏，删除 Word 文档中段落之间多余的空白段。

第三章

本地化工程分析与计划

本章精要

工程分析与计划是本地化工程项目最先经历的两个过程。对于绝大多数的项目来说，应将这两个过程分开处理，少数规模较小、服务内容较单一的小型项目可以相对简化，将这两个过程同时进行处理。

工程分析回答和解决了工程"做什么"、"怎么做"、"做多少"、"花多少时间"等一系列项目计划和实施所需要了解的重要项目信息。其中，工程数据为工程项目提供了量化的依据；工程报告则是工程分析的条件、遇到的问题和可能的风险等信息的汇总。

在实际项目中，工程分析是本地化项目的开端，在项目初始期为销售和项目经理提供分析数据和必要的信息。工程计划阶段是对工程分析数据的进一步确认和规划的过程。除了要确认与工程相关的所有工作范围和工作量外，最重要的是要形成最终工程工作流程（Process）和本地化工程工作包。

本章的重点内容包括：
* 工程分析的目的
* 工程分析数据主要内容
* 工程分析报告主要内容
* 工程分析的基本步骤和操作流程
* 伪翻译与格式往返校验的作用及其主要区别
* 本地化工程工作包的主要信息

第一节 概述

从项目管理的角度看，工程分析是本地化项目启动和计划阶段的重要工作，是项目计划的重要工作之一。该项工作的输入是已确定的项目范围和工程标准流程，输出是工程分析结果。简单地说，工程分析就是根据项目经理与客户所确定的项目需求和范围，为即将展开的本地化翻译工作做准备的同时，将工程工作分解成工作活动，并按各工作活动评估工作量大小的一组工作。因此，工程分析的结果一般包含分析数据和分析报告两部分。

分析数据应包括需要翻译的文件、文件名称列表、字数估计、后续工程工作的工时估计等；分析报告是分析结果不可或缺的部分，是根据以往的工程风险列表和经验，为工作活动提供条件假设、问题以及待观察的风险等。工程分析结果为销售人员向客户报价或为项目经理制定时间表和资源计划提供了依据，也是分析项目预算的重要来源。准确恰当的工程分析，是项目夺标和项目成功的关键，为完成项目建议书的编写提供技术支持，也是体现各本地化公司技术实力的主要平台。

工程计划是围绕工程分析结果展开的整理、确认及优化的工作。确认与工程相关的所有工作范围和工作量，并形成工作流程（Process）和本地化工程工作包，保证客户的需求得到满足。

第二节 工程分析的概念与目的

一、工程分析的概念

工程分析，是根据项目范围将需要翻译的内容按一定规则从源文件中分离，形成翻译文件包，并根据流程，对后续工程、排版、测试等工作进行分解后，按不同工作活动评估工作量的一系列工作，其结果为工程分析数据和分析报告。有些本地化公司也把工程分析称为"工程初始化"，并将其独立为一个阶段—初始化阶段。其中，排版或测试相关的评估工作，如果超出工程人员的职责范围，应由项目经理或高级工程经理，协调其他部门的主管对工作量和数据进行评估。

二、工程分析的组成

工程分析由工程分析数据和工程分析报告两部分组成。这两个部分可以视为工程分析的重要产物和结果。

工程分析数据包括：
* 翻译文件工作包（包括全部需要翻译的文件以及参考材料）。
* 需要本地化的文件名称列表。
* 根据 TM 库得出各语言的总字数和等价字数。
* 分解后的工作活动列表（Breakdown Activity List）。
* 适用于该项目的工程相关工作活动的预计单位产出率（Throughput）。
* 各工作活动的预计工作量（Workload Estimation）。

工程分析报告包括：
* 判断条件不足时，为支持继续分析所作的所有假设（Assumption）。
* 因需求或执行指示不明确而提出的问题。
* 忽略的部分，即项目范围内，任何未经分析的内容及其原因。
* 风险列表。
* 工程建议列表。

三、工程分析的目的

工程分析得到的数据，其根本目的就是为了找到一个最佳的本地化工程方案，节省成本，提高翻译本地化项目效率。

工程分析的目的一般倾向两个方面：协助销售人员报价或是作为项目经理安排项目生产的依据。

工程分析的成败往往决定着一个本地化企业能否在众多竞标者中脱颖而出；也决定着能否在项目实施中做到资源的准确部署和保质保量的高效率执行。工程分析的结果是本地化企业核心竞争力的集中体现，为项目计划和人员部署提供了重要的依据。

第三节 工程分析的基本操作流程

一、工程分析的基本步骤

工程分析往往要求在较短的时间内完成，大多在 1 到 2 天内。因此，除了安排有经验的工程师进行分析外，还要遵循一定的方法和流程，才能在如此高强度的工作中完成准确适当的工程分析。

工程分析主要分为以下 6 个步骤，前 5 个步骤可以得到全部分析数据，第 6 步可得到分析报告：
* 工程需求分析
* 工作分解
* 初步确立流程和本地化策略
* 文件准备和格式转换
* 制定产出率和工作量
* 分析报告

二、工程分析步骤的要点

（一）工程需求分析

与工程分析任务的发起者——销售人员或项目经理，确认本地化工作范围，客户基本要求及项目基本要求。

工作范围简单地可以理解成需要本地化的内容，项目经理或销售人员在发起一项工程分析任务时必须提前与客户明确的，是进行工程分析任务的必要条件。这个阶段的需求和范围的进一步明确，通常通过"项目建议书"这一步骤来实现。工程分析的信息类型通常包括两个方面：客户基本要求信息和项目基本要求信息。

客户基本要求信息是能够进行工程分析的必要信息，主要应包含以下几个方面：该项目是否存在可用的 TM 库或可以继承的翻译资源、软硬件环境搭建的要求、工具使用及工具版本的要求、目标语言的种类、时间表和最终提交物。若因客户对本地化流程不了解，没有提供用于分析的必要材料，应建议由项目经理或由工程师直接向客户作具体解释后，向客户确认。

项目基本要求信息则是从项目管理方面出发，考量有哪些因素可能对工程分析造成影响，比如翻译人员使用的翻译工具、单位产出率、时间表以及是否需要拆分翻译包给不同译者等，这些因素都会影响工程分析的结果。

综合以上三方面的需求，工程师就可以初步确定该项目"该做什么"这个问题，并确定最终提交物的格式和要求。

（二）工作分解

根据工程需求分析总结出的三方面需求列表，工程师即可以最终提交物为目标，展开工作分解，从而满足项目在文件格式和质量等方面的要求。比如，针对最终提交物是翻译后的 PDF 文件为例，客户提供了正确的源文件，工作范围是翻译和排版，这样就可以大致将整个工作分解成三个部分，或称三个工作活动：

工程文件转换→翻译→桌面排版

工作分解的依据是标准工作流程，而工作活动仍可以继续分解成任务。活动是项目过程中的工作单元，而任务是项目中所做工作的最低层次，面向更为具体的操作。一般工程报价分析，分解到工作活动即可；如果项目需求相对单一或是需要做详细计划时，则可以进一步分解到任务级。

完成工作分解，即完成了"具体该做什么"的建议，可以得到"分解后的工作活动列表"了。

（三）初步确立流程和本地化策略

流程是指工作分解后，为确保各项工作最终达成一致的目标（最终提交物），而形成的工作运行关系。流程制定后，工程分析人员应遵照拟定的流程对工程工具包的分解进行检查和验证，从而确保工作分解的合理性。

本地化策略是根据客户需求而制定的一组方案，包括项目相关领域主管人员的安排，在流程各环节上的工具部署以及质量保证措施等。策略制定后，分析人员应重新检查或评估各工作活动的工作量，从而优化分析结果。

对一些规模较大的本地化项目，如果工程分析后需要提交的是正规的项目建议书（Proposal），需要对本地化流程与策略的进行详细阐述。该过程可以更为清楚地向客户呈现出各项本地化工作间的协作关系、各级人员的职责、工具使用对效率的改进、质量保障措施等方面，从而提高分析结果的精度和深度，为项目高级管理人员提供更为准确的判断依据。

流程和策略回答了"该怎么做"和"怎么做更有效"的问题，提高了分析的准确性，是高级工程分析人员在分析大中型本地化项目时必须考虑的工作内容。

（四）文件准备和格式转换

文件准备和格式转换是遵照工具策略中的选定的翻译工具、排版工具等，为流程中的各环节做准备的过程。该步骤为进一步分析提供翻译文件包、文件列表，也为验证翻译流程与本地化策略的可行性提供了方法论，是每个本地化工程人员所必须掌握的基本技能之一。

文件准备是发生在翻译开始前的一项工作，目的是识别和分离需要翻译的文件，并将文件转换成所选翻译工具可以识别的格式，源文件的检查是文件准备中十分重要的步骤。文件准备为工程分析提供了翻译工作字数计算的处理对象。格式转换则经常发生在本地化各环节的交叉点上。在分析阶段，要求工程人员进行格式往返校验，保证格式转换的可行性和准确性。

以下是翻译文件准备和格式转换的步骤，如下图 3.1 所示：

1. 识别并分离需要翻译的文件；2. 利用工具将需要翻译的文件转换成选定翻译工具能够支持的

格式；3. 伪翻译；4. 标记翻译文件；5. 对准备好的文件进行字数计算（Word Count Analysis）。

上述文件准备过程的详细介绍如下：

1. 识别并分离需要翻译的文件

根据客户的需求，在客户提供的源文件中识别并分离出需要翻译的文件，并按不同文件类型做出文件列表。在此操作前，应首先做好源文件一致性检查（Source Acceptance）。源文件多来自客户方，是本地化工程分析文件的源头和依据。源文件存在两种形式：一种是发布后格式，一种是发布前的资源文件格式，也称为工程文件。比如，Flash 源文件的发布后格式为 SWF 播放格式，发布前的资源文件格式为 FLA。

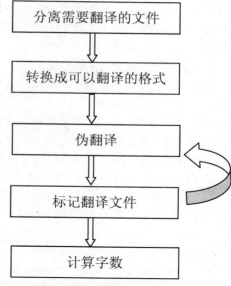

图3.1 文件准备和格式转换的5个步骤

为了便于得到更准确的字数和工作量分析，应该尽量要求客户提供这两种格式，特别是发布前的资源文件格式。如果客户提供了两种格式，则应特别注意引入文件版本的一致性检查，保证源文件的两种格式的内容是一致的，即发布后的文件内容与发布前的资源文件内容一致。如果在这一个环节上出问题，将会影响后续工作的准确性，导致返工，有时甚至影响项目质量和最终的发布日期。

2. 格式转换

利用工具将需要翻译的文件转换成选定翻译工具能够支持的格式。如果客户提供的格式可以直接被翻译工具识别，则此项不是必须的。在此操作中，为了验证翻译工具对不同格式和目标语言的支持能力，必须进行格式往返校验（Format Round-trip Test）。

所谓格式往返校验，即在选定的工具中对文件格式转换方式进行验证，保证翻译后的文件可以被完整地还原成源文件的格式，如：RC → RTF → [翻译工具] → RTF' → RC'，（RC'代表翻译后的 RC 文件）。具体办法是在源文件中选择少量有代表性的样例文件，执行文件转换后，进行伪翻译（Pseudo Translation）操作，若该过程没有因为格式变化而造成无法还原或内容丢失的现象，则说明该格式转换方式可行，格式往返校验成功。否则需要重新选择工具策略和工程流程，再进行格式往返校验。

3. 伪翻译（Pseudo Translation）

伪翻译，是验证软件国际化能力的一种方法。经常被用于软件的本地化项目中，随着多媒体及互联网技术的发展，这一方法在应用范围上也得到了扩展。

如果在软件设计过程中，没有对本地化特性的支持能力做有针对性的测试和考虑，则会出现因对本地化后的字符集欠缺支持而出现乱码、本地化后字符过长造成文本框间的叠加、显示的字符被截断等现象。

伪翻译的处理方法。在目标语言字符集中，预先选定不同长度的、在范围上具有足够代表性的、容易出问题的目标语言字串，作为目标语言翻译结果，按源语言字串长度的不同，按比例扩展的原则替换到目标文件中，从而验证目标语言在最终格式或程序中是否可以显示正常，并显示齐全。如果目标软件是第一次进行本地化，或第一次被本地化成双字节等特殊目标语言时，建议在初次进行软件界面、网站、课件或联机文档翻译前，应先进行伪翻译测试。

应注意区别"格式往返校验"与"伪翻译"的不同用途，两者在概念上存在差异，不要混为一谈。"格式往返校验"验证的是翻译工具对不同格式和目标语言的支持能力；而"伪翻译"是在最终产品或最终文件格式中检验对目标语言的支持能力，字符长度限制或翻译内容准备是否齐全的问题。

4. 标记翻译文件（Markup）

识别出需要翻译的文件后，在进行格式转换的同时，可能会发现一些不需要翻译的内容也混在文件中，比如 HTML 文件中存在的 <body>, <P>, <a href=""> 等标识符，Javascript 命令或以 % 开头的变量等，因此要对各类文件中那些不需要翻译的内容进行进一步分离。该过程大多是将不需要翻译的部分改成不可编辑的样式。经常地，伪翻译和标记文件要交替几次进行，通过对伪翻译结果的验证，来判定文件标记的准确程度，判定是否需要翻译的内容已经准备齐全。

具体地说，标记就是通过工具或脚本对文件中的代码和内容进行解析，不同文件类型对应不同的解析文件（例如 Trados 常用的 INI 格式的文件），将需要翻译的部分突显出来，将不需要翻译的部分编辑成外部样式。因为有些软件在开发阶段没有考虑到国际化的问题，资源文件中需要翻译的内容和代码经常混在一起，特别是开发人员自定义的变量或脚本很难被固化的解析文件完全识别，给翻译分离过程带来了不小的麻烦。解决这类问题，需要使用提供解析器自定义的翻译工具如 Trados、Passolo 或 Catalyst 等对解析文件进行重定义，或自行开发批处理工具进行解析。

5. 字数分析

根据客户或项目经理提供的 TM 库信息，对已经标记的文件进行字数分析（Word Count Analysis）。

需要翻译的文档中大多存在重复的内容，而且有时重复的内容可达文字总量的 30% 以上。想想看，如果一句话在全文中出现了 10 次，这样，如果将这一句话抽出来先翻译（每次抽取时，相同的翻译单元只抽取一次），然后将翻译导入翻译记忆（TM）库中，即可利用自动翻译的方式将另外 9 处都翻译过来，大大提高了翻译的效率，降低了翻译的字数和成本。因此，这种将重复的翻译单元抽取出来先进行翻译的方式，叫做抽取存在重复的翻译单元。这一方法经常用于文档手册文件的工程字数分析。

Fuzzy 或 No Match 的重复单元出现两次后，在本地化翻译工具中（例如 SDLX）可以被累计，称为 Repetition，Frequent Segment 或 Frequently Occurring Units（FOU）。XTranslated 或 100% 匹配的字段在分析中不会被记成 Repetition，只有属于模糊匹配（Fuzzy Match）和不匹配（No Match）的翻译单元，若重复出现了 N 次，该翻译单元的字数会被记到 Fuzzy Match 或 No Match 中，而该单元字数的 N-1 倍录到 Repetition 的字数中。因此，出现过 N 次的某个翻译单元的字数与其 Repetition 的字数之间是 1:(N-1) 的关系。

抽取存在重复的翻译单元，最好进行重用效率的检验。简单地说，重用效率就是存在重复的翻译单元与重复总字数之间的一种关系，取决于文件中有多少重复出现的句子，重复出现的次数和每个重复出现的句子本身的字数。为了得到最大的重用效率，也就是靠预先翻译适量的重复字段得到可重用字数。如果总字数在 5 万字以下，可以在翻译工具中，直接使用出现三次（Repetition-2）作为提取重复字段的默认设置；若超过 5 万字，应提取不同出现频率的字段，从出现三次（Repetition-2）依次递增进行尝试，寻找最佳的重用效率。每次尝试性需要两重分析和验证——首先提取满足 Repetition-n 的字段，分析字数。然后假设提取出的重复字段 Repetition-n 已经翻译完毕并入库，再重新分析所有文件，该分析结果与抽取重复前的分析结果作比较，两次分析的等价字数之差再减掉抽取的重复单元的字数，就是可以节省的翻译字数，差值越大说明全文中出现重复的总字数越多，重复字段的利用效率越高。

需要注意的是，抽取的 Repetition-n 字数的理想范围应在 500 字到 5,000 字之间，重复字段的抽取字数过小重用效率也会很低。相反，若重复字段的抽取字数过大就需要分批翻译，从而难以控制翻译一致性，并导致翻译周期增长，增加工程处理时间等问题。是否抽取重复字段应与项目经理进行充分的讨论后再执行。如果时间紧，

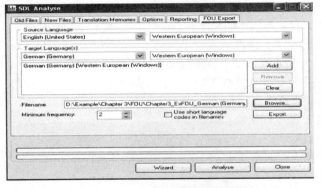

图3.2　SDLX 2007中抽取翻译重复单元

来不及准备 Repetition-n 进行翻译也可以选择 Trados Online 在线翻译模式，这需要严格规定 Trados TM 的设置，将预翻译的阈值（Threshold）从默认的 75% 匹配提高到 100% 匹配，并选中"Segment Unknown Sentences"，在利用重复字段的同时，为可以控制和检查翻译一致性提供条件。

SDLX 和 Trados 都提供了翻译重复单元抽取的功能，如上图 3.2 为 SDLX 2007 中翻译重复单元抽取窗口示意图。

图 3.3 至图 3.5 说明了使用 SDLX 对重复翻译单元进行抽取和翻译后，虽然只翻译了 35K 的重复字段，但因为重复字段引入的可重用字数，使得前后所有文件的字数相差了 147–85=62K，也就是说因重复利用而节省的等价字数有 27K 之多，即 62K–35K=27K。

抽取翻译重复字段之前，所有文件的等价字数为 147K。

出现 2 次以上的翻译单元本身的等价字为 35K。

假设将出现 2 次以上的翻译单元预翻译并入库后，再对所有文件进行分析的字数信息，等价字变成了 85K。

说明：在使用 SDLX 抽取 FOU 时，应注意 AP Words 在不同的 Simulate AP 数值设置下对 Fuzzy Match 字数的影响。

	Total WC	Weighted WC
Replicated :	109068	27267
100% matched :	757073	0
95% to 99% matched :	29533	10337
85% to 94% matched :	22093	13256
75% to 84% matched :	14889	8933
50% to 74% matched :	0	0
Untranslated :	87874	87874
Totals :	1020530	147667

图3.3　抽取翻译重复字段之前的文件等价字

	Total WC	Weighted WC
Replicated :	6284	1571
100% matched :	0	0
95% to 99% matched :	9801	3430
85% to 94% matched :	5978	3587
75% to 84% matched :	4492	2695
50% to 74% matched :	0	0
Untranslated :	23966	23966
Totals :	50521	35249

图3.4　出现2次以上的翻译单元本身的等价字

	Total WC	Weighted WC
Replicated :	0	0
100% matched :	910381	0
95% to 99% matched :	20774	7271
85% to 94% matched :	17175	10305
75% to 84% matched :	10664	6398
50% to 74% matched :	0	0
Untranslated :	61536	61536
Totals :	1020530	85510

图3.5　抽取翻译重复字段之后的文件等价字

（五）制定产出率和工作量

根据工作分解和各流程策略的描述，工程师应参照该公司或部门的标准产出表（Standard Throughput Metrics）为各环节制定出适应于该项目难易程度的产出率，并根据文件数量，估算各环节的工作量。为了方便记忆，此种方法也被称为工作量"正推法"。所谓正推，指通过对项目难易的评估，完成标准产出表的修正，再用工作活动文件数量除以修正后的产出率，即计算出该工作活动工作量的大小。此种方法，适用于做过多次、较成熟项目的工作量评估。

相对的，工作量"逆推法"是凭借经验对一定数量的文件进行检查，先推断出总的工作时间，再界定单位产出的方法。目的是根据推断出的单位产出，制定工作时间表。同时，也用来反向验证上述"正推法"过程中单位产出的修正是否符合项目难度的要求。此法适用于不确定因素的大项目或无法准确界定单位产出的工作类型，比如软件缺陷修复或环境搭建类型的工作。

如果存在本地化工程范围以外的工作活动，工程师无法给出准确的工作量估计，应尽早告知项目经理组织有经验的人员完成。

文件准备和工作量的估算回答了"做多少"和"花多长时间"的问题，为项目经理和工程管理人员提供了制定时间表、人员安排以及成本核算的数据基础。

该过程结束后，便得到了所有的分析数据。

（六）分析报告

所谓分析报告，就是对分析记录的综合表述，包括分析中因条件不足作出的假设、遇到的问题、忽略的部分、风险列表和工程建议等。

1. 假设

假设是工程师遇到障碍时架起的一座临时的桥梁。项目分析中，即使是经验丰富的工程师，经历了若干年报价的洗礼，也不可能洞悉所有未知的或不确定的因素，因为项目需求往往是在分析过程中不断被挖掘和更新的，对需求的认知也是不断深入和改进的过程。在未知中，如何做到工程分析的完整性，做到滴水不漏？除了遵循以上流程外，还要在分析过程中详细记录各环节的假设。

假设是分析过程中，对不确定性因素的一种强制性判断。该判断必须遵循某种预先设定的准则，从而推进分析的进程，为决策者提供尽可能丰富的分析数据，以便把握事实情况并做出最终判断。假设的内容，一般是诸多不确定性中最可能的数值或状态，是靠经验和分析数据判断出来的。

因此，假设的内容仍需要客户或分析发起人的确认。但并不是所有问题都能靠假设给出答案，本地化工作范围和客户基本要求，是在工程分析第一步——工程需求分析阶段必须提出的，否则整个分析将被置于过多的疑问和不确定性中，影响工程师的判断，另外也降低了分析的效率。

2. 提出问题

除假设外，另外一个分析报告的重点是提出问题，即分析过程中记录下来的，需要确认的问题。这些问题区别于第一步中的需求确认，应属于具体执行层面的问题。根据项目进行的阶段不同，问题提出的方式也不同。如果分析是为了粗略的项目报价，此处问题只做代表性陈述即可。之所以说是"代表性"问题，意思是在每个分析层面列出少量有代表性的问题，为下次进一步分析提供参考即可，不需要花很多时间把所有细节问题都一一列举出来，因为一般粗略"询价"后会有"服务商代表会议"或"集中询问"等环节，可以就代表性问题进行提问，从而解决大部分疑问。

其他的具体问题可以在项目建议书的末尾提出，并辅以建设性的意见，从而推进项目分析的高效运行。

3. 待进一步处理的部分

整个工程分析所涉及的内容均与工程相关，因此项目范围内，因分工不同，致使工程人员无法分析的部分应作为未进行分析的内容处理，应在发现的第一时间，明确地向项目经理提出该报告中待进一步处理的部分，针对那些特殊的无法进行分析的内容，应同时给出原因。

4. 风险列表

风险列表是一个成熟企业或组织运行大中型项目所必备的。工程分析也是识别风险的过程，列出的风险，需及时通报给项目经理，与其他风险进行风险级别的评估后，按级别大小加入到风险列表中。风险级别越高，说明该不确定性因素或事件发生的概率越大，且一旦发生造成的影响力越高。因此，风险级别受以下两个因素影响：

风险级别 = 发生概率 × 影响力。

5. 工程建议

工程建议是有效应对工程相关风险的解决方案，是规避工程风险的一种预案措施。应及时通报项目经理，引起各方面的注意，制定出更为详细且可执行的措施。

上述六个步骤（工程需求分析、工作分解、初步确立流程和本地化策略、文件准备和格式转换、制定产出率和工作量、分析报告）是完成工程分析的基本步骤，需要根据项目需要灵活运用。对于比较大型的项目，整个过程可能需要重复三至四次才能得到比较详细的分析数据和报告。对于一些时间短、任务相对单一的项目，整个分析过程可能需要在2至3小时甚至更短的时间内完成，因此可以根据需要，灵活删减以上相对次要的分析步骤，从而满足快速响应的需求，一招制胜。

三、工程分析结果

经过上述工程分析后得到的结果，即工程分析结果，包含工程分析数据和分析报告。

（一）工程分析数据

1. 翻译文件工作包

包括需要翻译的文件和翻译辅助材料，如翻译记忆TM库、源格式文件等。需要工程师提供的是按一定文件结构准备好的待本地化文件。按一定结构可以有3种考虑：其一是按客户提供的源文件的文件夹结构，方便工程师进行翻译后的格式处理；其二按不同文件类型重新制定文件夹目录，以方便后续排版、编译或多媒体工作的安排；其三是按不同批次准备，以区分文件不同的翻译优先级。总的原则是文件结构应尽量和源文件结构一致，或便于后续工作的安排。具体选择哪种结构应与项目经理进行确认。翻译辅助材料，如TM或词汇表的提供应来自项目经理，但工程师应指出待翻文件与源文件之间的对应关系，以方便翻译人员了解翻译单元所处的上下文语言环境。

2. 可本地化的文件列表

即根据翻译文件工作包的结构筛选并罗列出需要本地化的文件列表，在文件类型较多的情况下，应按照文件类型分别进行罗列。

3. 根据 TM 库得出各语言的总字数和等价字数

运行选定的相关翻译工具，得出可本地化文件列表中所有文件的字数信息。总字数即所有待翻内容的字数总和。等价字数（Weighted Words 或称 Equal Words）是本地化专业术语，源自翻译记忆技术的使用，是按翻译内容的可复用程度折算出的字数。折算公式的设定，依赖于不同的翻译工具或本地化项目自身的需要。操作中，以翻译单元为单位，利用翻译记忆技术，对待翻内容中每个翻译单元进行匹配率和自身重复率分析，若待翻内容与记忆库中已有翻译匹配率大，说明可复用程度高，则可按一定比例减少需要翻译的字数；若待翻内容自身存在重复的翻译单元，也可按复用比例减少需要翻译的字数，按这种方式计算出来的字数，被称为等价字数。

4. 分解后的工作活动列表（Breakdown Activity List）

项目范围被分解成不同类型的工作活动，以方便针对各工作活动进行更详细的工作计划，为各项工作任务的具体实施做准备。

5. 适用于该项目的工程相关工作活动的预计单位产出率（Throughput）

根据项目难易，确定该类工程工作在标准产出表中的单位产出率。一般按工程每小时进行计算，即每小时可以完成多少相似的操作，或每小时可以处理多少相似的文件。对于标准产出表未涉及的工程类别或因对项目不了解而无法确定产出率的工程工作，可以通过上述介绍的"逆推法"得到单位产出率。

6. 各工作活动的预计工作量（Workload Estimation）

根据文件列表得到某类工程相关待处理文件或待处理操作的数量，与上述该类工程的单位产出率相除后，即可得到以工程小时为单位的预计工程工作量。对于一些复杂的文件类型，如软件界面或多媒体类型的文件，需要进一步分解到任务级，得到更为详细的工作分解后，才能更加准确地界定工作量的大小。

比如多媒体视频或动画本地化项目，多媒体合成的工作活动常被分解成更为细致的 3 项任务，即画面合成、音频合成与音频同步。要想得到较为准确的工作量，不只是简单地使用视频或动画文件数量，而是详细到以每个文件的"Key Frames"、"Key Slides"的数量及播放长度等参数作为上述操作的工作数量，因此单位产出率也同样被细化到以每小时做多少 Key Frames 或 Key Slides 或配多少分钟的音频为单位，从而计算出更为准确的工程小时数，使报价更具说服力，也使后续项目计划或人员安排更加容易和准确。

（二）工程分析报告包括

1. 判断条件不足时，为支持继续分析所作的所有假设（Assumption）。所有假设应放置在最明显的位置，以提醒项目干系人该分析结果所依据的假设条件。因为假设是工程分析人员对不确定性做出的强制决定，即使这种决定具有一定的代表性或预见性，但这种强制做出的条件、结论或状态，绝对不能默认为项目组的决定，更不能当成客户的决定，因此应尽快得到项目经理和客户的确定。

2. 因需求或执行指示不明确而提出的问题。问题和假设被客户或项目经理回复后，应重新进行分析，对分析结果作出更新。

3. 任何项目范围内，未进行分析的内容和原因。建议通过模板来提醒相关人员注意此类问题，避免遗漏。分析模板中应明确指出常见的工程分析人员无法进行分析的内容及相关处理办法。比如将固定的工作类别与固定联系人绑定，由分析工程师直接与之取得联系等。

4. 风险与工程建议列表。对已经识别出来的风险，按风险等级进行排列，并指出相应的风险应对措施。若有必要，对风险等级比较高的工作，应通报给分析工程师所在的部门经理，提高风险追踪的控制力度以及应对措施的处理能力。

分析报告应以分析报告模板或邮件的形式，在分析结束后通报给项目经理，对于一些比较重要的项目，应同时通报给工程部门的各级主管。

（三）工程分析报告实例

工程分析报告中提到的问题列表，经常会被作为 RFI 的一部分。RFI 是 Request for Information 的缩写，也被称为"项目建议书"，是用于取得产品、服务需求或服务商一般信息的请求文件。其作用是在合同管理中，执行 RFQ（询价／报价请求书）之前，征求服务商意见，以使需求明确化的过程。这已成为客户了解服务商的一个重要途径。作为服务商，RFI 中所提出的问题，不仅是顺利完成项目建议书的关键，也是展示参与投标的服务商的专业技术能力途径。

工程分析报告通常通过一个信息收集的模板对双方所关注的信息进行采集。

在得到客户的询价邀请后，由本地化公司中的资深工程人员对需求进行工程分析，提出本地化相关问题。经过工程分析后，问题通过 RFI 模板提供给客户，对本地化需求作进一步细化和明确。以下表 3.1 为网页本地化工程分析报告–RFI 模板，适用于本地化翻译需求是将某个语言的网站翻译成简体中文的相似案例。

表 3.1　网页本地化工程分析报告的 RFI 模板

Q1: Which programming languages are used in this site? .NET or Java? And in which version of them?
A1:
Q2: Any database file is running in this site? If so, we'd like to know it running in which application, SQL Server or Access?
A2:
Q3: Is it possible to get source files and database files for translation analysis?
A3:
Q4: Which font to be used for Simplified Chinese?
A4:
Q5: Except text and image translation, the web localization usually also includes localized web publishing, L10n/I18n testing, localization bug fixing tasks, so what kind of translation scope is supposed to have in this project?
A5:
Q6: Any audio, video and flash to be localized?
A6:
Q7: Any requirement regarding how to deal with the word art or effects during the localization? Such as which Chinese font will be used when translating the onscreen text of below "Word Art" image? 
A7:
Q8: Will the buttons on the web page to be localized? We need the source files to analyze whether it is a picture or created by codes or controls.
A8:

第四节　工程分析的质量保证

一、检查表

只有提高工程分析过程的效率和质量，才能保证分析结果的质量。提高工程分析效率的重要工具之一就是工程分析模板，也可称为工程分析检查表。

通常一个工程分析模板分为 3 个表单，分析报告、基础信息表（包含可本地化的文件列表、文件准备情况和文件拆分的还原关系等）和工作分解。表 3.2 至 3.4 以多媒体课件分析模板为例，提供了各分析表单的样式和内容，该模板不但给工程分析提供了标准化的依据，也提高了工程分析的准确性，避免分析数据和结论的遗漏。其他软件本地化相关分析模板可依据软件本地化项目的相关流程自定义分析表单的样式和内容。

表 3.2 分析报告

Assumptions
Example: For Roman languages, the font and its size to be used for each language will be specified before production.
Questions
Example: Will the screenshot to be captured on VPC?
Skipped Analysis
Example: The analysis of language testing and audio recording are skipped, but it should be involved in the breakdown activities, please contact XXX to get relative analysis done.
Risks
Example: Risk I: The application required for video screen capturing is not available, need to discuss this with higher level manager involved.

表 3.3 分析数据——基础信息

File	File Type	Audio Length (mins)	Flash Integration Est.	Time (hrs)	TM Analysis Log	No Match	Fuzzy Match	100% Match	Total Words
/	/	/	/	/	/	/	/	/	/
/	/	/	/	/	/	/	/	/	/
/	/	/	/	/	/	/	/	/	/

说明：需将表格中的"/"替换成项目中需要本地化的文件信息和翻译字数信息。

表 3.4 分析数据——本地化工程及相关工作分解表

Localization Task Breakdown		
	File Vol. /Wordcount	Estimated Engineering Time to Spend (Hours) per language
Engineering Pre- & Post Process	/	/
Translation (Including dynamic codes, onscreen text, Flash text and audio script)	/	/
Art Making + Screenshot	/	/
Audio recording	/	/
Flash Integration + Audio Integration	/	/
Course Functional Testing & Regression	/	/
Course Linguistic Testing & Regression	/	/
Course Debug	/	/
Total		

此外，如果项目涉及的文档样式较多，则需提供一个综合性较强的工程分析报告。特别是工作分解部分，除了工程相关工作量的评估以外，还应包含翻译字数、排版工作量的评估、功能及语言测试工作量评估，有些工作如果超出一般难度范围，无法用标准工作产出率来计算的话，应寻求相关专家或部门主管的技术协助。具体可参照以下表 3.5 工程分析报告模板。

表 3.5 本地化工程分析报告模板

Translation & Wordcount Analysis		
	Estimated Word Count (Word)	NOTE
Translation & Wordcount Analysis	/	/
Translation Total Word Count	/	/
DTP Localization Task Breakdown		
	File Volume (Page)	Estimated Time to Spend (Hours) per language
DTP Quark	/	/
DTP Doc	/	/
DTP Total	/	/
Engineering Localization Task Breakdown		
	File Volume	Estimated Time to Spend (Hours) per language
Pre- & Post-process	/	/
Image DTP	/	/
Flash Integration	/	/
Course Functional Testing & Regression	/	/
Course Linguistic Testing & Regression	/	/
Debug for LSO	/	/
Engineering Total	/	/

二、经验技巧

工程分析阶段的经验积累是对分析流程的一种实践性补充。不断学习并积累实践经验可以提高分析效率和分析结果的准确性。

* 工程分析阶段，项目经理应该在第一时间将工程人员引入到本地化流程与方案制定的讨论中，从而更准确地把握客户的需求，更快地找到适用于各方（客户、本地化公司内部各部门、服务商以及合作伙伴）的解决方案。
* 本地化项目范围必须在分析开始前确定好，避免浪费工程分析人员的时间，做无用功。
* 对于假设，不要总是想到最坏的情况，应站在合理的层面做出假设判断，并准确清楚地陈述出假设的原因和内容。
* 工程分析应以工程标准文件为指导，以提高分析的效率和质量。工程标准文件包括：工程标准工作流程、工程标准单位产出率和工程分析标准模板。
* "格式往返校验"和"伪翻译"是本地化方案及流程确认的重要方法，通过局部试验的方式解释全局性问题的有效工具，必须在形成分析结果前进行，从而防止出现全局性问题或战略失误，造成无法挽回的局面。
* 工程分析阶段，工程分析人员应主动召开工程内部会议，向有相关经验的工程人员进行咨询和确认，提高分析的准确性，对现有流程提出改进的可能性，以不断追求分析数据的竞争力为己任。
* 对于可能的风险，应积极提出工程应对建议，为客户寻找更加全面的解决方案提供依据。
* 在将分析结果发给客户前，应站在客户的角度和立场上，审查该分析结果是否具有竞争力和说服力。在满足客户需求的同时，应通过对项目具体特点的多次分析，提供具有竞争力和说服力的分析结果。在执行方案的选择、人员安排及项目周期等重要环节的安排中体现出优势，赢得客户的信任。

第五节 本地化工程计划

一、本地化工程计划的定义

项目经理对工程分析的结果进行整理确认后，提交给客户。双方通过进一步讨论，客户对本地化服务商提出的假设和问题给出更明确的要求。在服务商内部，项目经理和工程师代表多次交流从而优化工程方案和流程。这个确认与工程相关的所有工作范围和工作量，形成最终工程工作流程（Process）和本地化工程工作包的过程称为本地化工程计划。

该过程是将工程分析结果进行优化，将客户需求归纳成可执行文档的工作，要求在良好的组织协调中进行，达到所有项目团队成员充分交流，确定工作方案、流程及各自职责的目的，是整个本地化项目能否达到客户要求的重要环节。工程计划的核心成员，可以是工程分析人员，也可以由工程部门指定人员。但工程计划本身与工程分析有着密不可分的联系，工程计划是工程分析的延续，

图3.6 工程计划阶段的示意图

是工程分析多次重复、完善升华的过程。

工程计划的输入是工程初始化阶段的成果，即更新的客户需求、项目需求和工程分析结果。

工程计划的输出为本地化工程工作包、确认的工程工作流程、时间表与人员安排以及更新的工程分析数据。

工程计划阶段的流程、输入和输出，请参见图3.6。

二、工程计划的流程

（一）确定工程工作量

1. 确认项目中的工程类别

通过与客户的进一步交流与讨论，可以将工程相关的工作范围更加清晰和明确，对已经分解出来的各类工程工作进行检查，确保没有遗漏。各环节的工程质量检查，是工作量的重要组成部分，或集中检查，或做交叉处理，均要在工作量中作出预留，否则容易出现没有时间做质量检查的问题。

2. 确认各类工程的单位产出率

标准工程单位产出率是针对不同工程类别而言的，一类工程任务对应一个标准单位产出率，该项数值标志着一个翻译或本地化公司在该项任务的平均生产力水平及生产效率。平均生产效率的产生需要经历一定时间的积累后总结出来。不同的项目因难易程度不同、任务承担者不同，可以对比标准产出率制定出更为合理的单位产出率。为评估参与该项目的工程师的技能绩效提供了标准，也为推算该类工程工作量大小提供了依据。

3. 确认各类工程的工作量

每类工程工作都可视为一个工作活动，是分解后体现出来的一类工程工作的总和。工作活动一般按件数区分工作活动的大小，然后除以该类工程的单位产出率，即可得到完成该工作活动大致需要的工程小时数，从而推算出工作量的大小。根据工作量可以综合项目难易、人员配置情况、时间表等信息，进行具体的工程资源部署及各项工程时间表的确定了。

（二）制定工程资源计划及工程内部时间表

1. 制定项目中的各工程工作活动的时间表

根据项目总时间表，由项目经理与工程师代表讨论确定每项工程工作活动的里程碑时间。然后根据每项工程工作活动的工作量和彼此之间的依赖关系，对工作活动进行排序，确认每项工程工作活动时间表的安排。

2. 制定项目工程人员计划

根据工程时间表、人员现状和项目周期内的人员工作安排情况，由工程师代表制定项目人员计划，在项目时间表非常紧张时，决定是否需要赶工或外包部分工作。

3. 制定项目工程软硬件配置计划

根据项目软硬件需求分析，确定是否需要购买或升级软硬件配置。在时间表和人员计划确定后，应重新确认软硬件配置计划。特别针对需要外包的工作，很可能因为本地化工程服务商的软硬件配置无法在短时间内得到满足，而使外包计划落空。

（三）优化工程工作流程和解决方案

优化流程是根据标准流程制定出更适合项目需求和实际情况的流程，优化可以包括以下步骤：

1. 整理客户需求和反馈

整理从项目经理得到的客户需求，确保每项与工程相关的需求都经过了工程分析，并达到了可以操作的要求。工程分析后向客户提出的问题，均得到解答，并已经整合到流程或方案中。最后，应查询是否有该项目的历史信息和经验总结，明确可以继承的部分。若存在任何与本次客户需求相违背或无法继承的现象时，应及时与客户进行确认。比如，应就以下信息与历史记录进行对比：处理工具是否统一、文件版本和格式是否统一等。

2. 进行流程及解决方案验证

随着需求的不断明确、资源文件的不断齐全，流程和方案在最初制定后，仍需要进行反复校验，以验证流程与方案的可行性,最终固定下来成为指导工程实施的重要文档。工程分析中的格式往返校验及伪翻译是进行工程流程及方案校验的重要方法与工具,也同样应用于工程计划阶段中。

3. 确立工程流程文档

验证后的流程应以文档的形式记录下来,作为项目重要指导文档的一部分,分发给所有项目工程相关人员。流程文档应包含以下信息:

* 分解后工程工作活动的工作流概括。
* 选用的工具、工具的获取方式及工具版本。
* 文件转换及文件准备的方法。
* 文件后期处理及合成的方法。
* 选用的质量检查表及其他模板。
* 工程缺陷跟踪方法。
* 为各类工程工作确定的单位产出率。
* 各类工程人员的职责。

(四)制定本地化工程工作包

本地化工程工作包是客户需求和本地化工程方案的集中体现。它包含了本地化工程工作的计划、流程及工具操作的重要信息,是项目团队所有参与者在实施过程中必须遵循的规范和工作指导书,通常包括如下内容:

* 工程流程文档。
* 各类工程工作的里程碑时间表。
* 本地化文件列表、文件夹结构、源文件、准备好的待翻译文件及各过程文件放置的位置。
* 目标语言相关信息,包括目标语言种类、语言代码、文件编码、文件名命名规则等。
* 翻译记忆库的获取(如果翻译记忆库由工程师来维护)。
* 翻译工具及其他工程工具的详细设置。
* 工程提交文件的质量要求。
* 工程人员的联系方式。

本地化工程工作包的模板可以综合上述信息,并将其他工程外流程整合在一起。因项目规模不同,工具包中的信息也可以进行灵活的增减。

三、工程计划的过程检查

工程计划的检查也是工程计划流程的一部分。检验工程计划是否执行完全,最终的分析数据是否可以进入下一执行过程,必须经过以下三个方面的完整性检查才能进入到工程实施阶段:文件完整性、需求完整性以及流程策略完整性。

* 文件完整性:执行两次文件检查,第一次是把客户提供的源文件与待本地化的文件列表进行对比检查,保证待本地化文件列表中的文件没有遗漏。第二次是将待本地化的文件列表与准备出来的待翻译文件进行对比,保证两者之间没有差异;执行文件完整性检查时,应注意语言之间因本地化需求不同而产生的文件数量和版本的差异。
* 需求完整性:检查需求分析中的各项工程相关的要求,已明确记录到本地化工程工作包,确认所有针对需求的提问都已得到解答。
* 流程策略完整性:按照既定流程和策略进行试验性走查,确定可以得到预计的提交物。

工程计划得到检查与确认后,工程执行所需的计划得到了初始版本,这个初始版本为工程的执行提供了参考基线(Baseline),使得接下来要展开的相关工程工作有了最基本的依据和规范。但这并不意味着计划内容的结束,计划应随着项目的推进和执行过程,通过状态控制和追踪所提供的实时数据,在必要的时候,对原计划进行修正和更新,以适应项目中存在的变化。

本章小结

工程分析是本地化项目启动和计划阶段的重要工作，是项目计划的重要工作之一。该项工作的输入是已确定的项目范围和工程标准流程，输出是工程分析结果。工程分析结果为销售人员向客户报价，或为项目经理制定时间表和资源计划提供了依据，也是分析项目预算的重要来源。

工程计划是围绕工程分析结果展开的整理、确认及优化的工作。确认与工程相关的所有工作范围和工作量，并形成工作流程（Process）和本地化工程工作包，保证客户的需求得到满足。

本章介绍了本地化工程分析的概念、目的与工作流程，提出了工程分析质量保证方法，最后论述了工程计划的设计流程和过程检查方法。

本章的知识要点归纳如下

* 工程分析和计划，将客户需求进行了分解和转化，与项目历史经验一起，集中体现到了计划阶段的重要产物——本地化工程工作包 中，为后续项目及工程的实施提供了基础和方法，是整个本地化项目的关键环节。
* 工程分析和计划都有各自的实现步骤，工程分析人员和工程师代表可以根据项目具体需求确定重点分析或计划步骤，适当剪裁不需要的步骤，灵活安排分析和计划的时间。
* 工程分析的结果是各项工程数据，为制定工作流程、工作方案、安排资源和时间表提供了数据。同时提出了问题、风险与应对措施，作为分析报告供项目团队在计划阶段作进一步分析。
* 工程计划是工程分析的延续，是将分析结果进行确认和检验的过程。工程计划为本地化工程工作包的形成提供了工程技术、资源和流程的支持，为接下来展开的工程实施提供了全方位的指导。

思 考 题

1. 工程分析的目的是什么？
2. 工程分析数据包括哪些内容？
3. 工程分析报告包括哪些内容？
4. 工程分析的基本步骤和操作流程是什么？
5. 工程文件准备的主要步骤是什么？
6. 伪翻译与格式往返校验的主要区别是什么？
7. 在一般情况下，进行字数统计过程中，应如何处理重复（Repetition）的字段？
8. 使用标准产出表对工作量进行估算的方法被称为什么方法？这种方法适用于哪种情况？
9. 本地化工程工作包包含哪些主要信息？
10. 工程计划阶段的过程检查包括哪些内容？

第四章

软件用户界面工程

本章精要

软件用户界面本地化工程是本地化项目中内容广泛、流程复杂、技术全面、规范严格的工程工作。软件用户界面工程的顺利实施为软件本地化翻译、桌面排版和本地化测试等后续工作提供了良好的工作基础。软件用户界面本地化工程需要紧密跟踪和应用软件开发和本地化技术,在项目实践中总结提高质量和效率的经验。

本章首先介绍软件用户界面本地化工程中的资源文件的类型,然后详细介绍资源文件本地化工程流程中的准备、分析、预处理、后处理、编译和缺陷修正等具体工作,并以软件本地化工具Alchemy Catalyst 为例,讲解这些工作的具体执行步骤和操作要领。最后列出提高软件本地化工程的质量检查表,总结软件本地化工程的经验和技巧。

本章的重点内容包括:
* 软件本地化工程准备与分析
* 软件本地化工程预处理
* 软件本地化工程后处理
* 软件本地化工程编译
* 软件本地化缺陷修正
* 软件本地化工程质量检查表

第一节 概述

软件是按照特定顺序组织的计算机程序代码、数据和文档的集合。软件一般分为系统软件、应用软件和中间件。软件的本地化内容主要是对软件人机交互的用户界面(User Inferface,UI)组件和文档本地化(包括联机帮助文档、产品手册文档和市场材料等其他类型的文档)。

根据软件的运行方式,可以把软件分为单机版和网络版,而网络版又分为客户端/服务器(C/S)和浏览器/服务器(B/S)两种结构。随着网络应用的不断深入,特别是因特网的普及,B/S结构的软件的数量和类型不断增加。

根据软件的运行环境,可以把软件分为Microsoft Windows、Apple Macintosh 和 Linux 等操作系统、应用软件和嵌入式软件。从市场规模和软件的种类来看,Microsoft Windows 系统及其应用软件具有非常大的市场,因此,本章内容主要论述 Microsoft Windows 应用软件的本地化,其他各类软件的本地化遵循相似的流程和方法。另外,文档的本地化项目工作包括许多具体的工作内容和方法,与软件用户界面本地化相比,需要采用不同的工具和技术,所以软件文档的本地化将分别在第五章和第七章论述。

尽管软件的运行方式和运行环境不尽相同,但是软件用户界面中需要本地化的内容通常包括对话框、菜单和屏幕错误或状态字符串信息。图 4.1 是 Microsoft Windows Notepad(记事本)应用软件本地化前后用户界面的对比。可以看出,软件的标题栏和菜单都进行了本地化,而且本地化菜单中的热键(Hotkeys)外观形式与英文软件不同,热键对应的下划线字母单独放在菜单文字之后,并且加上了半角括号,这是中文本地化菜单的通用规范。

软件用户界面的本地化工程主要包括以下工作:
* 本地化工程准备
* 本地化工程分析
* 本地化工程预处理

图4.1 Windows记事本应用软件的本地化

* 本地化工程后处理
* 本地化工程构建
* 本地化缺陷修正

为了做好以上工作，需要本地化工程人员熟悉软件用户界面的知识，掌握软件本地化基本规则、工作流程、软件工具和质量保证技术。

第二节 软件本地化技术基础

为了便于实施软件本地化，在软件设计时应采用用户界面内容与程序代码分离的方式。软件的用户界面内容以独立的方式保存在软件资源文件（Resource Files）中，软件用户界面的本地化工作主要是对软件资源文件内容的本地化。

采用资源文件与程序代码分离的软件设计方法，至少具有两个方面的优点：第一，可以降低软件本地化的难度，减少本地化过程中因错误修改代码引起的问题，提高本地化的效率。本地化翻译人员只需要专注于翻译资源文件本身的内容，而不必阅读和掌握软件代码。第二，便于有效地对软件实施多语种本地化，以一套软件源语言代码为本地化基准，对资源文件进行多语种的本地化，即可保证源语言和多个目标语言的软件版本同步发布。

软件用户界面中的菜单、对话框和字符串是本地化翻译的主要组件（某些软件可能还要求对程序代码中的注释文字进行本地化），下面先来熟悉这些组件的外观形式，然后分析由此构成的软件资源文件的内容。

一、软件用户界面的外观

（一）菜单

菜单是软件命令或选项的组合，实现软件的各个功能。菜单可以分为常规菜单和快捷菜单。常规菜单是软件运行后软件窗口上方的菜单栏区域固定显示的菜单，快捷菜单是用户使用软件时单击鼠标右键而弹出的菜单，通常包含了用户最常用的功能。

图 4.2 是软件常规菜单和快捷菜单的外观形式，左边的是常规菜单，右边的是快捷菜单。

菜单具有层次性，最上层的称为主菜单，每个主菜单可以包括多个子菜单，各个子菜单还可以包括下层子菜单。软件运行后显示的是主菜单，选择主菜单后可以显示弹出式的子菜单。如果子菜单包括下层子菜单，则在菜单的右方显示一个黑色的三角形箭头。名称后面带有省略号"…"的菜单，表示运行菜单后将弹出对话框。

每个菜单都有一个带下划线的字母，称为热键（Hotkey），按住 Alt 键加热键字母即可执行菜单命令。某些菜单右方带有组合键，称为快捷键或者加速键，用户可以不选择菜单而直接在键盘上按下这些组合键，即可快速执行菜单命令。

图4.2 软件菜单

（二）对话框

对话框是用户改变软件选项或对软件进行设置的窗口，某些复杂的对话框含有多个选项卡（Tab），允许用户分类设置各个选项。图 4.3 是包含五个选项卡的对话框。

对话框中包含了多种软件控件，例如，命令按钮、单选按钮、复选框、下拉列表框、文本编辑框、静态文本框等。

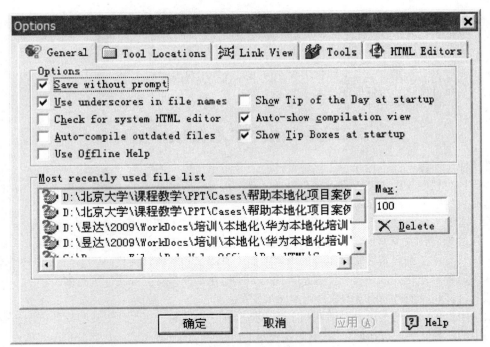

图4.3　软件对话框

（三）字符串

字符串是软件运行过程中，根据用户的不同操作而在软件界面中出现的短语或句子等文字信息内容。软件字符串的作用是软件的问题警告、错误或者确认提示，或者当用户鼠标指针指向工具栏按钮时，在按钮下方对按钮的功能进行文字提示，在软件窗口下方的状态栏对按钮的功能进行文字描述。

图4.4是软件运行时的字符串外观，分别用于对按钮的功能和拼写检查功能进行文字提示。

软件通常包括数量众多的字符串，它们在软件资源文件中以字符串列表（String List）形式保存，是软件用户界面中较难翻译而且费时的工作。由于字符串的内容一般比较短，

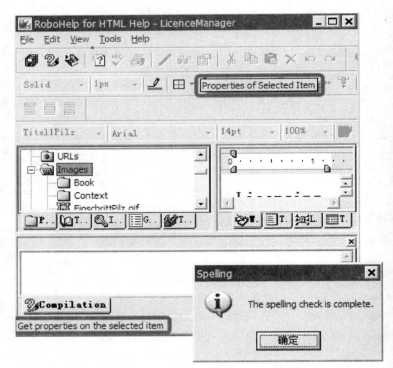

图4.4　软件字符串

有的只是一个单词或者短语，某些字符串还带有变量，在软件运行时根据用户的操作不同而动态生成字符串的完整内容，由于在翻译过程中没有上下文可以参考，所以，为了方便对字符串进行本地化，经常需要软件开发人员或者本地化工程人员对字符串添加注释，供翻译人员在翻译过程中参考。

二、软件资源文件的内容

本地化过程需要处理的软件资源文件可以分为两大类：第一类是程序员编写的未经过软件开发工具编译（Compile）的原始资源文件，这类文件的内容是包含软件控件属性的文本字符串，可以使用任何文本编辑器（例如 Windows 的"记事本"软件）直接打开查看和修改内容。第二类是经过软件开发工具编译后的二进制格式的资源文件，这类文件不能使用文本编辑器打开（打开后显示为乱码字符），而必须使用查看资源文件的专用软件才能打开和编辑其中的用户界面文字内容。

下面分别介绍原始资源文件和二进制资源文件的内容，通过熟悉这两类文件的内容特征，为下面介绍的软件用户界面本地化工程方法和过程打好基础。

原始资源文件的扩展名代表文件的类型，不同软件开发工具及其不同版本编写的软件原始资源文件的扩展名各不相同。例如，Microsoft Visual Studio 开发的 Windows 应用软件的原始资源文件的扩展名是 RC，Microsoft Visual Studio .NET 开发的扩展名是 RESX，Java 开发的扩展名是 Properties 和 Java。

（一）原始资源文件的内容

下面是使用 Windows "记事本"文本编辑器打开的扩展名是 .RC 的资源文件的内容。

1. 对话框

图 4.5 是 RC 文件中对话框的内容。其中需要进行本地化的内容是引号中的字符串（表示字体的"MS Sans serif"一般不需要本地化）。

其中的数字表示对话框中各个控件的坐标位置和尺寸大小。其他组合字符分别表示对话框的类型、对话框中控件的类型、名称和属性。

对话框中某些按钮文字中带有"&"字符，这是 Visual Studio 开发 Windows 应用软件资源文件中热键的字符，"&"字符后面的字母称为"热键（Hotkey）"。同一个对话框中的各个控件不能含有相同的热键，否则将引起热键功能失效。

```
IDD_ADDCONTACT DIALOG DISCARDABLE 0,0,180,78
STYLE DS_MODALFRAME | WS_POPUP | WS_CAPTION | WS_SYSMENU
CAPTION "Add/Edit Contact Information"
FONT 8, "MS Sans Serif"
BEGIN
    EDITTEXT   IDC_NAME,68,7,105,12, ES_AUTOHSCROLL
    EDITTEXT   IDC_ADDRESS,68,21,105,12, ES_AUTOHSCROLL
    EDITTEXT   IDC_HOMEPAGE,68,35,105,12, ES_AUTOHSCROLL
    DEFPUSHBUTTON  "OK",IDOK,7,57,50,14
    PUSHBUTTON "Cancel",IDCANCEL,65,57,50,14
    LTEXT      "Name:",IDC_STATIC,7,9,49,8
    LTEXT      "e-mail Address:",IDC_STATIC,7,23,49,8
    LTEXT      "Home Page:",IDC_STATIC,7,37,50,8
    PUSHBUTTON "&Help",ID_HELP,123,57,50,14
END
```

图 4.5 RC 文件的对话框内容

2. 菜单

图 4.6 是 RC 文件中菜单的内容。其中需要进行本地化的内容是引号中的字符串。菜单项带有"&"字符，"&"字符后面的字母称为"热键（Hotkey）"。同一个主菜单下的各个子菜单不能含有相同的热键，否则将引起热键功能失效。

有些菜单项带有"\t"符号，这是菜单中的控制符，"\t"后面的组合键是该菜单项的快捷键，"\t"符号在程序中的作用是使菜单项的文字和快捷键文字在软件运行后分割显示，菜单项文字靠左显示，快捷键靠右显示。

```
IDR_MAINFRAME MENU PRELOAD DISCARDABLE
BEGIN
    POPUP "&File"
    BEGIN
        MENUITEM "&New\tCtrl+N", ID_FILE_NEW
        MENUITEM "&Open...\tCtrl+O", ID_FILE_OPEN
        MENUITEM SEPARATOR
        MENUITEM "P&age Setup...", ID_FILE_PRINT_SETUP
        MENUITEM SEPARATOR
        MENUITEM "Recent File", ID_FILE_MRU_FILE1, GRAYED
        MENUITEM SEPARATOR
        MENUITEM "E&xit", ID_APP_EXIT
END
```

图 4.6 RC 文件的菜单内容

3. 字符串

图 4.7 是 RC 文件中字符串的内容。其中需要进行本地化的内容是引号中的字符串

```
STRINGTABLE DISCARDABLE
BEGIN
    IDS_OLE_MF_PROP_KEY    "Metafile Constrain Proportions"
    IDS_OLE_BMP_PROP_KEY   "Bitmap Constrain Proportions"
    IDS_BOARD_COLOR        "(Click to change color)"
    IDS_BOARD_COLOR_FONT   "MS Sans Serif"
    IDS_OUT_OF_RANGE_ERROR "Please enter a %s between %.2f and %.2f."
    IDS_OUT_OF_INT_RANGE_ERROR "Please enter a %s between %d and %d."
    IDS_INSERT_NEW_BOARD_WARNING   "Warning! Inserting or removing a
clear all event at this location will alter the appearance of the
captured boards."
    IDS_REMOVE_NOTES_WARNING   "Warning the tag you are removing has
attached notes. These notes will be removed if you continue."
    IDS_TOOLBAR_RTF        "Notes Formatting"
    IDS_FILE_FORMAT_FAILURE "Invalid File Format."
    IDS_SESSION_BOARDORIENTATION_KEY    "Board Orientation"
```

图 4.7 RC 文件的字符串内容

```
ErrorStackMessagesFile=ErrorStackMessagesFile_en.txt
RemedyMessagesFile=RemedyFile_en.txt
STATUS_WORDS_FILE=DMWords_en.txt
No_Message_Number_On_Line=There is no error message number on
the line of the error stack messages file containing the
text:\n \"{0}\".
COMMPortSettingsPropertiesFile=COMMPortSettings.properties
COMMPortUpdateError=Interface Error
IsReadOnlyCannotUpdate=is read-only, cannot update
CannotBeFoundCannotUpdate=cannot be found, cannot update

DiagnosticModule=Diagnostics Module
SoftwareCRCDoesNotMatchHardwareCRC=Software checksum of {0}
does not match hardware checksum of {1}.
CRC_Error=Checksum Error
Undefined=Undefined
Error_Stack_Line_Bytes=Error Message Bytes
COMM_Exception=Interfaces
```

图4.8 Properties文件的 字符串内容

（表示字体的"MS Sans serif"一般不需要本地化）。

有些字符串带有"%s"、"%d"、"%f"等符号，这是字符串中的变量。其中，"%s"表示字符型变量，"%d"表示数值型变量，"%f"表示浮点型（带小数点的数值）变量，在软件实际运行后这些变量动态显示当前实际数值。

图4.8是Java开发的程序中的Properties类型的资源文件的内容。其中需要进行本地化的内容是等号右边的字符串。

字符串中的"{0}"、"{1}"符号是Java程序字符串中的变量。其中，"{0}"表示第一个变量，"{1}"表示第二个变量，以此类推。

通过查看以上列出的原始资源文件需要本地化的内容可以发现，尽管可以使用文本编辑器（例如"记事本"软件）直接打开并进行本地化翻译，但是，这种本地化翻译方式既不科学，也不高效。

首先，由于原始资源文件包含了很多不需要翻译的控件属性、位置和大小等文字，对于不熟悉编程规则的翻译人员而言，直接翻译这些资源文件将很容易漏译其中需要翻译的内容，或者翻译了不需要翻译的内容。其次，由于这些控件文字很短，对于某些具有多种意义的控件文字，没有上下文可以参考，翻译人员只能根据经验进行猜测，无法在翻译过程中看到程序运行时的用户界面的控件显示形式。再次，也是最重要的一点，由于软件在开发过程中，经常更新和升级，如果使用文本编辑器直接翻译原始资源文件，当对更新和升级进行本地化处理时，无法有效实现对已经翻译内容的重复利用。

因此，对于软件用户界面资源文件的本地化，只需要选择使用支持翻译记忆功能，同时支持"所见即所得"方式（即翻译过程中可以随时看到用户界面在程序运行时的显示方式）的软件本地化工具。

（二）二进制资源文件的内容

二进制资源文件是经过软件开发工具编译的用户界面文件，常见文件的扩展名分别是DLL、EXE、OCX等，这些文件需要使用软件本地化软件进行处理，常见的软件本地化软件有Alchemy Catalyst、SDL Passolo、RC-WinTrans、Microsoft LocStudio等。

下面以DLL类型的二进制资源文件为例，使用Alchemy Catalyst软件显示其中需要本地化的用户界面内容。

1. 对话框

图4.9是使用Alchemy Catalyst打开的二进制DLL类型的资源文件中对话框的内容，需要本地化的菜单内容显示在左边树状结构的"Dialog"节点中。在翻译过程中各类需要翻译的控件文字以"所见即所得"的方式

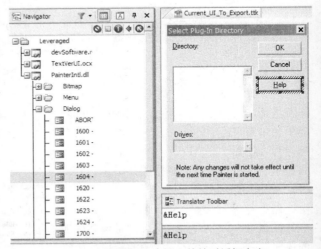

图4.9 二进制DLL资源文件的对话框内容

直观显示，对话框控件的大小和位置等不需要翻译的属性被隐藏起来，翻译人员可以在"Translator Toolbar"中对照源语言有效地翻译。

2. 菜单

图4.10是使用Alchemy Catalyst打开的二进制DLL类型的资源文件中菜单的内容，需要本地化

的菜单内容显示在左边树状结构的"Menu"
节点中。在翻译过程中对话框中各类需要翻
译的控件文字以"所见即所得"的方式直观
显示，不需要翻译的菜单类别和编号ID等属
性都隐藏起来，翻译人员可以在"Translator
Toolbar"中对照源语言有效地翻译。

3. 字符串

图 4.11 是使用 Alchemy Catalyst 打开的
二进制DLL类型的资源文件中字符串的内
容，需要本地化的字符串内容显示在左边
树状结构的"StringTable"节点中。由于字
符串文字内容是在软件实际运行中根据用户
的操作而动态显示，所以，不能以所见即
所得的方式进行翻译。尽管如此，Alchemy
Catalyst 已经把字符串的编号等不需要翻
译的文本都隐藏起来，翻译人员可以在
"Translator Toolbar"中对照源语言有效地
翻译。

通过使用软件本地化工具 Alchemy
Catalyst 打开以上列出的二进制资源文件，
可以方便地直观需要本地化的内容，除
了能够直观显示和翻译资源文件的内容，
Alchemy Catalyst 还能实现内容分析和统计、
翻译记忆、译文重复利用、本地化后的质量
检查等功能。

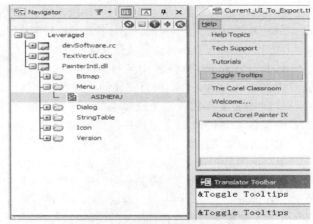

图4.10　二进制DLL资源文件的菜单内容

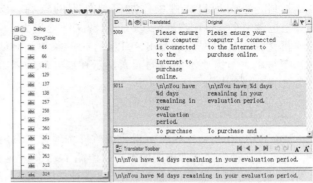

图4.11　二进制DLL资源文件的字符串内容

实际进行软件用户界面本地化时，对于原始资源文件或者二进制资源文件，都使用这种软件本
地化工具进行必要的本地化工程处理，其中比较重要的是做好翻译之前的预处理、翻译之后的后处
理等工程工作。这些内容将在本章后面的有关部分进行详细介绍，列出这些工程工作的处理方法和
经验技巧等。

第三节　软件用户界面本地化工具

软件本地化工具分为通用的商业工具和各家公司专有的工具。这些工具一般应支持可视化翻译
软件资源文件，支持翻译记忆功能，还有分析、重复利用、质量检查和目标文件导出等功能。

一、Alchemy Catalyst

（一）Alchemy Catalyst 简介

Catalyst 是 Alchemy 公司开发的可视化软件本地化专业工具，采用可视化编译环境和先进的翻译
记忆技术，更快、更高效地为细分市场提供本地化的产品和服务，同时保证翻译质量，有效降低成本。

Alchemy Catalyst 可以支持多种文件格式的本地化，隐含保护所有的 Tag，使翻译人员集中于文
件文本内容的翻译，它集成了软件项目分析、译文重复利用、翻译记忆库、文件格式检查、文件导
入和提取等功能，可以为本地化工程技术人员、项目管理人员和翻译人员使用。通过 ezParse 技术，
本地化工程人员可以自定义开发语法解析器处理非标准文件格式，满足不断变化的本地化业务需求。

Alchemy Catalyst 具有 Developer/Pro Edition、Localizer Edition、Translator Pro Edition 等 功 能
不同的多种类型，其中，Developer/Pro Edition 的功能最强。Alchemy Catalyst 经过多年的开发和更

新,在软件本地化方面具有界面友好、功能丰富、扩展性强、易于使用等特点,下面我们以 Catalyst Developer Edition 8.0 版本为例,论述软件界面资源文件分析和统计的方法和步骤。

(二) Alchemy Catalyst 的项目文件

Alchemy Catalyst 软件使用项目(Project)文件的方式管理需要处理的文件,项目文件的扩展名是 TTK,用户可以向 TTK 文件插入一个或多个需要本地化的文件。TTK 中包含了文件的源语言和目标语言的内容,所以,TTK 文件是双语文件集。

用户可以通过菜单"File"下的"New Project…"命令或者单击工具栏中的"New Project"按钮创建一个 TTK 文件,在弹出的"New Project"对话框中可以设置项目文件的位置、名称、源语言和目标文件的类型。

项目文件创建完成后,可以通过菜单"File"下的"Insert Files"向项目文件中添加需要处理的资源。图 4.12 是包含两个软件用户界面(UI)资源文件(dll 和 rc)的项目文件,从图中可以看出,UI 文件中的菜单、对话框和字符串表等需要本地化的元素显示在展开后的以类型命名的文件夹中。

图4.12 包含两个UI文件的项目文件

二、SDL Passolo

SDL PASSOLO 是专业的可视化的软件本地化工具之一,它支持多种资源文件格式的解析,遵循 TMX 等本地化规范,支持翻译记忆和模糊匹配技术,具有 VBA 兼容的脚本引擎,可以订制开发各种功能的宏,支持双字节字符和双向文字的软件本地化。

SDL PASSOLO 具有多种版本:Professional Edition(专业版)、Team Edition(团队版)、Translator Edition(译员版),其中,Translator Edition 可以免费下载,供翻译人员作为计算机辅助翻译工具进行翻译。图 4.13 是 Passolo Translator Edition 打开项目文件的软件界面。

图4.13 Passolo 打开翻译项目文件的软件用户界面

Passolo 具有检查(QA)功能,带有插件选项,可以处理 Microsoft .NET 程序、Java 程序、ODBC 数据库文件。

Team Edition 版本的 Passolo 软件可以创建项目文件、字数分析、翻译记忆的重复利用、检查项目文件、导出目标文件。

三、Microsoft LocStudio

LocStudio 是 Microsoft 专为软件本地化而开发的专业工具。LocStudio 有较强的自动翻译、自动分析、翻译建议、过滤等功能。整个工具可以分为三个主要的窗口:Resource 区,以树状结构显示;翻译区,可以打开任何想要翻译的字符串进行手动、自动翻译;警示及结果区,会提示一些应该注意的警告或一些相关资讯。

四、Schaudin RC-WinTrans

RC-WinTrans 是 Schaudin 公司推出的翻译软件。Schaudin 公司成立于 1993 年,从 1995 年至

今,一直致力于翻译软件的开发。RC-WinTrans 是专门为本地化工作者开发的软件,支持 Win32 和 Microsoft .NET 和 Java 软件的翻译和本地化。多文档的界面可以同时打开多个任务,方便快捷。

RC-WinTrans 9 是目前为止的最新版本,提供了专业的软件本地化环境,支持多种语言翻译(包括亚洲等地的语言),其操作简单易行。

五、Resorcerer

Resorcerer 是 Macintosh 系统上的首选资源编辑器,适用于 System 8、9 或 Mac OS X。长期以来,Rexorcerer 一直为世界各地的 Macintosh 开发人员所钟爱,它包括丰富而强大的功能,可用于轻松、便捷、安全地编辑 Macintosh 资源及数据文件。

Resorcerer 可用于解析图片、编写 AppleScript 以修补或编译文件、创建脚本字典、使用 144 种不同的图标来构建图标套件、调试来自另一应用程序的 AppleEvent、设计及编辑自定义的资源、查找控件的每个引用、试验 Aqua 下的对话框界面、查看 Unicode 字形、放大屏幕、将某些 PowerPC 指令分解成英文等。

以上列举的只是典型的软件本地化工具,大型 IT 公司一般都各自开发自有的软件本地化工具,例如,SunTrans、IBM TM/2 等。本地化工程人员可以根据项目要求和工具特点选择最合适的软件本地化工具。

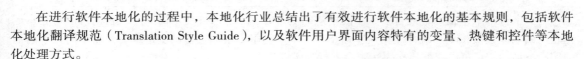

第四节 软件用户界面本地化的基本规则与流程

在进行软件本地化的过程中,本地化行业总结出了有效进行软件本地化的基本规则,包括软件本地化翻译规范(Translation Style Guide),以及软件用户界面内容特有的变量、热键和控件等本地化处理方式。

由于软件开发具有连续性和时序性,软件用户界面、联机帮助和用户文档之间需要按照合理的顺序进行本地化,软件用户界面的本地化需要遵守合理的本地化工程处理流程。

一、软件用户界面本地化的基本规则

软件用户界面本地化规则较多,在此仅讨论与软件本地化工程有关的用户界面本地化规则。

(一)通常先进行软件用户界面的本地化,然后再进行联机帮助及文档的本地化

根据软件开发过程的顺序,通常先开发软件用户界面,编写程序代码,然后编写软件联机帮助和用户手册文档。为了提高软件本地化的质量和效率,保持软件本地化的一致性,充分实现本地化内容的重复利用,软件用户界面成为首先进行的本地化的组件。

(二)在进行软件本地化之前,需要提供经过评审的本地化项目工作包

本地化项目工作包是本地化项目需求、本地化翻译风格规范、翻译记忆库、术语和工具等的集合,是实施软件本地化的指导性文档,通常由软件开发商的全球化或本地化工程人员负责编写,并且由项目经理或者工程专家进行评审通过。

(三)保持软件本地化的一致性是软件本地化质量基本规范之一

软件本地化的一致性具有不同的层次和类别,主要体现在译文内容的一致性、翻译风格的一致性和软件外观的一致性。

译文内容的一致性体现在句子的一致性和术语的一致性;翻译风格的一致性要求不同对译文文风和句子语气的一致;软件外观的一致性要求菜单、对话框、联机帮助和用户手册遵循相同的布局风格。

(四)注意中文本地化中标点符号的通用规则

中文本地化中空格的使用规则是软件本地化外观一致性的要求之一,根据中文本地化的通用规则要求,除了菜单之外,中文字和半角字符之间需要保留一个半角空格,例如,中文字和英文字符、阿拉伯数字之间需要保留一个半角空格。

关于括号的使用，如果括号内的字符都是半角符号（即不含中文字和中文标点符号），则使用英文半角括号"( )"，而如果括号内是中文字和英文字母数字等半角字符或者全部是中文字，则一律使用全角括号"（）"。

（五）遵守本地化控件中热键的翻译格式规范

以英文菜单"Project Settings…"进行中文本地化为例，本地化后为"项目设置(&J)…"。此处注意四个要点：第一，符号"&"和热键字母"F"被半角括号括起来，位于菜单译文之后；第二，菜单译文"文件"和半角括号之间不需要保留空格；第三，本地化的热键字母一律大写（即使英文可能是小写）；第四，菜单文字后的省略号"..."不能删除，且保持为英文的省略号，而不是中文的省略号"……"。

（六）尽量不要在本地化过程中改变字符串中变量的顺序

软件资源文件中常见的变量类型和含义如表4.1所示：

表 4.1 软件资源文件的常见变量及其含义

变量	含义
%s	字符串变量
%d	十进制整数型变量
%f	十进制浮点型（小数型）变量
%x	十六进制变量
%u	Unicode 字符
{n}	第 n 或 n–1 个变量。n 可以从"0"或者"1"开始编号

一个字符串中包括两个或者多个相同格式的变量时，不能改变变量的顺序，否则可能引起本地化软件的功能失效或者出现译文错误。但是，一个字符串中不同类型的变量或者使用不同数字区别的相同类型的变量可以根据译文表达顺序进行顺序调整。

例如，源语言字符串"Choose %s to copy %s"包含了两个相同类型（字符型）的变量，在翻译时需要保持变量的顺序不变，比如可以翻译成"选取 %s 以复制 %s"，而不要翻译成"若要复制 %s，请选取 %s"。虽然后者更符合中文的表述习惯，但是会造成句子译文内容的意思错误。

（七）正确处理字符串中控制符

软件资源文件中的控制符控制文字的格式显示，常见的控制符类型和含义如表4.2所示。这些控制符一般不需要改变，保留原样即可，特殊情况下为了保持本地化后内容显示的美观，可以删除或增加换行符"\n"。

表 4.2 软件资源文件的常见控制符及其含义

控制符	含义
\n	换行符，\n 后面的字符在程序运行时显示在下面一行
\r	回车符
\t	制表符

（八）注意不需要本地化的软件内容

软件产品名称、公司名称、大写字母、组合单词、文件名和代码中的注释语句一般不需要本地化。

软件代码中的注释语句是对代码功能或结构的描述，注释一般以"//"作为开始行，该行内容不需要本地化翻译，包含在"/*…*/"之间的内容也是注释文字，不需要翻译。

// comment are not translated

/* comment are not translated */

注意：在联机帮助或者用户文档手册中的某些代码注释可能需要翻译，因此，需要根据软件本地化项目工作包的要求确定哪些内容需要翻译。

另外，根据软件中文本地化的惯例，软件产品名称、公司名称、大写字母、组合单词、文件名和阿拉伯数字等内容保持源语言的半角字符格式，不要使用全角形式。

例如，源文件内容：File_Name_Too_Long=File not saved.\nThe filename (including pathname）must not exceed 259 characters.

翻译成简体中文后的正确的格式如下（数字为半角格式）：
File_Name_Too_Long= 无法保存文件 \n 文件名（含路径名）不能超过259个字符。
错误的格式如下（数字为全角格式）：
File_Name_Too_Long= 无法保存文件 \n 文件名（含路径名）不能超过259个字符。

二、软件用户界面本地化流程

软件用户界面本地化工程的目的是为本地化翻译人员提供易于翻译的资源文件格式和内容，并且对本地化翻译后的资源文件进行质量验证，构建本地化的软件应用程序，并且修正本地化软件测试发现的缺陷。

为了有效地实现这些目的，需要设计和执行软件用户界面本地化流程，以便做好文件和项目信息的准备、实施和质量保证等工作，使得本地化工程、翻译、测试和项目管理等各个工序或部门的工作协同进行。

图4.14 是较典型的软件用户界面本地化工程流程图，其中图中虚线框是与本地化工程相联系的本地化翻译和测试工序，其他都是本地化工程的工序。下面简要解释各个本地化工程工序的内容和目的，关于这些工序的处理方法，将在后面节中详细论述。

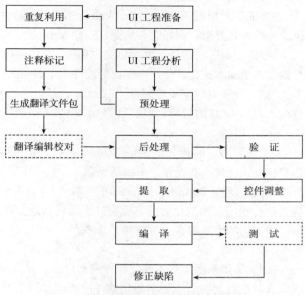

图4.14　软件用户界面本地化工程流程

（一）UI 工程准备

UI 工程准备是 UI 本地化工程的第一项工作，主要是准备用于本地化工程处理的资源文件（从软件程序中抽取）、设置本地化软件的构建环境（包括使用的软件或工具、脚本、参数设置等）和本地化工程指导文件。

（二）UI 工程分析

UI 工程分析是为了确认 UI 工程准备的充分性，熟悉和确认工作范围，分析 UI 本地化工程的工作量和复杂性，为确认和实施本地化工程计划，估算工作量、进度、人力资源和需要的软硬件工程工具，估算本地化工程成本。工程分析还可以尽早发现项目存在的问题，以便尽快解决。

（三）预处理

UI 预处理是向本地化翻译人员提供本地化翻译的 UI 双语项目文件包。使用本地化工程技术对需要本地化的 UI 文件进行格式转换、内容的重复利用、对某些翻译过程中需要特别处理（不需要翻译或者特殊处理）的 UI 条目添加注释标记。

重复利用对应的英文单词是"Leverage"，它的目的是将以前已经本地化翻译的内容导入需要本地化的 UI 文件中，重用已经翻译经过评审的 UI 内容，保持译文的一致性、准确性，减少本地化翻译的工作量，降低成本，缩短翻译时间。

注释标记是在软件本地化工具中对某些菜单项或字符串中添加供翻译人员参考的解释性文字，例如，某些字符串的长度翻译后不能超过多少个字节，某些条目的单位例如"mm"需要翻译成本地化文字等（通常单位名称使用英文不需要本地化翻译）。这些添加的注释标记不会带入 UI 本地化后的文件内容中。

生成翻译文件包是使用软件本地化工具将预处理后的资源文件、术语和翻译记忆等文件压缩为一个文件，供翻译人员翻译使用。

（四）翻译编辑校对

翻译编辑校对工作不属于本地化工程人员的工作范围，由翻译人员对本地化 UI 进行翻译、编辑和校对。其中，"翻译"是将源语言的 UI 转换成目标语言的过程；"编辑"是对照源语言和目标语言的 UI 文件进行修改和润色的过程；"校对"是对目标语言的 UI 进行进一步修改和调整的过程。

（五）后处理

UI 后处理是对翻译编辑校对后的 UI 文件进行工程检查、修改和调整目标语言的 UI 控件内容和格式，通常包括"验证"、"控件调整"和"提取"工作。

"验证"对应的英文单词是"Validation"，它的目的是检查已经本地化的 UI 内容是否符合本地化的控件格式要求，例如对于热键、控件大小和位置、变量、空格等的本地化处理是否正确。

"控件调整"对应的英文单词是"Resize"，它对"验证"后存在问题的 UI 控件的大小和位置进行调整，消除本地化软件用户界面的控件文本截断、控件重叠、控件未对齐等缺陷。

"提取"对应的英文单词是"Extract"，是把经过本地化工程后处理的双语 UI 项目文件包导出为目标语言 UI 文件的过程，提取后的 UI 文件用于构建本地化的软件。

（六）编译

"编译"对应的英文单词是"Compile"，是把提取后的 UI 目标语言文件放入生成本地化软件的构建环境，经过一些设置，采用系列命令，最后生成本地化软件安装程序的过程。

"构建环境（Build Environment）"是构建生成本地化软件所需要的一系列文件的集合，其中包括构建执行程序、本地化后的资源文件、联机帮助文件和其他文档（例如，构建指南文档）以及构建过程中调用的中间脚本、命令和工具等。

（七）测试

"测试"是系统地对本地化软件进行检测，寻找和报告软件缺陷的过程，它通常由专业的本地化测试人员执行。对于大型本地化软件的测试，为了做好缺陷报告和跟踪工作，通常采用缺陷数据库管理。

（八）修正缺陷

"修正缺陷"是本地化工程人员对本地化软件测试过程发现和报告的软件缺陷进行修正处理的过程。本地化工程人员对于测试报告的任何缺陷都需要经过确认、重现、修改和检验等工序，修正缺陷后本地化工程人员再次构建生成新的本地化软件，再次测试，直到达到本地化软件的发布要求。

总之，本地化工程的各项工序都是顺序相关的，前一步的工作优劣将影响到下一步的工作质量和进度。另外，本地化工程工作要与翻译和测试等不同部门的工作做好衔接配合，使流程顺畅执行。为此，必须注意合理和有效的信息传递和交流方式与机制。

第五节 标准任务分配表和生产文件夹结构

软件用户界面本地化工程需要处理的文件类型多，使用多种工程处理工具，与不同生产部门的交流多，为了提高工作效率，保证工程工作的标准化，将工程任务以表格的形式呈现给工程人员，工程处理过程的文件以标准生产文件夹的结构维护和管理。

一、标准任务分配表

软件用户界面本地化工程项目的标准任务分配表，是为工程人员分配软件用户界面本地化工程任务时所使用的标准表单，其作用是规范该项工程工作，在实施阶段前必须向项目经理或客户确认的项目需求和项目必要信息，从而在项目初期，发现技术问题或项目可行性上可能存在的风险，主动减少因团队合作、沟通交流与文化等因素造成的理解上的偏差。

表 4.3 为软件用户界面本地化工程项目建议的标准任务分配表，分为基本信息、销售阶段的信息、工具、文件和其他等类别。

表 4.3　软件用户界面本地化工程项目标准任务分配表

基本信息			请在下栏中填写
	1	列出目标语言	
	2	任务开始和结束日期（如果可以分语言/分批提交，请注明）	
	3	需要提交的本地化文件	文件格式、位置、命名规则等
	4	更新及新字的字数信息，总字数信息	
	5	准备提供给翻译的格式及是否存在批次、每批文件的等价字数	等价字数是根据项目认可的方法，使用 CAT 软件统计分析出的翻译字数
	6	各目标语言翻译记忆库的位置	
销售阶段的信息			
	7	是否存在报价/工程小时预估信息	是|否（如果是，请注明文件位置）
	8	是否存在已经经过工程分析并准备好的源文件	是|否（如果是，请注明文件位置）
工具			
	9	要求使用什么工具及版本信息对 UI 文件进行前后处理	
文件			
	10	源文件路径	
	11	源文件是否齐全	是|否（如果否，则应向项目经理提出）
	12	UI 文件处理指导书是否齐全，是否规定了 UI 词汇中的变量和标记的翻译处理规则	是|否（如果否，则应向项目经理提出）
	13	需要翻译的 UI 文件列表	
	14	翻译后的 UI 文件路径	
	15	翻译后的文件是否齐全	是|否（如果否，则应向项目经理提出）
	16	目标语言翻译记忆库是否齐全且版本为最新	是|否（如果否，则应向项目经理提出）
其他			
	17	如果是 UI 更新，在准备翻译时，作为基准的源语言版本与客户最新提供的版本应该一致	是|否（如果否，则应向项目经理提出）
	18	是否存在项目特殊要求或检查表	是|否（如果是，则应列出或注明文件位置）

二、标准生产文件夹结构

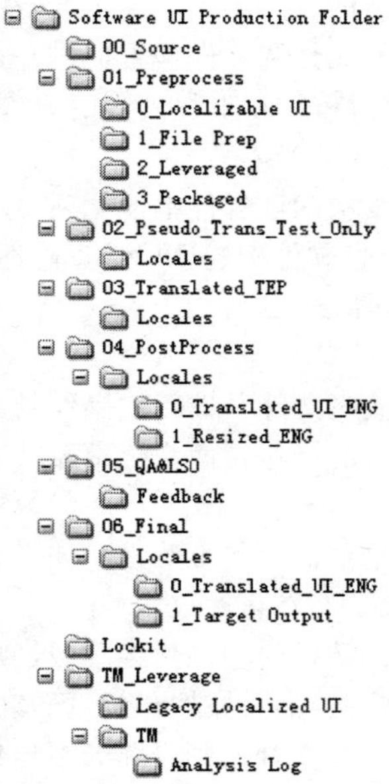

标准生产文件夹结构是按文件类型和本地化项目实施阶段特征而设计的，用于控制生产实施过程，包括过程文件的版本管理、文件类型管理、质量实施管理和过程管理。保证某一特定阶段产生的质量问题可以被准确地追溯，从而提高对生产过程及质量的控制。图 4.15 是软件用户界面本地化工程的标准生产文件夹结构。

下面介绍各个文件夹的功能和放置的文件类型：

"00_Source" 放置的是软件用户界面的源文件。

"01_PreProcess" 放置经过预处理的源语言文件。其中，"0_Localizable UI" 是从收到的 UI 文件中筛选出来的需要翻译的 UI 文件，格式与客户发来的格式相同；"1_File Prep" 是将 UI 文件转换成 UI 本地化需要的格式，以方便译者在 WYSIWYG "所见即所得"的带有真实界面环境的 UI 翻译工具中进行翻译；"2_Leveraged" 放置经过 TM 或之前翻译过的 UI 文件重复利用（Leveraged）后的文件，可以直接用于后续翻译生产，如果文件数量较大，也可以根据需求对文件进行分批处理；"3_Packaged" 放置分批打包的件。

"02_Pseudo_Trans_Test_Only" 是为工程人员设置的文件夹，用于放置伪翻译过程中产生的文件，该文件只作为参考，不能直接用于翻译。因此，伪翻译后需要修改的文件应及时更新上述

图4.15　软件用户界面本地化工程标准生产文件夹结构

"01_PreProcess"中的各级文件。

"03_Translated_TEP"放置翻译后的双语用户界面文件。

"04_PostProcess"放置工程后处理的文件。其中,"0_Translated_UI_ENG"放置转换成后续工程所需的格式;"1_Resized_ENG"是经过验证和控件调整后的文件。

"05_QA&LSO"是按目标语言放置功能和语言检查后的反馈信息。通过最终的质量检查,将最终提交给客户的文件,放置在"06_Final"中,其中"0_Translated_UI_ENG"为最终翻译后的 UI 文件;如果客户需要将 UI 文件进一步还原成之前发来的格式则放置在"1_Target Output"中。

"Lockit"放置工程相关指导文件。

"TM_Leverage"中的"TM"放置各目标语言最新的翻译记忆库文件,其中"Analysis Log"放置各语言的字数分析结果;"Legacy Localized UI"放置之前翻译过的相关 UI 文件,以用于前处理的字数分析和 UI 重复利用处理。

该文件夹结构和名称基本按照使用 Alchemy Catalyst 对软件用户界面文件本地化工作的顺序命名,该文件夹结构经过适当修改可以适用于其他本地化软件进行用户界面文件的本地化工程处理。

第六节 软件界面本地化的工程准备与分析

工程准备和工程分析是顺利实施软件界面本地化的基础性和预备性工作,它决定着整个工程工作是否可以正确、准确、完整和顺利完成。工程准备包括项目文档、工具、人员和设备等方面的准备,充分的准备有助于按照工程流程和项目进度完成工程分析和实施的工作。工程分析是在工程准备的基础上,对工程工作的技术、工作量、进度和成本等方面进行分析,工程分析的结果可以作为修改项目计划中进度和成本的依据。

一、软件界面本地化的工程准备

软件本地化工作通常是软件开发商以外包的形式发包给语言服务提供商或者开发商的本地化部门。软件开发商是语言服务提供商的客户,对本地化项目工作进行支持,提供软件本地化所需要的资源文件、项目要求和技术指导,并且跟踪控制项目的进度和质量,二者互相分工和合作;其中,对于大型软件开发商的软件本地化工程工作也经常外包给语言服务提供商。

以下从语言服务提供商工程人员的角度介绍软件界面本地化工程准备的有关内容。工程准备的工作主要包括"检查"和"确认"两项工作:"检查"是对 UI 工程需要的文件和软件是否提供并且已经准备就绪;"确认"是核实所需的文件和软件是否完整和正确,是否符合 UI 工程流程的要求。"检查"和"确认"工作并不是完全独立的两项工作,经常可以同时进行。

具体而言,软件界面本地化的工程准备可以分为五项内容:(1)检查和确认软件本地化项目工程信息;(2)检查和确认项目工程文件包的完整性;(3)测试并确认源语言软件构建环境的正确性;(4)设置项目文件夹结构和文件版本控制;(5)确定最终的工程流程和文件包。

(一)检查和确认软件本地化项目工程信息

在本阶段,本地化工程人员已经从客户处获得了 UI 本地化工程的最终文件、最新的操作指南(Instruction)文档和项目计划等,为了保证不遗漏客户的期望要求,所有的操作指南文档都要及时纳入工程流程和本地化项目工作包。

如果在早期的报价阶段已经创建了工程流程文档,需要检查和确认这些流程的准确性,如果有问题需要及时向文档作者讨论和确认,如果需要修改,则修改后的流程要进行评审通过。

对于工程有关的操作指南的内容要保证充分和正确理解,如果有疑问请及时与项目经理或客户交流并确认。对于大型软件本地化项目,项目经理可能需要参阅以前版本的项目总结报告、已知的缺陷和问题报告和相关的软件程序,这些文档中的相关信息或者经验教训需要补充到当前的本地化工程工作包中。

(二)检查和确认项目工程文件包的完整性

检查和确认客户提供的本地化工程文件包的内容是否完整。对照当前和以前提供的文件包，如果增减或者修改了内容和文件数量，与项目经理一起确认是否需要修订当前的工程流程，并及时通知客户这些变化将影响项目初期阶段对项目范围的分析，进而可能需要调整项目工作量和进度，必要时需要更新项目初期报价。

以下文件和内容将是主要的检查对象：
* 是否提供了需要本地化的 UI 文件清单。
* 如果提供了文件清单，确认清单中列出的文件都已经进行了本地化。
* 这些文件是否全部提供了需要本地化的用户界面内容。
* 是否提供了本地化工程指南文档。
* 是否提供了先前版本的资源文件或翻译记忆库。
* 使用什么软件重用前一版本已翻译过的资源文件或翻译记忆库。
* 是否提供了项目最新的术语表。
* 是否已经准备了所要求的本地化软件工具。

除了完整性检查，还需要检查源语言 UI 文件本地化后是否可以导出成源语言相同格式的文件。为了提高效率，可以使用项目要求的软件本地化工具进行伪本地化翻译，验证和确认伪本地化的 UI 文件可以提取和导出。

（三）软件构建环境的正确性

使用客户提供的源语言软件在软件构建环境中进行编译构建，测试是否可以构建源语言软件。如果存在问题，工程人员要及时通知项目经理告知客户，请客户处理确保源语言软件可以构建成功。

以下文件和内容将是主要的检查对象：
* 是否提供了构建的源语言软件。
* 软件构建环境是否可以顺利执行。
* 是否提供了软件构建指南文档。
* 是否完全理解软件构建指南文档的要求和内容。
* 构建过程需要用到什么工具以及这些工具的版本号。
* 构建过程需要的工具是否准备就绪。
* 构建环境对操作系统和数据库是否有具体要求。
* 构建环境对区域信息设置是否有具体要求。

对于新项目或者大型复杂的软件本地化项目，构建环境通常非常复杂，文件数量和类型众多，因此，提供软件构建指南文档非常重要，本地化工程人员要确保对照构建指南文档，使用源语言软件文件能够构建成功，并且通过版本验证测试（Build Verification Testing，BVT）。

（四）设置项目文件夹结构和文件版本控制

对于大型的多语言软件本地化项目的工程工作，项目的文件管理和版本控制尤为重要，它直接影响本地化的质量和进度。在多个工程团队跨国或者异地协同工作时，项目文件传递的准确性和有效性方面非常关键，这方面如果发生错误，将可能构建错误的软件，导致重新构建，增加工作量。

解决问题的方式是在项目工程准备阶段，在文件服务器和文件版本控制系统中，使用统一的项目文件夹，按照语言和文件类型分别存放在不同的文件夹下。例如，语言文件夹下设置源语言和相应的目标语言子文件夹，文件类型文件夹下存放 UI、Help、Tutorial 和 Readme 等文件，构建过程中需要的工具或者脚本文件存放在工具文件夹中。

通过文件版本控制可以追踪文件内容的演变历史，文件夹结构和内容的变化都需要及时通知工程团队的成员以及项目经理。

（五）确定最终的工程流程和文件包

经过前面的工程项目信息、文件内容和版本、构建环境等的检查和确认，将获得最终的软件本地化项目的工程流程和工程文件包，这些内容非常重要，将作为工程执行阶段的基准和处理对象，项目工程团队的全体成员和项目相关人员（项目经理、程序经理等）都可使用，在项目结束后进行工作备份。

工程文件包主要包括本地化工程所需要的文件，包括资源文件、构建环境、工程操作指南等，可以将工程文件包添加或更新到本地化项目工作包中。理想情况下，最终的工程文件包将包括下面的内容：

* 项目文件所在的文件服务器位置和访问方式（FTP/VPN/GMS 全球化管理系统）。
* 工程操作指南文档。
* 项目参考文档。
* 源语言的 UI 文件、联机帮助文件和 Readme 等。
* 以前版本的翻译记忆库文件或者源语言的文件等。
* 指定的软件本地化工具名称和版本号。
* 文件的预处理和后处理的转换方法。
* 文件/文件夹的命名规则。
* 文件字符集编码规则。
* 软件缺陷管理数据库信息（网址和登录账号等）。
* 项目信息文档（团队成员信息，角色、任务、联系信息和交流方式等）。

二、软件界面本地化的工程分析

在第三章中详细介绍了本地化工程分析的目的、流程、方法和结果。本节主要以软件用户界面资源文件为分析对象，论述使用软件本地化工具 Alchemy Catalyst 进行资源文件的字数统计分析，并且输出统计报告，作为计算项目工作量、分配任务、安排进度的依据。

Alchemy Catalyst 可以实现对软件资源文件的工程分析，输出资源文件中的字符数量、字符翻译状态，并且生成分析报告。

（一）资源文件字数分析方法

使用 Alchemy Catalyst 的"Analysis Expert"菜单命令可以对项目文件中的资源文件进行字数分析。

Alchemy Catalyst 提供了两种字数分析的方式：第一，是基于翻译记忆（TM）的模糊匹配技术对项目文件分析，它将项目文件中的文本内容与翻译记忆文件中的内容进行匹配分析，输出项目文件中文本内容的匹配数值。第二，项目快照（Project Snapshot）分析，直接对当前项目文件中文本内容进行分析，输出各个文本段（Segment）的翻译状态的字符数。

Alchemy Catalyst 支持的翻译记忆文件格式包括以下类型：

* Catalyst 项目文件（.ttk）
* Publisher 项目文件（.ppf）
* Tab 键分隔的词汇表文本文件（.txt）
* 翻译记忆交换文件（.tmx）
* TRADOS Workbench 的翻译记忆文件（.tmw）

（二）资源文件字数分析结果

下面介绍基于"项目快照"和"翻译记忆"两种方式的分析报告形式和内容。

图 4.16 是基于"项目快照"生成的分析报告，对项目文件以及各个资源文件中各种翻译状态的文本数目进行分类统计。"Summary Report"可以显示项目总体分析结果，"Verbose Report"详细报告项目文本字符的状态和数量。基于项目快照的分析报告数据，便于项目经理分配不同人员的工作（翻译和编辑等）。

报告中各列标题的含义如下：

* "Words"表示文本字符总数。
* "Translatable"表示可以翻译的文本字符数。
* "Translated"表示已经翻译的字符数。
* "Not Translated"表示尚未翻译的字符数。

* "For Review"表示已经翻译但是尚未经过编辑审核的字符数。
* "Signed Off"表示经过编辑审核的字符数。
* "Resources"表示 Catalyst 中 UI 文件所分析的资源数（对话框、菜单和字符串表的数量）。
* "Segments"表示可以本地化的文本段数，文本段是 Alchemy Catalyst 对资源文件中的文本进行处理的基本单元。

图4.16 基于项目快照的分析报告的结果

图 4.16 的分析报告中，没有已经翻译（Translated）的字符，也没有已经翻译但是尚未经过编辑审核（For Review）的字符数，这是因为项目文件包括的三个资源文件都是最新的英文软件，没有使用以前译文对项目文件进行译文重复利用的处理。实际项目分析过程中，经常需要先对当前的项目进行重复利用（Leverage）处理，然后再进行字数分析，以便获得准确的需要翻译和编辑的字符数。关于使用 Alchemy Catalyst 重复利用的方法，将在下节内容中详细描述。

图 4.17 是基于"翻译记忆"的模糊匹配生成的分析报告，项目文件各种文本内容与选择的翻译记忆文件中内容的匹配程度得出的分析结果，各列名称分别是"匹配类型"、"段数"、"单词数"和"百分比"。使用基于"翻译记忆"生成的项目分析报告，便于项目经理进行精确报价。

图 4.17 中的"Perfect Match"是指当前项目文件中的词/段（Word/Segment）不仅与翻译记忆（TM）中的文本完全匹配，而且其他字元数据（Meta-data），例如坐标、ID 标号和样式也完全匹配。"Duplicates"是指当前项目文件中的词/段内容重复一词或多次。"100%"到"50%-74%"表示项目文件中的词/段可以从翻译记忆文件中重用的匹配程度。

图4.17 基于翻译记忆的分析报告的结果

第七节 软件界面本地化的工程实施

软件界面本地化工程分析工作完成以后，进入工程实施阶段。工程实施阶段可以分为翻译前期的"预处理"、翻译之后的"后处理"和测试后的缺陷修正。

下面以使用 Alchemy Catalyst 进行软件界面本地化的工程实施为例，介绍各项工作的方法、步骤和注意事项。

一、预处理

“预处理”是对需要翻译的本地化资源文件进行译文重复利用、添加注释、锁定某些不需要翻译的条目的过程。

（一）译文的重复利用

Alchemy Catalyst 支持多种类型的文件格式为重复利用的对象，如果软件资源文件以前的译文的格式属于 Alchemy Catalyst 支持的格式，则可以从中重复利用于当前的项目文件。

在 Alchemy Catalyst 中使用“Leverage Expert”实现译文的重复利用。

Alchemy Catalyst 生成的重复利用报告内容如图 4.18 所示，项目文件中各个资源文件的部分条目已经被重复利用了，“Not Translated”列的百分比已经不是“100%”，“For Review”状态的数量大于 0。另外，Alchemy Catalyst 还按照资源类型生成了各自的 Leverage 数据。

	Words	Translatable	Translated	Not Translated	For Review	Signed Off	Resources	Segments
UI_Engineering	5166	5166	152 (3 %)	5014 (97 %)	152	0	152	1366
PainterIntl.dll	1165	1165	22 (2 %)	1143 (98 %)	22	0	31	290
devSoftware.rc	3474	3474	124 (4 %)	3350 (96 %)	124	0	83	985
TextVerUI.ocx	488	488	6 (1 %)	482 (99 %)	6	0	10	77

Summary Report by Resource Type

Resource type	Words	Translatable	Translated	Not Translated	For Review	Signed Off
Entire Report	5166	5166	152	5014	152	0
Resource file	1653	1653	28	1625	28	0
Menu	307	307	49	258	49	0
Dialog	1164	1164	92	1072	92	0
StringTable	3656	3656	11	3645	11	0
Resource Script	3474	3474	124	3350	124	0

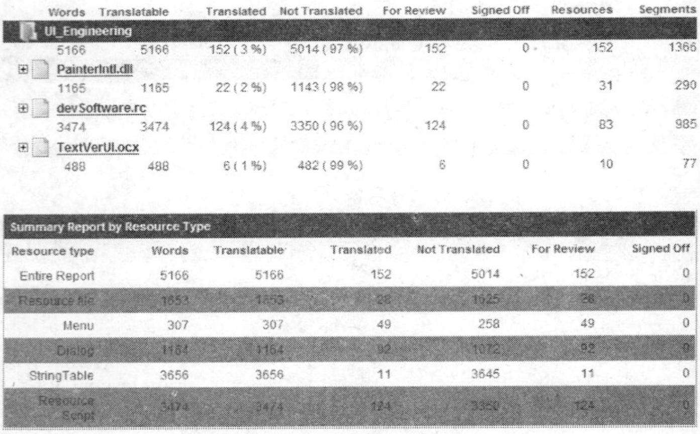

图4.18　重复利用生成的报告结果

项目文件经过 Leverage Expert 重复利用后，其中的 100% 匹配的内容已经导入到项目文件中，如图 4.19 所示。在“Navigator”视图中，资源条目名称前面显示为向下绿色箭头的眼睛标记，这些条目的内容需要本地化编辑人员进行确认。

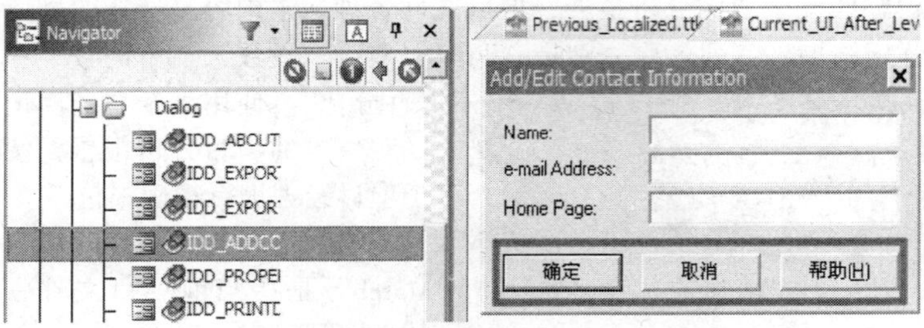

图4.19　重复利用后的项目文件资源控件内容

（二）条目注释和锁定

软件用户界面的某些条目在翻译过程中可能需要进行特殊处理，例如，某些字符串不需要翻译，某些字符串的翻译长度不能大于多少个字符。

如果要对含有特定翻译要求的条目进行说明，可以选中资源文件的对象，然后选择菜单“Object”>“Memo”（快捷键是“Ctrl+M”）。如图 4.20 在对话框“IDD_ADDCC”中的“e-mail”不需要翻译，则可以在“Memo”对话框中，添加注释说明语句。存在注释的条目名称后面会出现黄色方框的图形标记，翻译人员在翻译过程中可以很直观地注意到这些带有标记的条目。

对于不需要翻译或修改的条目，可以单击“Translator Toolbar”的锁定图标。对于需要提醒翻译人员注意的某些条目，可以单击旗帜图标添加注释。如图 4.21 所示，在 ID 为 1014 的条目上设置了锁定和注释符号，翻译人员在翻译过程中将会引起注意，无法进行翻译或修改，起到保护作用。

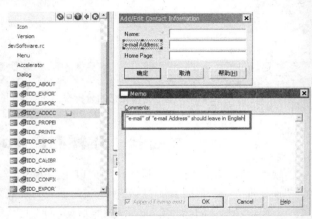

图4.20　Alchemy Catalyst中添加注释说明文本

（三）生成翻译文件包

使用 Alchemy Catalyst 的 "Quickship Expert" 可以生成翻译文件包，方便发送给翻译人员，特别是公司外聘的翻译人员（Freelancer）。翻译文件包压缩了项目文件（.ttk）和其他相关文件。翻译人员可以使用免费下载的 Catalyst Translator/LITE Edition 版本翻译项目文件。

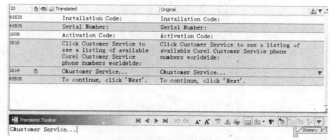

图4.21　Alchemy Catalyst中添加锁定标记

至此，软件资源文件的工程预处理已经完成，项目经理可以把项目翻译文件包发送给翻译部门进行翻译编辑和校对。

二、后处理

"后处理"的处理对象是已经完成翻译编辑校对的本地化资源文件，目的是提供符合本地化要求的目标语言的软件资源文件，用于构建本地化软件。"后处理"包括"验证"、"控件调整"和"提取"三项工作，它们的作用分别是进行译文格式检查和修改，调整项目文件的某些控件的位置和大小，从项目文件中导出目标语言的软件资源文件。

（一）验证

Alchemy Catalyst 使用 "Validate Expert"（验证专家）自动化地检测本地化翻译过程中引入的各类常见错误，例如，热键重复、热键丢失、热键不一致、控件重叠、控件文本显示不完整、译文不一致等。

检测到的错误显示在 "Results" 窗口，可以双击每个错误定位到产生错误的控件，如图4.22 所示。

图 4.22 是使用 "Validate Expert" 对项目文件中的 "Export Image Setup" 对话框控件进行验证，显示在 "Result" 窗口中的验证结果发现了以下错误：（1）翻译后丢失了热键；（2）控件文本被截断（控件文字显示不完整）；（3）控件重叠。

说明：由于仅作为使用 Alchemy Catalyst 执行 "验证" 功能的介绍，图 4.22 所示的最

图4.22　Alchemy Catalyst的 "Validate Expert" 的验证结果窗口

终对话框中的某些控件没有完全本地化，在实际项目中需要完全本地化。

Alchemy Catalyst "Validate Expert" 验证对象可以是一个或者多个项目文件（.ttk），也可以是项目文件中的某个资源文件，或者自愿文件中的某个对话框。在对项目文件进行验证时，建议每次只验证某几类错误，这样可以减少错误的数量，方便定位错误项目及修正。

（二）控件调整

"控件调整"的对象是 Alchemy Catalyst 的 "Validate Expert" 检测到的错误控件，以及由于本地化过程引起的控件位置对齐问题。可以使用手工调整和 Alchemy Catalyst 的 "Layout Manager Expert" 自动调整。

"Layout Manager Expert" 可以通过选择菜单 "Tools" > "Layout Manager Expert" 运行。

使用 Alchemy Catalyst 的 "Layout Manager Expert" 对图 4.22 所示的 "Export Image Setup" 对话框控件进行调整的结果如图 4.23 所示。

从图 4.23 可以看出，"设置" 和 "全部" 控件的文本已经大部分显示出来了，但是宽度还需要

调整，另外，对话框底部的三个按钮没有均匀分布，没有对齐，需要手工调整（分别使用图 4.24 所示的"Dialog"工具栏上的各个对齐按钮）。其次，"保存"按钮丢失的热键需要手工补上。

经过手工对齐后的对话框需要再次使用"Validate Expert"进行检测，确保所有的错误都已经修正。经过修正的最终对话框如图 4.25 所示。

图4.23　"Layout Manager Expert"自动化调整后的对话框

（三）设置项目文件为"Signed Off"状态

当项目文件的 UI 控件完成验证和调整，经过"Validate Expert"验证没有存在错误后，需要把项目文件的状态设置为"Signed Off"状态，作为最终的 UI 本地化格式内容，用于下面要提取（导出）为目标语言 UI 的文件，用于构建本地化软件。

图4.24　Alchemy Catalyst的"Dialog"工具栏对齐按钮

可以通过选中项目对象，然后选择菜单"Object" > "Sign Off"命令。完成状态设置后的项目中的各个控件翻译状态都为"Signed Off"状态（UI 名称前面带有对号图标）。

（三）提取

Alchemy Catalyst 的项目文件（.ttk）是

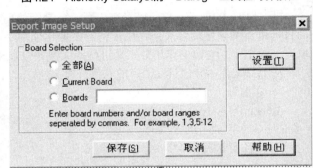

图4.25　最终调整后的对话框

双语文件，保存了源语言和目标语言的资源文件信息，可以方便的查看某个控件的源语言的内容，也可以随时还原为源语言内容。

当资源文件的全部翻译状态都为"Signed Off"后，表示资源文件内容的本地化已经完成，可以从项目文件中导出各个资源文件，导出的资源文件的名称与源语言的文件名称相同，这些目标语言文件用于构建本地化软件。

Alchemy Catalyst 可以导出整个项目文件，也可以仅导出项目文件中选定的某个资源文件。从项目文件导出目标语言文件的过程称为"提取"（Extract），可以使用 Alchemy Catalyst 的"Extract Files"实现。

下面介绍导出项目文件的具体步骤：

1. 右键单击项目导航"Navigator"窗口。
2. 选择"Extract Files"菜单。
3. 选择保存目标语言资源文件的文件夹，单击"保存"按钮。

Alchemy Catalyst 完成导出后，在目标语言文件夹中可以看到本地化文件从项目文件中已经提取出来。

三、编译构建

软件本地化的最终目的是编译构建本地化的软件版本（Build），对于 Windows 桌面软件本地化产品而言，需要构建软件本地化的安装程序，经过测试和修正缺陷后，进行市场发布。在软件本地化工程中，构建本地化软件版本的工作称为"软件构建"。

（一）编译基础

由于软件开发技术和流程的不同，不同的公司的软件产品的构建方法各不相同。下面介绍软件构建的通用方式、流程和构建环境。

1. 编译构建方式

构建本地化软件通常分为两种方式：第一，直接在软件开发环境上（例如，Microsoft Visual Studio、Microsoft Visual Studio.NET），将本地化资源文件编译（Compile）为二进制的本地化资源文件，然后使用软件安装制作工具创建软件本地化版本；第二，以源语言软件版本为基础，用二进制的本地化资源文件替换源语言软件版本中对应的文件，从而得到本地化的软件版本。

第一种构建方式，需要熟练使用安装制作工具软件，编写脚本，熟悉源语言软件的部件组成和需要本地化的文件。所以，通常由源语言软件的开发商进行本地化构建。第二种构建方式，构建人员不需要理解和编写安装程序的控制脚本，只需要使用本地化的文件替换源语言软件的对应文件，更新其他相应的文件即可。

第二种构建方式具有很多优点：可以源语言软件的构建环境为基础，构建软件多语言版本，保证构建软件的一致性和效率。如果编写了软件构建指南文档，则可以将软件的本地化构建工作外包给软件本地化服务提供商。缺点是需要设计独立于软件开发环境的软件构建环境，增加了软件工程的工作量。

2. 构建环境与构建工具

软件本地化构建环境（Build Environment）是构建本地化软件的一系列文件的集合，通常，构建环境由多个文件夹和文件组成，包括构建执行程序、本地化的资源文件、联机帮助文件和其他文档、构建过程调用的中间脚本、命令、工具等。

通常软件开发商提供构建环境和构建指南文档。本地化构建指南文档是构建本地化软件的指导文档，包含了构建环境需要的操作系统类型、设置操作系统环境变量的方法、构建本地化软件需要安装的应用程序、构建环境各个文件夹和文件的作用、构建的具体实现步骤、构建后的检查方法等。

各个软件开发公司使用的开发环境各不相同，因此，软件本地化的构建环境差别很大，在构建环境中使用的构建工具各有特色。以 Microsoft 公司使用的软件本地化构建工具为例，它们的构建工具名称为"LocStudio Build Tools（LSBT）"，这是一组命令行工具集，实现构建本地化软件版本的功能。

LocStudio Build Tools 的具体功能如下：
* 构建各种语言的本地化版本和伪本地化版本
* 从源语言文件中提取需要本地化的指示文本
* 创建伪本地化版本，测试软件的本地化能力
* 从不同的源语言文件中合并本地化指示和程序注释到本地化内容 XML（LCX）文件
* 使用本地化的资源文件生成本地化版本

LocStudio Build Tools 的特征如下：
* 支持 LCX 6.0 Schema 模式、解析、生成、EDB2LCX 移植 EDB 文件成 LCX 6.0 Schema 格式
* 版本历史。版本历史以可管理的格式保存，例如以可以检入到源文件库中的 XML 文件格式保存
* 并行安装。可以安装多个 LocStudio Build Tools 拷贝
* 按需构建。开发人员可以在检入（Check in）源文件前构建伪本地化版本以检查本地化能力问题
* 不需要管理员权限。可以非管理员用户身份登录计算机，安装和使用 LSBuild 命令

3. 构建流程

构建本地化软件通常在构建环境中先构建源语言软件版本，以检测构建环境和步骤是否正确，然后再分别构建不同目标语言的软件版本。构建流程如图 4.26 所示。

设置本地化软件的构建环境是构建本地化软件的关键步骤，包括操作系统变量设置、路径设置、安装构建过程中调用的工具软件、将全部本地化文档复制到构建环境、调试和修改构建脚本文件等。

为了保证成功构建本地化软件，确保构建环境配置正确非常重要，因此，首先要使用构建环境和源语言文件构建源语言的软件版本。如果可以顺利构建并且通过基本测试，则证明构建环境基本正确；如果没有通过基本测试，则需要检查、调试和修改构建环境。

接下来构建软件的本地化版本，向构建环境导入翻译文件包和本地化文件，翻译文件包主要包括了构建过程中需要使用的工具或者脚本。为了构建不同目标语言的软件，可能需要修改构建脚本。本地化软件版本构建过程中如果遇到问题，例如，无法构建或者构建出错，需要修改和调试构

建环境的有关文件和配置，直到最后构建成功。

完成本地化软件的构建后，接下来要执行基本测试，称为"版本验收测试（Build Acceptance Test）"，目的是测试基本功能确认，例如，是否可以正确安装/卸载、主要功能是否实现以及是否存在严重死机或数据严重丢失等缺陷。如果通过了基本测试，则可以交付本地化版本；否则，就需要重新构建，再次执行版本验收测试，直到成功。

（二）构建过程

构建过程包括准备、构建、测试、交付等过程，下面分别简要介绍。

1. 准备

构建准备阶段的主要工作是安装和配置构建环境。根据构建指南文档的要求，完成下面的工作：

（1）安装和设置正确的操作系统

构建本地化软件通常需要安装英文 Windows，并设置要构建本地化语言的支持功能，以便正确显示本地化语言的字符。在 Windows 操作系统上，可以通过"控制面板"的进行区域选项设置，可能还需要设置构建程序中要使用的操作系统环境变量，例如，设置 Windows 的 path 变量、添加其他系统变量等。操作系统的设置还包括安装最新版本的操作系统服务包（Service Pack）、安装最新版本的浏览器（如 Internet Explorer）等。

（2）安装构建过程需要的软件

包括用于本地化资源文件编辑和导出的资源提取软件（如 Alchemy Catalyst 或 SDL Passolo）、查看和编辑本地化资源文件的软件集成开发环境，许多构建程序要调用各种脚本程序，所以还要安装对应的脚本处理软件。

（3）复制本地化文件

将软件开发商提供的构建环境的所有文件夹和文件复制到构建计算机中。根据构建指南文档的要求，复制本地化的文件到相应的构建环境文件夹中，要保证本地化文件已经是最新的经过最终评审的文件。

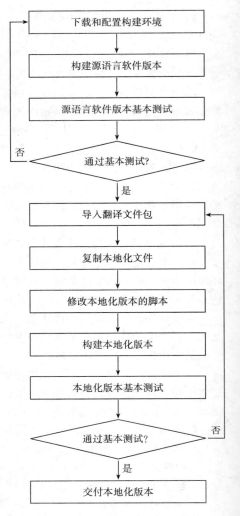

图4.26　软件本地化构建流程

2. 实施构建

实施构建是构建本地化软件的处理过程。通常，运行构建环境提供的构建程序，根据构建指南文档的要求，执行相应的处理操作，例如，指定本地化的语言、检查构建所需要的文件数量是否正确等。

构建过程是构建程序调用各个构建处理模块，使用构建环境各个文件夹的本地化资源文件替换和更新源语言安装程序的过程。良好的构建程序创建本地化软件的过程是自动执行的，不需要构建工程师的干预。当然，如果执行过程中发生了错误，将会提示错误信息，构建工程师据此找出和排除错误。

3. 版本验收基本测试与缺陷修正

构建检查阶段的任务是检查和测试创建的本地化语言安装程序，保证正确和完整，称为版本验收测试（Build Acceptance Testing），一般包括安装检查、常用功能检查和软件完整性检查。

（1）执行安装/卸载检查

对于 Windows 桌面应用软件，在本地化语言的操作系统上安装构建的本地化软件，确保可以顺利地完成安装，安装界面没有明显的本地化错误（严重的漏译或者外观布局错误等），包括没有任何异常安装错误提示，且全部安装、典型安装、最小安装和定制安装等各种安装方式都可以实现。

（2）执行常用功能检查

软件安装后，运行程序，检查基本功能，例如，新建、打开、保存文件、升级、软件版本号是否与源语言软件相同、软件用户界面是否正确本地化等。对于需要注册才能运行的软件，要检查本地化的软件是否可以正确注册。需要执行测试的软件功能和步骤，需要在构建前确定，一般应作为构建指南文档内容的一部分。

（3）执行软件完整性检查

确保本地化的软件包含了全部需要本地化的文件。完整性检查通常采用两种方法：第一，将本地化的安装程序和源语言安装程序文件夹结构和内容对比，使用文件比较工具，检查二者的异同；第二，使用特定的跟踪记录安装过程的软件，分别在源语言和本地化语言的操作系统上安装源语言和本地化语言的软件，然后使用文件比较工具，检查二者安装文件夹结构和内容的异同。

如果通过了版本基本测试，可以填写版本发布说明（Build Release Note），交付给软件项目经理。如果没有通过版本基本测试，则根据出现的问题，需要定位和解决问题，直到最后通过测试，达到交付条件。

4. 交付

完成构建并且通过了版本基本测试后，进入交付阶段。根据构建指南文档的要求，通常需要交付最新的构建环境、本地化软件版本、软件发布版本说明和基本测试结果报告等。

四、修正缺陷

本地化软件版本在正式发布前，需要经过测试和缺陷修正。大型软件的测试工作由独立的、专业的测试人员执行，测试发现的软件缺陷通常记录到缺陷管理数据库，修正本地化缺陷的工作由本地化工程人员完成，缺陷修正的目标是正确处理软件的本地化缺陷，满足本地化软件发布对缺陷数量和特征的要求。

（一）修正缺陷的准则和流程

本地化软件测试发现的缺陷从类型上可以分为本地化缺陷和国际化缺陷。本地化缺陷只在本地化软件上出现，不会出现在源语言软件上，一般是软件本地化过程中引入的；国际化缺陷在源语言和本地化软件上都出现，是由于源语言的国际化设计和开发过程中引入的。

1. 修正缺陷的工作准则

为了及时、有效地修正本地化软件缺陷，建议本地化工程人员采取以下修正缺陷的工作准则：

* 主要修正本地化缺陷，不负责修改国际化缺陷，国际化缺陷由开发人员修正。
* 当前软件测试版本发现的错误，要在当前版本测试周期内完成修正。
* 修正缺陷后尽可能验证修正效果，确保完全正确地修正了软件缺陷。
* 尽量避免修正缺陷的方法和过程不会引入其他额外的软件缺陷。
* 修正的缺陷需要并且只能在下一个新版本中由测试人员验证后才能关闭。

2. 修正缺陷的工作流程

修正缺陷需要遵循的工作流程如下：

（1）确认缺陷

根据缺陷报告对缺陷的描述，验证确认该缺陷确实可以重现，进行缺陷确认。

（2）搜索和定位缺陷

根据缺陷的类型，运用不同的方法，找出产生缺陷的原因，找到需要修改的位置（软件资源文件或者联机帮助文件等）。

（3）修正缺陷

选择适当的工具，打开需要修正的包含缺陷的文档，根据定位的缺陷位置，用正确的内容替换错误的内容。

（4）文件替换

使用新构建的文件覆盖替换原来存在缺陷的文件。

（5）验证修正

重复缺陷的产生步骤，验证缺陷是否被修正。

（6）记录缺陷修改

在软件缺陷管理数据库中，填写缺陷的修正记录，包括修正人员姓名、修正日期、修正方法、修正过程、修改错误状态等。

说明：根据缺陷的类型和产生位置，可能需要构建软件或联机帮助文档，才能准确验证对缺陷所做修正的有效性和正确性。

（二）修正缺陷的工具和方法

由于软件开发技术不同，产生缺陷的文件格式不同，需要针对缺陷的类型和软件特征，尝试使用多种工具。修正缺陷的工作需要不断探索和总结，并且加强交流。

1. 修正工具

（1）软件本地化工具：Alchemy Catalyst、SDL Passolo、Visual Studio、Visual Studio.NET 等，主要修正软件资源文件（菜单、对话框、字符串集等）。

（2）本地化工程工具：SDL TagEditor、Help Workshop、HTML Workshop 等，主要修正联机帮助文档和其他文档。

（3）搜索工具：Search & Replace、TextPad、Pebbles、EmEditor 等。

（4）检查比较工具：Beyond Compare、WinDiff 等。

2. 修正方法

针对不同的缺陷类型，尝试采用不同的方法和工具，下面列出常用的几种修正方法：

（1）查找替换法

查找替换法适合修正本地化语言缺陷和 UI 外观布局缺陷，例如，翻译错误、遗漏翻译、控件位置或者大小错误。

方法是根据产生缺陷的界面控件上的错误文字或者控件标题，使用搜索工具在所有可能产生缺陷的本地化文件中寻找，找到缺陷位置后，进行文字替换或控件调整。

注意：如果某些遗漏翻译的缺陷，采用各种搜索方法无法搜索到，很可能是软件的国际化设计错误，例如，将这些漏译的文字进行了"硬编码"，也就是写入了程序代码中，没有存储在资源文件中。

（2）逐步替换法

逐步替换法适合修改某些本地化功能性缺陷，例如，某个功能失效或者错误，可能的原因是翻译过程中或者构建过程中不正确的处理，例如，遗漏或者修改了变量或者热键。这类功能只存在本地化软件上，在源语言软件不存在。

存在问题的文件具有不确定性，它们可能分布在多个不同的文件中，无法准确确定哪个文件需要修改。此时可以源语言软件为基础，列出可能存在问题的本地化文件，不断使用本地化文件替换源语言软件的相同文件，然后检查是否出现缺陷，如果存在缺陷，则可以找到出现问题的本地化文件，再针对问题，分析和定位本地化文件，进行正确修正。

（3）比较跟踪法

比较跟踪法比较适合修正本地化功能缺陷，例如，本地化的软件无法安装/卸载、某些主要功能失效等。这些缺陷可能只出现在某个目标语言本地化版本上，也可能在多种本地化版本上都出现。

产生这类缺陷的原因可能是构建环境的配置错误，或者本地化脚本参数设置错误，或者使用了错误的本地化文件（例如，在构建简体中文版本时，使用了繁体中文的本地化文件等，或者遗漏了本地化文件）。

比较跟踪法就是比较和分析本地化的构建环境，跟踪和验证配置、参数、文件、文件夹，找到产生问题的位置，然后进行正确修正。如果某个缺陷在某个本地化版本上已经修正了，可以跟踪采用的修正方法，采用同样的方法即可修正成功，例如，在繁体中文上存在的缺陷已经修正了，那么可以使用相同的方法修改简体中文上相同的缺陷。

（4）经验推测法

经验推测法是基于缺陷特征和软件工程的经验修正本地化缺陷的方法。例如，软件界面出现的字符显示乱码缺陷，一般是由于本地化文件字符编码错误引起的，需要找到文件修改为正确的编码（UTF-8 或其他）。

某些软件安装后运行不稳定，可能是由于安装程序存在计算机病毒，使用最新的计算机杀毒软件查杀病毒即可解决。

（5）探索性修正法

对于采用以上方法都无效的缺陷，如果产生缺陷的原因不明朗，缺陷难以定位，则可以使用探索性修正法。

探索性修正法是在初步判断分析的基础上，尝试对可能产生问题的文件、文件内容、构建环境、构建脚本等进行修改，然后进行试验和验证。如果修改有效则缺陷解决，如果修改无效，则放弃修改，继续探索和修改其他存在问题的对象，直到缺陷彻底解决。

缺陷修正的方法远远不止上述列出的几种，需要在实践的基础上逐步积累经验，经常需要综合使用一种或几种修正方法。一般而言，本地化的功能缺陷比较难以修正，因为产生缺陷的因素太多，需要首先判断是否是软件国际化设计缺陷，如果不是国际化设计缺陷，查看是否在其他本地化软件上也存在，以及是否已经修正，综合分析后进行正确处理。

第八节 软件用户界面本地化工程的质量保证

软件用户界面本地化工程流程复杂、任务较多、文件类型杂、使用工具各异，需要特别重视工程的质量保证，并且在项目实践中总结工作经验。

一、检查表

软件本地化工程的"预处理"和"后处理"是本地化工程流程中的两个关键工作，用于及时、全面检查预处理和后处理工作的正确性，下面分别介绍这两项工作的检查表：

（一）预处理

软件用户界面本地化工程预处理工作检查表如表 4.4。

表 4.4 软件用户界面本地化工程预处理检查表

软件用户界面本地化工程预处理检查表		
项目名称：		
执行工程师：		
QA 工程师：		
发现问题数量：		
是否需要返工？		
请在下栏中填写发现的问题数	序号	检　查　项
	1	处理前的确认
		确认从正确的位置获得了正确的文件（包括要用到的翻译记忆文件）
		确认选择了正确的操作系统和区域选项设置
		确认仔细阅读了本地化工程工作包和指南文档
		如果存在不确定问题，请及时向项目经理或高级管理人员报告
		正确设置源语言和目标语言

续表

		软件用户界面本地化工程预处理检查表	
	2	文件准备	
		确认将要使用的翻译工具，使用正确的工具和风格（Style）准备需要翻译的文件	
		逐个打开将要翻译的文件，确认已经正确标记和处理，所有不需要翻译的内容被保护起来而没有丢失内容	
		确认查看了分析和预翻译日志报告没有发现错误	
		确认文本的样式没有破坏（例如，图像位置、表格样式等）	
		确认没有字符乱码显示	
	3	创建、导入翻译记忆	
		确认创建或导入翻译记忆文件时设置正确	
	4	最终检查	
		快速浏览本地化工程工作包，确认处理过程遵守了所有要求	
		如果指南文档没有特殊要求，确认没有修改文件名称	
		运行软件比较工具对比目标语言文件和源语言文件，确认文件数目和版本符合指南文档的要求	
		如果使用了以前的翻译记忆文件，确认处理后的文件中没有字符显示乱码	

如果在预处理检查中发现不确定问题或潜在风险，请及时向项目经理或工程主管报告。

（二）后处理

软件用户界面本地化工程后处理工作检查表如表 4.5。

表 4.5　软件用户界面本地化工程预处理检查表

		软件用户界面本地化工程后处理检查表	
项目名称：			
执行工程师：			
QA 工程师：			
发现问题数量：			
是否需要返工？			
请在下栏填写发现的问题数	序号	检　查　项	
	1	处理前的确认	
		确认从正确的位置获得了正确的文件（包括要用到的翻译记忆文件）	
		确认没有违反预处理有关的项目保密协议（可以向项目经理或预处理工程人员询问文件是如何准备的）	
		确认使用了所需的工具并且总是在本地磁盘处理文件，保持良好的版本控制。每次只向服务器上的目标文件夹复制最新版本的文件	
	2	检查双语文件	
		检查和验证双语文件的格式	
		确认没有漏译	
		确认没有字符显示乱码	
		确认根据目标语言字体要求设置了正确的字体	
		确认没有标识符（Tag）错误	
		确认文本的样式没有破坏（例如，图像位置、表格样式等）	
		确认查看了以前版本的历史记录，避免重犯以前的错误	
	3	清理/更新翻译记忆	
		确认导出或提取目标语言文件的设置正确	
		确认查看了导出报告没有错误	

续表

		软件用户界面本地化工程后处理检查表
		确认导出过程没有在翻译记忆文件中引入字符乱码显示
	4	检查清理后的目标语言文件
		确认目标文件没有字符乱码显示
		确认根据目标语言字体要求设置了正确的字体
		确认没有空格错误（字符之间多余的空格或缺少空格）
		确认查看了以前版本的历史记录，避免重犯以前的错误
	5	最终检查
		快速浏览本地化工程工作包，确认处理过程遵守了所有要求
		如果指南文档没有特殊要求，确认没有修改文件名称
		运行软件比较工具对比目标语言文件和源语言文件，确认文件数目和版本符合指南文档的要求
		确认目标语言的文件没有在构建或者转换过程中产生乱码显示的字符
		确认处理后的文件保存在正确的目标文件位置

如果在后处理检查中发现不确定问题或潜在风险，请及时向项目经理或工程主管报告。

二、经验技巧

软件本地化工程的很多工作都尽量采用各种软件和工具自动化检查和转换，这样才能提高工作效率。另外，对于相同格式的文件往往可以使用多种工具进行处理，需要通过比较选择项目要求的并且是最有效的工具和方法，再使用其他工具转换后比较，验证处理结果的正确性。

下面主要介绍本地化软件构建和修正缺陷的经验技巧：

（一）本地化软件构建技巧

构建本地化软件不仅需要正确设置构建环境，认真执行构建指南文档的步骤，还要善于思考，及时发现和排除构建错误，检查构建的本地化软件的内容。

1. 做好构建环境的准备并正确设置

根据构建指南文档的要求，安装和配置操作系统和应用软件。为了避免可能的错误，应该只安装操作系统和必要的应用软件，这样可以避免多余的其他软件对构建过程可能造成的影响。如果安装多个应用软件，要注意根据构建指南文档的要求，按正确顺序依次安装。软件构建过程中需要处理大量临时文件，因此，应检查每个逻辑磁盘的剩余空间，确保符合构建要求的大小。为了将来可以随时恢复的构建环境，应当使用 Norton Ghost 等工具，将当前设置正确的磁盘分区内容备份。

2. 保证正确的构建过程

由于一个软件本地化项目通常需要间隔地创建多个用于测试的本地化构建版本，因此，要确保当前的构建过程使用了最新的本地化文件，使用了最新的构建指南文档和构建环境。另外，构建过程可能有许多注意事项，构建工程师需要在构建过程中正确处理这些注意事项。为了及时发现和排除错误，在正式构建本地化软件之前，应试运行当前构建程序，尽早发现并分析错误，排除错误。如果个人不能排除错误，应该及时进行内部讨论；如果仍然找不出解决问题的方法，应及时向项目经理报告。

3. 做好软件版本验收测试（BAT）

构建前熟悉版本验收测试的内容、范围和方法，做好基本功能测试、源语言和目标语言版本内容比较。通过与源语言软件进行文件夹结构和内容对比，检查可能存在的错误，特别要注意分析源语言构建版本和本地化语言构建版本中不同的文件和文件夹，保证没有丢失需要本地化的文件。如果创建了多种语言本地化程序，也可以进行不同语言软件的文件夹结构对比，检查不同语言本地化程序的正确性。

4. 掌握构建错误的修正排错技术

构建过程中可能会出现各种错误，要分析错误来源，尽快跟踪和排除错误。构建过程中的错误可以分为构建环境配置错误、构建脚本编码错误和错误的本地化文件。根据错误提示信息，分析错误的类型：对于构建环境配置错误，查看和修改构建环境参数变量，释放磁盘剩余空间，安装必要的应用程序；对于脚本编码错误，使用适当的软件查看和调试构建脚本代码。此外，许多本地化软件构建程序在执行过程中将自动生成运行结果日志文件，可以使用文本编辑器查看构建程序执行过程，分析产生构建错误的可能原因。

（二）软件缺陷修正的经验技巧

修正软件缺陷是技术与经验相结合的挑战性工作，下列技巧有助于提高缺陷修正的效率。

1. 修正缺陷后要及时把修正的方法、过程和经验记录在缺陷管理数据库中，以便今后检索，便于其他人学习修正方法，起到知识积累和传承的作用。

2. 很多本地化引起的功能错误是由于翻译过程中不正确地修改了变量引起的。因此，可以检查程序变量是否被删除了，或者不需要翻译的变量被翻译了，另外，字符串中多个程序变量的前后顺序也不能改变。

3. 对于很难定位的错误，可以使用"逐步替换法"。先用源程序文件替换错误的本地化文件，确保源程序文件不能重现该错误，然后使用翻译的内容逐步替换可能产生错误的源程序文件，逐渐缩小错误产生的范围，验证错误位置，直到找到错误的最终位置。

4. 不断掌握搜索字符串的技巧。在使用本地化工具搜索本地化资源文件的错误字符串时，可以尝试先包含全部字符串，可以直接快速找到错误的位置。如果无效，再包含部分字符串搜索，找到错误字符串的文件名和需要修改的字符串的位置。

5. 相同类型的多个缺陷可能是一个原因造成的。例如，全部对话框的字体类型格式不正确，可能是在本地化过程中，没有正确设置本地化的默认字体引起的。检查软件的全部可以本地化的资源文件，将所有对话框的字体统一设置成目标语言正确的字体可以解决全部该类错误。

6. 一个缺陷可能在本地化软件的其他位置重复出现。不要孤立地修正一个缺陷，而应该检查和修正其他没有报告的相同缺陷。

7. 有的缺陷可能不是被测软件的错误，而是本地化操作系统或第三方插件引起的。这类缺陷不属于本地化缺陷，应该报告给软件开发人员修改。

8. 根据缺陷优先级和严重程度修改。例如，功能缺陷和严重的翻译缺陷需要优先修改。具体修正时，可以根据"先易后难"的原则，首先修正简单的有把握成功修正的缺陷，然后集中精力修正难以定位的缺陷。

9. 密切交流，善于总结。对于比较难以修正的缺陷，如果其他工程人员以前成功修正过相同的错误，则可以请教和借鉴修正方法。很多软件缺陷属于相同的类别，可以使用相同的方法修正，要善于观察、积累和总结修正方法。

本章小结

软件用户界面本地化工程包括工程准备、分析、预处理、后处理、构建、修正缺陷工作。做好软件用户界面本地化工程需要不断学习软件开发技术和本地化工程技术，理解项目要求，根据项目特点选择多种解决方法，选择有效的软件本地化工具，最大限度地实现自动化检查，在项目实践中善于总结和交流。

本章介绍了软件用户资源文件的类型和内容形式，分析了软件本地化工程的工作流程，列出了软件用户界面本地化工程的标准工作表和生产文件夹结构，以 Alchemy Catalyst 软件本地化工具为例，介绍了软件资源文件本地化工程工作的内容和实现方法，论述了软件本地化构建和缺陷修正的技术，提出了软件本地化工程质量保证的检查表，总结了软件本地化工程工作的实践经验和技巧。

本章的知识要点归纳如下

* 根据项目本地化工程工作包和项目特点，制定软件本地化工程的工作流程，选用正确有效的软件本地化工具。
* 本地化工程准备和分析工作，是准确进行项目字数和工作量计算的基础。
* 为了保证软件本地化预处理和后处理工作的质量，需要在工程计划阶段确定质量检查表，在工程处理后及时填写质量检查表。
* 构建前尽早熟悉和发现软件本地化构建环境的问题，可以保证软件构建的顺利实现，构建生成的本地化软件需要通过版本验收测试才能交付。
* 修改本地化软件缺陷需要综合采用多种方法，分析和定位问题，修正后尽快验证。
* 软件本地化工程要求工程人员不断跟上软件开发和本地化的新技术，不断总结经验，在实践中不断提高技能。

思 考 题

1. 软件资源文件包括哪些类型？
2. 软件用户界面本地化工程流程包括哪些内容？
3. 如何使用 Alchemy Catalyst 完成软件用户界面本地化工程预处理和后处理？
4. 什么是软件构建环境？构建环境的哪些方面将对构建本地化软件产生影响？
5. 修正软件缺陷有哪些方法？应该如何选择这些方法？
6. 软件用户界面本地化工程预处理和后处理的质量检查表分别包括哪些内容？

第五章

软件联机帮助工程

本章精要

软件联机帮助本地化工程是本地化项目中十分常见且难题较多的工程工作,要求本地化工程人员掌握的不仅仅是联机帮助的写作与编译工具,更重要的是其标准的制作和本地化过程。在了解其构成和流程后,使用编译工具对本地化编译前后的操作步骤进行解析,掌握实施过程的要点。进行联机帮助的制作和本地化是本章中所要论述的两个重点,这两个过程彼此分离且又相互影响、相互依存。

本章的重点内容包括:
* 软件联机帮助的历史,帮助文档的形式和构成,软件帮助写作与编译工具。
* CHM 的特点和局限,以及 CHM 文件的创建与本地化流程。
* 联机帮助工程前的工作安排应遵循的标准,标准生产文件夹。
* 分析与实施联机帮助的编译与本地化过程。
* HTML Help 编译过程的质量保证措施以及一些常见问题的解决方案。

第一节 概述

软件联机帮助是软件中的帮助文件,其主要用途就是帮助软件用户了解软件的功能。联机帮助文档制作工具是任何一个完备的应用软件的制作过程中不可缺少的重要组成部分。

联机帮助的历史与软件自身的发展可谓如影随形。微软、IBM 和 Sun 等公司先后发布了自己的联机帮助支持系统,这些系统对语言支持能力的不断提升,完善了 Online Help 的本地化过程,形成了最初的联机帮助本地化流程。CHM 的诞生,无疑将这一进程推进到了普及的程度。

目前软件联机帮助的发展正趋于标准化,将主题内容的编写、内容更新和维护、编译成联机帮助、发布这四个过去彼此分离的做法集成在一起,即由同一个写作和发布管理软件对其进行管理,而且对本地化过程的支持更加强大,不仅是在语言的支持上,而且是对整个本地化过程效率的提升,在某种意义上,甚至很难辨别联机帮助的制作过程与本地化过程之间的差异,形成了无缝连接。

第二节 软件联机帮助的介绍

一、软件联机帮助的形式

首先应注意区分用户辅助文档(User Assistance 简称 UA)与软件联机帮助在概念与范畴上的差异。

根据载体和制作工序上的差异,用户辅助文档 UA 被分为三种类型:
* 联机帮助(Online Help)
* PDF 格式的用户手册(User Guide)
* 多媒体视频动画教学课件(Video/Flash eLearning)

后两类用户辅助文档(PDF 和多媒体)与软件联机帮助并列。尽管有些 PDF 文件被应用于网页中作为联机帮助的部分内容,但从应用比例及最终隶属关系上看,PDF 应属于桌面排版制作出的一种 UA 文档。Online PDF 逐渐退出了联机帮助的常规范畴的主要原因,是其他联机帮助格式的不断发展,取代了原有的 PDF 形式,在软件联机帮助的应用比例上已很少看到 PDF 形式。

目前,根据联机帮助的载体差异,软件联机帮助被分为三种形式,即桌面式、Web 形式和可移动式。

(一)桌面式

桌面式，是最传统的一种格式。顾名思义就是通过点击软件中的帮助菜单项，或在软件中点击 F1 键，调出的一个带有标题、目录、索引、超链接和搜索功能的多功能对话框，以 CHM 为代表，其绝大部分内容不需要连接互联网或局域网就可以获取，也被称为 Offline 状态下的联机帮助。

除了 CHM 这种常见的桌面格式外，还有支持早期 16 位 Windows 系统的 WinHelp。Oracle Help (for Java) 和 JavaHelp 是跨平台的桌面式帮助格式，可以支持 Windows、UNIX、Mac、Linux 多种操作系统。专用于 Mac 平台上的 Apple Help 等。

图 5.1 和 5.2 所展示的分别是 CHM 和 JavaHelp 帮助文档。

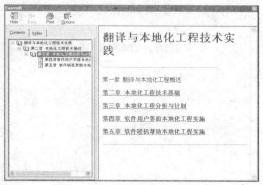
图5.1　CHM格式的联机帮助

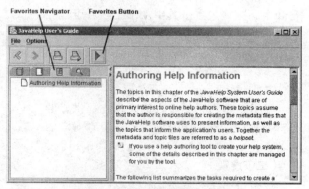
图5.2　JavaHelp格式的联机帮助

（二）Web 形式

以标记语言（XML/XHTML/HTML）形式存在的 Web 形式，例如 MS Office Online 中所提供的诸多表单样式、PPT 及名片模板就是很成功的案例。从趋势上看，这种格式随着自身的不断发展，已经可以做到兼容前一种桌面格式的风格和快速检索的优点，既可以绑定到软件里，也可以发布在互联网上。这种兼容的格式，不但降低了以前要分别生产桌面和 Web 形式的双重成本，而且利用网络优势增加与用户的互动，可以不断更新对技术细节的衍生及应用，提升了软件产品的售后服务质量，已发展成纯粹意义上的软件联机 Online 帮助，例如，Oracle Help(for Web) 和微软公司推出的 MS Help 2.x 支持系统 HxS 就可以充分实现这种兼容，参见图 5.3。

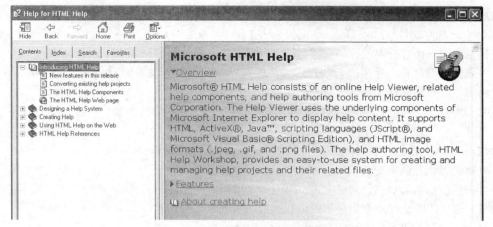
图5.3　HxS格式的MSDN中文版联机帮助

（三）可移动式

可移动式的全称是通用可移动文档格式，即 Universal Mobile Document (UMD)。压缩比例高，支持多种功能，在移动设备中得到广泛应用，很多手机电子书被做成 UMD 格式。Nokia Symbian 平台的 Qreader 是默认支持该格式的阅读程序，其他是 Jar 版本的阅读软件，如掌上书院等。

以 CHM 为代表的桌面式联机帮助仍然被广泛使用。从谷歌网站上搜索"CHM"有上千万条的搜索结果就说明了其受欢迎的程度,CHM 最大的优势就是支持离线浏览以及与软件如影随形的绑定模式,可以使软件用户通过快捷键或链接等方式很方便地进行内容查询等操作。因此,本章的重点仍然是如何从 HTML 格式编译成 CHM 帮助文件。

二、软件联机帮助的构成

(一)目录

目录是位于联机帮助左侧,用于显示书目和主题列表。点击其中一个主题后可以在联机帮助的右侧显示出相关的主题内容。参见图 5.4 MS Office Word 帮助中的目录和当前主题。

(二)索引

索引就是为了便于查询而预先提供好的关键字列表。点击关键字可以查看它对应的主题。

(三)搜索

搜索也叫全文搜索,在主题内容量超过 200 个页面时,应引入搜索以方便用户查找相关主题。在搜索栏中输入词或词组对所有主题目内容进行匹配查寻,输入的词汇越具备

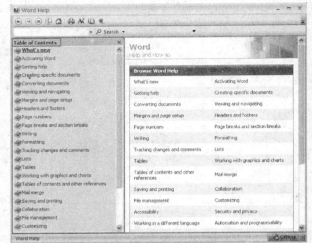

图5.4　MS Office Word帮助中的目录和当前主题

代表性,就越容易缩小查找范围,在搜索结果中快速找到相关的内容。

(四)帮助主题

帮助文件中包含若干主题文件,每一个主题文件都表示帮助系统中的一个主题。由于 HTML Help 帮助系统是基于 HTML 格式的各主题文件的,因此在建立帮助系统工程之前需要对各部分的帮助内容进行规划,这主要包括对目录结构的设计、帮助内容的主题划分以及 HTML 文件的制作等。

一般情况下,联机帮助中在左侧目录中显示的每一个节点就是一个帮助主题的标题,选中的帮助主题会出现在右侧窗口中。

(五)层叠样式表

层叠样式表的英文是 Cascading Style Sheet 的缩写,缩写为 CSS,用于增强控制网页样式并允许将样式信息与网页内容分离的标记文件类型,可以直接由浏览器解释并执行。

样式表包含对字体、字号、行间距、段落缩进以及背景色等设置的定义和调整,规定了 HTML 网页主题的显示布局和样式,这些信息存储在样式表(CSS)中。如下部分 CSS 代码示例:

```
body{font-size: 75%; font-family: Verdana,Arial, Helvetica, Sans-Serif;}
a:link     {background: transparent; color: #0000FF;}
a:visited {color: #800080;}
h1{font-weight: bold; font-size: 55%;margin-bottom: -2.2em;}
```

层叠样式表在设计上允许同时控制多个页面的样式和布局,而且可以多层次套用在其他样式定义之上,即所谓的层叠样式,可通过 CSS 设定,控制所有页面从全局到细节的外观,提高了网页编辑的效率,也使得整个网站变得易于维护和改版。以下示例是在 HTML 中调用 CSS 的例子:

```
< link rel="stylesheet" type="text/css" media="all" href="*.css">
```

在 HTML 正文中,则通过以下方式调用:

```
<h1 class=heading1>
<span class=code>
```

(六)其他组件或编码及编译组件构成表

除了以上 5 个主要的组件以外,还有一些其他组件或编码也是编译一个帮助文件所不可或缺的,

一般被称为"编译辅助文件"。不同类型的帮助编译工具，其组件类型存在着差异，表 5.1 以 HTML Help 为例对大部分相关组件进行了罗列，并对其是否需要进行本地化翻译进行标准化界定和描述。

表 5.1 HTML Help 编译组件及本地化相关信息

HTML Help 编译组件	文件类型	是否需要进行翻译	描述
编译后的帮助文件	.chm	否	CHM 是编译后的执行文件，不能直接编辑，也不需要送翻。
编译项目文件	.hhp	是	编译项目文件将编译一个帮助文件所必需的所有文件进行了集合，不同编译工具对应不同的格式的编译项目文件。比如，RoboHelp 的编译项目文件就是 .mpj 或 .xpj 格式的。
目录文件	.hhc	是	目录文件包含所有帮助主题的标题。
索引文件	.hhk	是	索引文件包含所有便于检索的关键字。
帮助主题	.html	是	帮助主题是构成帮助文件的必要组件。
图片	.gif、.jpg、.bmp、.png	是	如软件界面屏幕拍图或示意图，带有"call-out"说明文字的示意图，应该先在图形编辑软件上进行文字图层的翻译，再输出成需要的图形格式。
层叠样式表	.css	视情况而定	一般不需要翻译，但不排除其中包含一些字体或样式，在本地化中需要根据目标语言作相应调整。
脚本文件	.js 等	是	脚本语言中，经常存在一些提示性信息，需要翻译。
非搜索项列表	.stp	是	非搜索项，是指在全文搜索中，不起作用或不需要被搜索出来的词，比如英语中经常出现的冠词（a, the…）、数词（one, 1, 3…）、介词（in, and, for, between）和一些动词（do）等，为提高搜索效率，该列表在目标语言中也适用。
头文件	.h	否	可以将编译中所需要的数字代号，以及 Windows 控件和对话框记录到 头文件中，例如：#define IDH_symbolicID 1000

映射文件	.map	否	映射（Map）文件属于帮助集（Helpset）文件，用于定义主题 ID 和帮助主题的相对路径信息。例如：
			`<maps>` **Tags**
			`<homeID>`
			`<mapref>`

为了便于理解 HTML Help 1.x 和 Help 2.0 之间的组件对应关系、文件格式和主要标记的差异，参见表 5.2。

表 5.2 HTML Help 1.x 和 Help 2.0 的编译组件列表

编译组件	HTML Help 1.x	Help 2.0
编译后的帮助文件	.chm	.HxS
项目文件 / 项目集合文件	.hhp/.col	.HxC
目录文件	.hhc	.HxT
索引文件	.hhk	.HxK
帮助主题	.html/.htm	.XML/.XHTML
关键字标记	`<object>` or `<meta>`	`<MSHelp:keyword>`
链接标记	`<object>`	`<MSHelp:link>`
协议标记	mk:@msitstore/ms-its:	ms-help:
URL 标记	ms-its:<path\chm>::<path/file>	ms-help://<namespace>/<path>/<file>
内容分类标记	InfoType	Topic attribute filters
提供上下文参考的 Help API	HtmlHelp( )	IHelpHost

第三节 常见软件帮助写作与编译工具

一、Microsoft HTML Help Workshop

Microsoft HTML Help Workshop 是 Windows 平台上的标准帮助创建系统，用于创建 HTML Help 1.x 格式的帮助文件。既可以帮助软件创建联机帮助，也可以借助其辅助功能将创建的多媒体内容发布成网络格式，以满足不同的形式要求。

HTML Help 联机帮助系统在 Windows 98 中首次出现，这种联机帮助系统，使用编译过的 HTML 文件作为联机帮助文件。该联机帮助系统包括了传统的 WinHelp 联机帮助系统的许多特征，而且还提供了超文本连接、目录、索引以及全文检索等功能，并使用 Microsoft Internet Explorer 的基础组件来显示帮助内容，所以可支持 HTML、ActiveX、Java、脚本（Java 脚本和 Microsoft Visual Basic 脚本）以及 HTML 图像格式（jpg、gif、png）等。通过 HTML Help 联机帮助系统将可以像浏览网页一样很方便的查找到需要的信息。HTML Help 使用的联机帮助，如图 5.5 所示，是一个非常典型的 HTML Help 联机帮助系统。

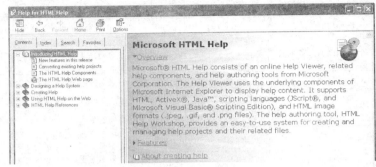

图5.5　HTML Help的联机帮助系统

标准的 HTML Help 帮助文件主框架窗口由位于框架上方的工具条、位于框架左侧的包含有目录、索引以及搜索等选项卡的浏览窗口和位于窗口右侧的用于显示相应主题内容的视图构成。HTML Help 帮助文件的扩展名由 Winhelp 的 Hlp 变为 Chm，开发工具从 Help Workshop 换为 HTML Help Workshop。最新版本的 HTML Help Workshop 是 1.3 版，可以通过微软下载中心获取（http://www.microsoft.com/downloads/search.aspx?displaylang=en）。

二、Robohelp

RoboHelp 最初是 Blue Sky Software 公司研发的世界领先的帮助文档写作工具（Help Authoring Tool，简称 HAT），后更名为 eHelp 公司，后来该公司被 Macromedia 公司收购，Macromedia 公司随后又被 Adobe 公司并购。因此，现在 RoboHelp 属于 Adobe 公司的产品。

使用 RoboHelp 可编译出各种流行的帮助文件格式，例如，RoboHelp X3，可以编译 Microsoft Html Help (.CHM)、WebHelp (.htm)、JavaHelp 和 Oracle Help 格式的帮助文件。

RoboHelp 工程编译项目文件是以 .MPJ、.XPJ 为扩展名的文件，该文件是编译和本地化帮助文档的基础。

RoboHelp X5 增加了对 FlashHelp 的输出支持，RoboHelp 7 则在编译后可以实现对 UTF-8 编码格式的支持。RoboHelp 7 增加了多文档界面，可支持多个文档同时打开，同时编辑，而且可以支持文档间内容的复制，通过选中后拖拽即可完成整段的复制工作，很大程度地满足了技术写作的需求。

这体现了帮助编译工具的发展趋势，不仅增强其"单一源文件，多格式输出"的功能，同时，为从事技术写作的人员提供集内容管理、内容编辑和编译输出为一体的更高效的新一代技术内容编辑器。

以下是代表这种趋势的另外三个例子，将技术写作、文档转换、编译、发布和输出各个环节有机地融合在一起。

三、MapCap Flare

MapCap Flare 是 MapCap Software 公司的多功能软件帮助文档制作的旗舰产品。MapCap 的产品主要为市场宣传和技术写作提供帮助和支持，用于设计和开发多媒体课件以及帮助系统，其部分员工来自 eHelp 公司 RoboHelp 的研发团队。

MadCap Flare 具备所有基于 XML 文档出版系统所应具备的功能，其中包括：

* 可直接编辑 DITA 文件和 DITA 映射文件。
* 支持从同一种源文档，输出成多种格式，包括直接到打印机，MS Word 或 XPS、PDF、DITA、WebHelp、Adobe FrameMaker 等，还可以支持跨浏览器、跨平台等直接应用于网络

或桌面的多种帮助文档格式。
* 支持利用条件文本来设定同一来源的不同版本。
* 将可能重复出现的字段作为预先定义好的变量，赋值后的变量只需要一次赋值，可以实现多次重复使用的目的。
* 支持交叉引用。
* 支持帮助文档样式的自定义。
* 支持 Unicode。

四、FAR HTML

FAR HTML 是集合了多项功能的利器，不仅具有超强的文本查找和替换功能，还是极具竞争力的兼容 MS Help 1.x 和 2.x 的帮助文档制作软件，与 HTML Help Workshop 完全兼容，而且可以同时完成 FTP 传输及 Zip 压缩。针对不同的目标文件，它不但提供了界面友好、使用方面的内容编辑器、目录和索引编辑器，同时还提供了一系列辅助工具，比如文本查找和替换、文件过滤、链接检查等等。值得推荐的是它的特快功能（Help Express），甚至只需一步就能够将一个文件夹内的文件转换为一个帮助文件。在 http://helpware.net 可以下载到试用期为 8 周的 FAR 试用版，该版本没有功能限制。

另外，新的 FAR HTML v5.0 即将发布，将新增对 MS Help 3.x 的支持以及更加可靠的 Unicode 解决方案和其他一些新的功能。

五、WebWorks ePublisher Pro

ePublisher 专业版是 WebWorks 的后继版本，是由 Quadralay 子品牌（WebWorks.com）公司提供的一款专业文档设计、制作和发布软件，目前已经升级到 2009.4 这个版本。

在文档写作和发布方面中，其最大的特点是可以兼容 FrameMaker 格式（FM）的文档，输入 Adobe FM 文件，不仅可以自动生成 PDF，还可以将其发布成多种 Active Help 格式，如 HTML Help 或 JavaHelp 以满足不同平台的使用。

除了 FrameMaker，其他主要兼容的输入格式还有 MS Word 和 DITA 格式。目前，较为流行的联机帮助制作与本地化方法，是使用 ePublisher 配合 DITA 文件进行多种形式帮助的输出。

下面这个例子是 ePublisher Pro 项目文件 .WEP 格式中定义输出样式的代码行。输出成 JavaHelp 时，应安装并备置相应版本的 JDK，以配合输出。

```
<?xml version="1.0" encoding="utf-8"?>
<Project Version="…" ProjectID="…" ChangeID="…" RuntimeVersion="2009.4" FormatVersion="{Current}" xmlns="urn:WebWorks-Publish-Project">
<Format TargetName="Sun JavaHelp 1.1.3" Name="Sun JavaHelp 1.1.3" Type="Project" TargetID="…">
  <OutputDirectory>Output\Sun JavaHelp 1.1.3</OutputDirectory>
</Format>
```

新版本 ePublisher 可以继续兼容早先版本的 WebWorks 项目文件 WWP 或 WFP 格式，支持的帮助格式包括 HTML Help、JavaHelp 和 Oracle for Java 帮助等。

六、DITA Open Tookit

DITA 是 Darwin Information Typing Architecture 的缩写，是一种基于 XML 语言的结构化标准，由结构专有化法、语言分类法以及一整套 XML DTD 和 Schema 的若干实例组成，应用在技术写作、文档编辑、内容共享及信息传送等。DITA 是 IBM 公司设计开发的，目前由 OASIS 组织负责维护。

DITA 映射文件和主题文件都是 XML 文件，与 HTML、图片等文件绑定到一起就可以生成一个完整的帮助文件。DITA 文件类型可以在任何一个 XML 编辑器上进行编辑。但是能兼容 DITA 类型和非 DITA 类型的文件，并将其所要传递的信息整合在一起发布，就不是所有发布工具所能做到的了，尽管很多帮助发布工具正努力做到这一点。DITA Open Tookit 是 IBM 公司为处理 DITA 语言量身订制的工具,专门用来处理和发布 DITA 文件,但这种兼容需要内容开发者同时具备 DITA 和 XML DTD 方面的知识,才能自定义样式,使得输出样式具备良好的兼容性,从而在不同目标语言和不同输出格式的条件下,都能发布成所需类型的产品。

现在介绍两种常用方法,可以尝试绕过较复杂的样式定义过程,一是使用 FrameMaker 9 对 DITA 样式进行调整;二是使用前面提到的 WebWorks ePublisher Pro 创建编译项目文件,将 DITA 文件输出成 HTML,在 HTML 文件中修改文字或段落样式,修改后,重新编译从而完成对等的样式定义过程。

DITA Open Toolkit 以开源的方式不断获得发展,从命令行式到拥有更友好的图形界面,功能上不仅可以处理所有 DITA 分类标准,还可以支持输出成 PDF、RTF、XHTML 等文本格式以及下列多种联机帮助格式:

* Microsoft Compiled HTML Help
* Eclipse Help
* Java Help
* Oracle Help

第四节 软件联机帮助 CHM 的本地化流程

一、源语言文件检查

源语言文件包含两类:一类是编译前的文件,一类是编译后的帮助文件。源语言文件进行检查是在这两类文件中进行,其目的是保证编译前的源文件齐全,且其版本和内容与编译后的 CHM 文件相同,内容上不存在差异。检查的步骤如下:

第一步,将所有编译前的文件进行检查,保证在源语言中各类所需的文件类型(比如项目文件 HHP、目录文件 HHC、索引 HHK、主题文件 HTML、图片等)已经齐全。

第二步,建立针对源语言的联机帮助编译环境,搭建源语言的操作系统,验证 HHP 文件中的字体和窗体样式。

第三步,试编译源语言的帮助文件 CHM。日志文件显示成功编译后,将编译后的 CHM 与客户提供的 CHM 进行比较,检查是否在功能和显示上存在差异,如果存在差异,则应在本地化前及时提出。

二、筛选需要本地化的文件

联机帮助的组件中需要本地化的文件类型有以下几种:

(一)项目文件 HHP

可以使用文本编辑器,打开 HHP 文件。以 HTML Help 为例,下面粗体部分为需要本地化的内容,其中"Language"为目标语言的代码,"MyWindowType"定义了显示在帮助对话框上的帮助标题。

[OPTIONS]

Title=**My Online Help**

Language=**0x804 Chinese (PRC)**

[WINDOWS]

MyWindowType =**"Window Caption - Example"**

(二)目录/索引文件 HHC/HHK

一般情况下,只需要本地化标记"<param name="Name" value="">"中 Value 双引号所包含的内容。但在 <param name="Local" value="default.htm"> 中,该 Value 双引号中的内容为 HHC 和 HHK 中调用的文件 URL 或文件名。区别在于参数的名称,前者是"Name",后者是"Local"。在后者中,除非客户对 URL 或文件名有明确要求需要翻译,否则为提高本地化效率,一般不建议对"Local"参数的值进行本地化。例如下面这个简单的 HHC 目录文件：

```
<!-- Sitemap 1.0 -->
</HEAD><BODY>
<OBJECT type="text/site properties">
<param name="Auto Generated" value="Yes">
</OBJECT>
<UL>
  <LI> <OBJECT type="text/sitemap">
<param name="Name" value=" 题目：翻译与本地化工程技术实践 ">
<param name="Local" value="default.htm">
  </OBJECT>
<UL>
  <LI> <OBJECT type="text/sitemap">
<param name="Name" value=" 第一章 本地化工程技术基础 ">
<param name="Local" value="Chapter1.htm">
  </OBJECT>
```

有时也会遇到一些特殊情况，即在"<param name="Name" value="">"中存在不需要翻译的内容。例如下面这个例子中，"Button"的参数值中的"Text:"，"Item1"以及"Item2"中的"About1.htm"和"About2.htm"就是不需要翻译的内容，应该在文件准备中注意将其转成外部样式：

```
<OBJECT   CLASSID="clsid:ADB880A6-D8FF-11CF-9377-00AA003B7A11"
ID="RelatedTopics"  TYPE="application/x-oleobject" >
<PARAM  NAME="Command"   VALUE="Related Topics">
<PARAM  NAME="Button"    VALUE="Text:Related Topics">
<PARAM  NAME="Font"      VALUE="Arial,8,0,,">
<PARAM  NAME="Item1"   VALUE="About RoboHelp;About1.htm">
<PARAM  NAME="Item2"   VALUE="About ePublisher;About2.htm">
</OBJECT>
```

另外，遇到有语法意义的分号时，比如上面"About ePublisher; About2.htm"中的分号，在翻译时不能在分号前后添加空格，以避免语义解析上的失败或转移。

还要注意的是"#"号，应当将其作为外部样式处理。例如：

```
<object type="text/sitemap">
<param name="Name" value="New File List#NewFileList">
<param name="Local" value="newfilelist.htm#NewFileList ">
</object>
```

（三）帮助主题

以 HTML Help 为例，其帮助主题大多由 HTML 文件构成，按照标准 HTML 文件进行文件准备和 Markup 即可。其他常见的主题格式还有 XML、DITA、FM 等。

（四）图片

按照图片中是否存在需要本地化的内容进行筛选，分别将需要屏幕拍图和修图的图片进行分类统计，然后另外建立屏幕拍图和修图的项目，并创建独立的生产文件夹进行本地化生产。

三、反编译

按照帮助文件制作流程生产出来的帮助文档通常组件齐全，可以直接进入后期本地化流程，以满足产品在其他目标市场的需求。还有一种非常规的方式得到需要本地化的文件，就是反编译。

如果客户在本地化阶段因为某种原因只能提供编译后的帮助文件，例如只提供了 CHM 文件，要求进行本地化的分析或生产。这种情况下，为了得到可以翻译的内容，则需要通过反编译的方式，将以上编译组件从帮助文档中分离出来，再进行本地化文件的准备。需要特别强调的是，这种反编译的做法可能会丧失某些属性或文件原有特征，造成一些功能或样式无法在本地化后的版本中复现。

四、文件准备及验证

按照介绍过的文件准备流程，对上述筛选出来的需要本地化的文件进行标记和字数计算。在由工程人员提交文件给项目经理进行翻译前，应对准备好的文件进行两项检查，包含伪翻译和试验性编译，其目的是检验文件准备的是否齐全，而且目标语言是否可以被正常显示在编译后的文档中。

上述检查被确认无误后，由项目经理对翻译流程进行部署，翻译后得到目标语言文件。

五、制定编译策略

通过对上述文档结构和输出格式的分析，在验证文件完整性后，制定编译策略和流程。在这个判定过程中，最重要的是要根据提供的编译项目文件（源语言）格式，选取编译工具和策略。

比如，对于 MPJ、XPJ 应该选择使用 RoboHelp；在只有 HHP 这一种项目文件的情况下，而且编译文件都是 HTML 则对应选择 MS Workshop；WEP 格式的项目文件则对应 WebWorks ePublisher，其早期版本为 WWP 或 WFP 格式。可根据上面这个项目文件与编译工具选择的对应表作为选取工具的参考依据。

表 5.4 项目文件与编译工具的对应表

项目文件	对应的编译工具
MPJ, XPJ	RoboHelp
HHP	MS Workshop
WEP	WebWorks ePublisher
WWP 或 WFP	Webworks

六、准备本地化帮助编译环境

准备本地化帮助编译环境的过程可以分为以下几个步骤：

（一）检查双语文件的标记

将翻译后的双语文件进行 Tag Validation 的检查，保证没有标识符损坏或丢失的问题。

（二）转换成原来的格式

将检查后的双语文件进行 Cleanup 后，将其转换成各组件文件的格式（HHP、HHC、HHK、HTML、JS 等），并将翻译后的 HTML、JS 等文件另存成目标语言所要求的字符编码（Encoding），以保证其主题内容的正常显示。

格式转换后，可以通过 HTML QA 对翻译后的 HTML 进行检查；如果是 XML，则可以使用 XML Spy。

（三）准备编译目标语言的文件结构

按照源语言文件的结构，覆盖原来的文件。用 Beyond Compare 与源语言的文件结构进行对比，确保准备好的目标语言不缺少编译所需的文件。

（四）在目标语言的操作系统上安装所需的编译软件

建议在目标语言的操作系统上安装所需的编译软件，如果没有目标语言的操作系统，在源语言的系统安装上切换语言环境设置，在一般情况下也可以满足编译所需的软件环境。

七、设置本地化帮助项目文件及视图样式

HHP 文件是 HTML Help 的项目文件，定义了编译后帮助文档的窗体和字符样式。应在编译前对 HHP 文件中定义的窗体样式和字体选项，如下表所示，按照目标语言的特征进行重新定义或调整。

表 5.5 联机帮助项目文件 HHP 中所涉及的选项列表

参数	说明
Compiled file=*.chm	HTML Help 的文件名。
topic=..*.htm	打开 HTML Help 时默认显示的页面。注意，此处 ..*.htm 是默认页面的相对路径。不能使用绝对路径。
Full-text search=Yes	是否支持全文检索。Yes 为支持，No 为不支持。
Index file=*.hhk	索引文件。

续表

参　数	说　明
Language=0x804 Chinese (PRC)	
0x409 English (US)	
0x404 Chinese(TW)	
0x411 Japanese	目标语言的代码。此处设置不正确时，编译后的帮助文件中的目录和索引会显示乱码。
Default Font= 宋体 ,8,134	简体中文的默认字体是宋体。又例如，日语的默认字体是：MS UI Gothic
Title=*	帮助文件的标题。
Default topic=*.htm	帮助文件打开时右侧显示的默认首页。

八、编译并测试本地化帮助文件

在编译工具中，运行编译指令，对准备好的文件进行编译，生成本地化的帮助文档，检查编译工具生成的日志文件（Log File）是否正常，如果存在问题，应按照提示进行修复，再重新生成。

下面是使用 ePublisher Pro 进行编译时，出现问题的一个日志文件，表明编译中存在无法找到所需的文件和编译失败等错误，需要根据这些提示，对编译环境文件和工具设置进行调整：

```
Generation started at 6:09:06 PM.
...
 [pipeline] [ERROR] Failed to parse the referenced file '..\Content\Chapter_01.dita' due to below exception. Please correct the reference base on the exception message.
 [pipeline] F:\MyHelp\Comp\MyHelp\Content\Chapter_01.dita (The system cannot find the path specified)
...
[WARN]
BUILD FAILED
E:\PROGRA~1\WEBWOR~1\EPUBLI~1\2009.4\Helpers\DITA-O~1.4\build_preprocess.xml:32: null
Total time: 1 minute 3 seconds
...
[ERROR] An error occurred in 'LoadXMLWithoutResolver' while loading 'C:\WINDOWS\TEMP\WebWorks\ePublisher\Data\MyHelp.ditamapwif.rw'.
...
Document conversion in progress...
Generation finished at 6:10:32 PM.
Total time: 00:01:26.
```

测试帮助文档 CHM 的检查项，一般应包含以下几点：

* 检查 CHM 窗体的标题是否被本地化。
* 点击"目录"选项卡，通过双击左侧显示出来的目录项，逐一检查目录项和右侧显示出来的主题标题是否内容一致。
* 点击"索引"选项卡，检查索引项是否工作正常，可以通过选中相关索引项，从而跳转到需要查看的相应主题页面。
* 检查索引文件中的"索引排序"，索引排序的顺序应该按照目标语言的排序规则对索引中的关键词进行排序。只要语言代码设置准确，一些帮助编译系统对大多数常见语言，可以进行自动排序，只需要对排序后的结果进行少量的手工调整。对于简体中文，需要对一些多音字进行手工调整。
* 点击"搜索"选项卡，通过搜索内容中常见的关键词，验证搜索功能是否正常。
* 重新回到目录，详细检查每一个节点所对应的主题中，是否内容已经完全被本地化，而且链接跳转正常。

* 对于目标语言是亚洲语言或是双字节的时候，应特别检查容易造成乱码的字符和符号，比如 ©、®、™等，在文件格式转换时，应注意将这些字符转换成 HTML 表示的字符串，通过转义字符进行替换，从而避免乱码的出现。

第五节 标准任务分配表和生产文件夹结构

一、标准任务分配表

软件联机帮助编译项目的标准任务分配表，是给工程人员分配软件联机帮助任务时，所使用的标准表单。其作用是规范该项工程工作在实施阶段前，必须向客户确认的项目需求和项目必要信息，从而在项目初期，发现技术屏障或项目可行性上可能存在的风险，主动减少因团队合作、沟通交流与文化等因素造成的理解上的偏差。

软件联机帮助编译项目的标准任务表如表 5.6 所示：

表 5.6 软件联机帮助编译项目的标准任务分配表

软件联机帮助编译项目的标准任务分配表		
基本信息		请在下栏中填写
1	列出目标语言	
2	任务开始和结束时间（如果可以分语言/分批提交，请注明）	
3	预计工程编译时间（每种语言）	
4	预计帮助功能验收测试时间（每种语言）	
5	需要提交的本地化文件	
销售阶段信息		
6	是否存在报价/工程小时预估信息	是 ǀ 否（如果是，则表明文件位置）
7	是否存在已经经过工程分析并准备好的源文件	是 ǀ 否（如果是，则表明文件位置）
工具		
8	要求使用什么工具及版本信息	
9	该工具是否支持所有目标语言	是 ǀ 否（如果否，则应向项目经理提出）
文件		
10	源文件路径	
11	源文件是否齐全	是 ǀ 否（如果否，则应向项目经理提出）
12	翻译后的文件路径	
13	翻译后的文件是否齐全	是 ǀ 否（如果否，则应向项目经理提出）
帮助文件		
14	编译后需要提交的是什么类型的帮助	
15	需要翻译的文件列表	
16	是否存在需要截图、修图、DTP 或多媒体类型的文件	是 ǀ 否（如果是，则应向工程团队主管提出）
17	在送翻前进行的文件检查中，是否存在内容或版本问题	是 ǀ 否（如果是，则应向项目经理主管提出）
18	是否存在项目特殊要求或检查表	是 ǀ 否（如果是，则列出或表明文件位置）

二、标准生产文件夹结构

标准生产文件夹结构是按文件类型和本地化项目实施阶段特征而设计的，用于控制生产实施过程，包括过程文件的版本管理、分文件类型管理、质量实施管理和过程管理，保证某一特定阶段产生的质量问题可以被准确地追溯，从而提高对生产过程及质量的控制。图5.6是联机帮助本地化的标准生产文件夹结构。

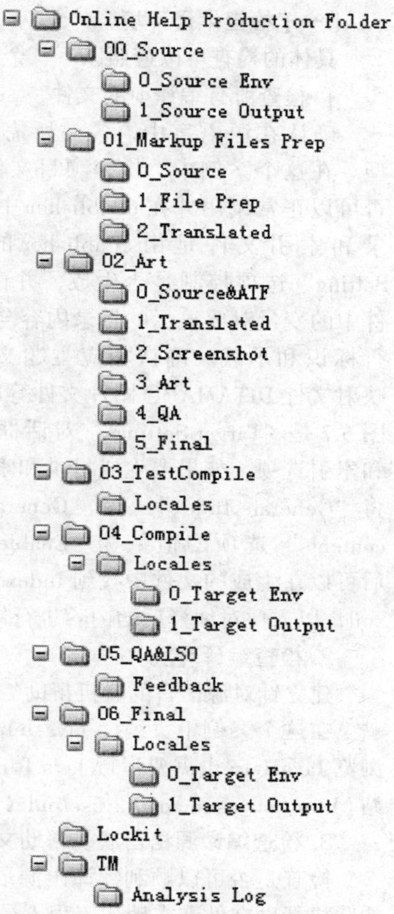

"00_Source"放置的是编译源文件。分编译环境源文件"0_Source Env"和编译输出源文件"1_Source Output"分别放置，简单地说，就是把编译前和编译后的源语言文件分开。分类放置可以使工程人员对源文件的结构有更清晰的把握和了解，从而在源头避免了缺少文件或用错文件等常见质量问题。

"01_Markup Files Prep"放置的是需要Markup的编译组件，比如，目录、索引、主题文件、样式文件或其他需要翻译的程序文件等。

"02_Art"放置的是需要翻译的多媒体、图片或排版文件。

做前期文件准备的同时，可以对准备好的文件进行伪翻译，然后进行试验性编译。所有试验可以在"03_TestCompile"下进行。

将上面提到的各编译组件分开管理，也是质量保证的需要。以分组件的方式，经过翻译、后期合成并通过检查后，可以将质量问题控制在单个组件的生产过程中，从而尽早发现，尽早解决，最终将翻译后的各个组件以及源文件中不需要翻译的文件，集成到"04_Compile"->"Locales"->"0_Target Env"中，作为对目标语言进行编译前的环境准备，编译后的输出文件应指向"04_Compile"->"Locales"->"1_Target Output"，对应不同的目标语言，"Locales"可以被替换成不同的语言名称。

然后"05_QA&LSO"是按目标语言放置功能和语言检查后的反馈信息。通过最终的质量检查，将最终提交给客户的文件放置在"06_Final"中。

"Lockit"用于放置工程相关指导文件；"TM"放置各目标语言最新的翻译记忆库文件，其中"Analysis Log"放置各语言的字数分析结果。

图5.6 联机帮助本地化标准生产文件夹结构

第六节 以WebWorks ePublisher Pro为例的编译过程

经过注册，便可以从WebWorks ePublisher Pro的官方网站（www.webworks.com）上得到一个为期15天的License（临时的Contract ID）。该版本是试用版本，需要先下载并安装WebWorks ePublisher Express后才能安装ePublisher Pro版。成功安装后，可以尝试编译多种格式的联机帮助，而且支持多种目标语言。

下面通过一个案例，简述ePublisher编译JavaHelp联机帮助的步骤。该案例的输入格式为DITA和DITAMAP文件，输出为JavaHelp，目标语言为简体中文。

一、准备与分析

准备工作包括检查编译环境、检查编译的指导文档等是否完善。分析是分析需要编译的联机帮助的类型、提取需要本地化的文件等。

（一）检查编译环境

具体的检查可以遵照以下三个步骤：

1. 检查所有编译前的文件

确认在源语言中，各类所需的文件类型。在这个案例中，检查项目文件 WEP 是否可以正常调用并在 ePublisher 中打开。目录和索引文件是由 ePublisher 的"Target Setting"选项控制是否生成，并由 DITA 文件中的变量对要显示的目录内容与索引词进行标识和承载。确认相应主题文件 DITA、映射文件 DITAMAP、图片文件等已经齐全。图 5.7 是"Target Settings"对话框中的目录和索引选项，如果要生成目录和索引，必须将"Generate Index"和"Generate table of contents"选项的值赋为"Enabled"，编译后可以在生成的文件中找到 Index.xml 和 toc.xml，以方便对编译后的内容进行修改或查询。

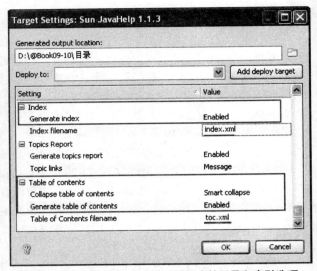

图5.7 "Target Settings"对话框中的目录和索引选项

2. 检查编译环境

建立针对源语言的联机帮助编译环境，搭建源语言的操作系统，验证编译环境的参数设置。

在这个案例中，编译 JavaHelp 需要事先安装最新版本的 Java Platform Development Kit (JDK)，浏览 JavaHelp 也需要运行 Java Runtime Environment (JRE)，这个 Java 运行环境可以在 Sun 公司的网站（http://java.sun.com/javase/index.jsp）上免费下载。

3. 检查编译源语言联机帮助文件过程和结果

检查是否可以顺利编译出源语言的联机帮助文件，检查编译日志文件的内容，对比检查编译后的联机帮助文件和本地化工程人员最初获得的联机帮助文件是否一致。

对于检查过程中发现的问题，需要及时向项目经理报告，尽快找出解决办法。

（二）分析联机帮助的类型并确定编译工具

该案例中的项目文件为 WEP，输入文件为 DITA 和 DITAMAP，输出格式是 JavaHelp 1.1.3，根据以上所提供的信息，应可以判断该项目应使用 Webworks ePublisher 专业版（Pro），具体版本应向客户进行确认。

（三）提取需要本地化的文件

联机帮助的组件中需要本地化的文件类型有以下几种：

1. ePublisher 项目文件 WEP

WEP 文件中包含需要翻译的功能性词汇，在帮助文档中起到跳转链接、举例、列表、搜索结果、相关内容和参考信息等功能的引导词，可以在"Style Designer"中进行定义，如图 5.8 ePublisher 中的"Style Designer"选项和图 5.9 在"Style Designer"中对需要翻译的文字进行搜寻并抽取。

```
<Rule Key=" caution " ParentRule="[Notes]"…>
  <Properties>
    <Property Name=" bullet-character " Value=" Caution: "
```

这段代码中 Value 中的字段，应该被准备出来，进行翻译。

有些个别词汇并不容易确认其在 ePublisher 选项中的位置，因此，在第一次编译后，会出现一些没有翻译的词汇，在 WEP 文件中找到那些没有翻译的文字，将翻译弥补上。当然这样做会增加风险，增加了本地化周期和成本，因此如果有时间的话，工程人员应该提高对选项的了解。另外，并不是 WEP 中所有 Value 中的词都需要翻译，因此并不建议在没有筛选的前提下，直接将 WEP 文件

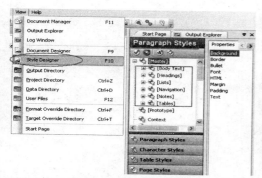
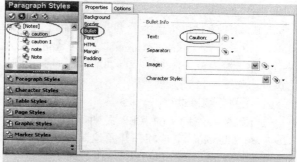

图5.8　ePublisher中的"Style Designer"选项　　图5.9　在"Style Designer"中对需要翻译的文字进行搜寻并抽取

进行 Markup 准备。

2. DITA 和 DITAMAP 文件

DITA 文件及其映射文件的作用包含了帮助主题内容、索引词和目录内容等，与 XML 文件准备方式相同，通过对文件结构的了解，制作解析 INI 文件。

3. 多媒体文件

按照图形、图像、动画等文件中是否存在需要本地化的内容进行筛选，分别将需要屏幕拍图和修图的文件进行分类统计，然后另外建立屏幕拍图和修图的项目，并创建独立的生产文件夹进行本地化生产。

二、编译

（一）设置项目文件 WEP

在 ePublisher 中打开项目文件，大多数的本地化编译及输出格式的设置都集中在"Target Settings"中，可根据目标语言、编译所需的文件和编译后的输出格式的需要，对"编译目标设置"进行调整，控制这些参数和选项如图 5.10 所示。ePublisher 中的"Project Setting"一般情况下使用默认设置即可。

图 5.11 是"Target Settings"对话框，分别指定了输出位置（Output Location），ePublisher 中可选择的语言和生成的中间文件 HTML 的 Encoding 等，是规定和控制目标语言输出的重要设置。

打开"Style Designer"确保需要翻译的功能性 Text 都已翻译完毕。

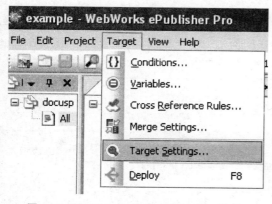

图 5.10 ePublisher 中的 Target Settings 选项　　图 5.11 ePublisher Pro 目标语言列表和 Encoding

（二）复制本地化文件到编译环境

按照源语言编译环境的文件夹结构，使用本地化文件覆盖原来的文件。用比较文件夹的工具将本地化文件夹与源语言文件夹进行结构对比，确保不缺少编译所需的目标语言文件。

（三）设置编译参数

设置编译的联机帮助的类型，可以通过ePublisher的菜单"Project" > "Manage Targets"，在"Add New Target"对话框中选择"Sun JavaHelp 1.1.3"完成对输出帮助格式的添加。如图5.12所示。

（四）执行编译过程

选择需要编译的WEP文件，运行"Project" > "Generate Selected"菜单项，开始编译。编译完成后，检查所生成的日志文件，对其中存在的问题进行修复，然后，重新设置编译环境，再次编译，直到成功。

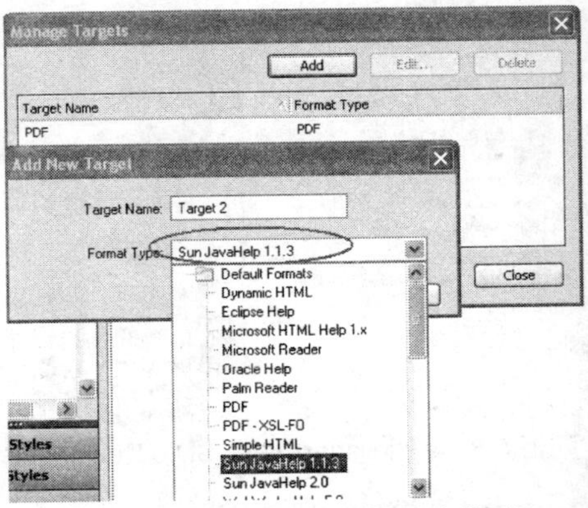

图5.12 设置联机帮助的输出类型

三、测试与修改

编译完成本地化联机帮助后，需要检查联机帮助文件的内容和格式是否正确，如果存在问题，需要分析产生问题的原因，修改产生问题的文件或者参数设置，再次编译本地化联机帮助文件，直到获得合格的帮助文件。

本案例中，生成后的JavaHelp为JAR格式，是将编译生成后的HTML和XML（目录和索引）压缩后，生成的可以跨平台预览的格式。因此，文件内容和样式等修改也可以在HTML和XML中进行重新编译，即可在JAR文件中体现出来。

四、交付

完成本地化联机帮助文件的测试后，确认达到质量要求，则将联机帮助文件和编译环境文件交付给项目经理。

第七节 本地化联机帮助的质量保证

一、检查表

为了保证软件联机帮助的编译质量，可以在编译过程中或编译后，依照表5.7对编译过程和提交物进行有效的质量检查，从而监控实施中可能遇到的质量问题。

表5.7 软件联机帮助编译项目的质量检查表

联机帮助检查表			
项目名称#：			
执行工程师：			
QA工程师：			
发现问题数量：			
是否需要返工？			
请在下栏中填写发现的问题数	序号	检　查　项	
	1	是否执行过程中遵循了PM和工程主管所提出的本地化工程工作包？	
	2	环境和语言设置	
		使用正确版本的编译工具。	
		设置与目标语言一致的语言编码和字符编码。	
	3	编译环境文件	
		使用Beyond Compare对编译环境源文件和翻译后的环境文件进行对比，保证文件数量正确，且所有需要翻译的文件均已翻译完全。	

续表

		联机帮助检查表
	4	编译设置
		编译前编译工具的设置正确，以满足目标语言对字体、字符编码、显示样式的要求。 编译后，检查生成的日志文件，保证日志记录中为编译成功。
	5	输出文件
		输出的本地化后的联机帮助文件，在格式、窗体样式上与源文件一致。 目录、索引、搜索在功能上与源文件一致，且工作正常。 目录节点数量、索引排序应符合目标语言本地化后的要求。 主题内容（章节标题）与目录标题一一对应。 主题内容中的跳转工作正常。 文件中没有乱码或未翻译的现象。

该检查表可作为通用的联机帮助编译质量检查表，工程人员可以根据项目特点和编译工具的特殊要求，对此表进行优化，进一步完善质检过程。

二、经验技巧

如前所述，编译过程和产生的帮助文件可能有不同的类型，需要使用不同的解决方法。下面对常见的问题和解决方法进行分析：

（一）本地化帮助文件中存在未本地化的内容

原因：
* 没有提取出需要本地化的文件，没有完全翻译需要本地化的内容。

解决方法：
* 提取需要本地化的文件，翻译需要本地化的内容。

（二）本地化帮助文件中的导航按钮文字和提示没有本地化

原因：
* 导航按钮图像没有本地化。
* 导航按钮的提示文字没有本地化。

解决方法：
* 提取需要本地化的导航按钮。
* 翻译需要本地化的导航按钮的提示文字。

（三）本地化帮助文件中的索引或目录关键字丢失或没有本地化

原因：
* 索引文件本地化过程删除了源语言关键字。
* 目录文件本地化过程删除了源语言关键字。

解决方法：
* 检查本地化的索引文件 hhk，确保关键字被全部本地化。
* 检查本地化的目录文件 hhc，确保关键字被全部本地化。
* 重新编译本地化帮助文件。

（四）本地化帮助的搜索功能失效

现象：
* 源语言（英文）帮助文件的搜索功能正确。
* 本地化帮助文件的搜索功能不起作用。

原因：
* 编译过程选项设置错误。
* 个别文件翻译过程中修改或删除了文本格式标识符（Tag）。

解决方法：
* 正确设置编译选项，重新编译。
* 检查本地化的文件是否修改或删除了 Tag，确保与源文件 Tag 一致，重新编译。

（五）转实体解决乱码

翻译后的文档，"'s"可能会显示成乱码，因此需要在文档中将"'"转为代码字符串"‘"。另外，尖括号（"<"或">"）也可能出现乱码，替代方法是，"<"为"&lgt;"，">"为"&rgt;"，注意最后的分号不可少的。同样可能出现乱码的符号还有©、®、° 和 ™ 等，都可以通过转为相应实体的方法来解决。

（六）中文、日语多音字索引排序方法

在 HTML Help Workshop 中的索引（Index）控制面板上，选择按字母顺序排序图标（ ），则可对索引按字母顺序排序，对于简体中文，则会按拼音顺序排序。

而在 Robohelp 中的索引（Index）控制面板上，也可以通过"排序"菜单项对索引进行自动排序。

自动排序后，需要手工调整，特别是中文或日语中的多音字，比如"重复"，拼音为"Chong Fu"，但自动排序功能经常将"重"的音预设为"Zhong"，因此造成不正确的排序。

本章小结

软件联机帮助的本地化是本地化过程中容易出问题、质量问题最集中、且难题最多的一个环节。

容易出问题是指联机帮助文档动辄几万字，在有限的文档质量检查中，有时候容易漏掉局部细节所存在的问题，因此很多本地化过程中的质量问题常常暴露在联机帮助工程工作的环节中。

难题多是因为几乎每个客户都在选择不同的技术写作工具，在工具和流程上都存在各自的特点，做到熟练使用且能够协助客户解决各种问题难度很大，有些工具因自身存在国际化问题从而造成编译后的联机帮助无法正常显示。

为了避免这些问题，工程人员平时应加强对写作和帮助编译工具的不断了解；提高对 XML、DITA 和 XHTML 等具有代表性的标记语言的掌握；不断收集验证实际项目中获得的技术经验；在生产管理上，应提升生产过程的标准化，使用正确的任务分配模板、标准文件夹结构和质量控制检查表，做到全方位实施质量管理。

本章介绍了软件联机帮助的形式和构成，列举了联机帮助文档常用的写作工具，详细阐述了 CHM 格式的联机帮助本地化工程流程，描述了使用 WebWorks ePublisher Pro 工具编译联机帮助的过程，最后提出了本地化联机帮助的质量保证方法和内容。

本章的知识要点归纳如下

* 软件联机帮助按照载体形式，分为桌面式、Web 形式和可移动式。
* 软件联机帮助的构成元素包括目录、索引、搜索、帮助主题、样式表和其他构件等。
* 联机帮助文档的本地化流程包括源文件检查、文件准备及验证、准备本地化帮助编译环境、编译和测试本地化联机帮助。
* 本地化联机帮助文件的质量检查项包括本地化工程工作包、环境和语言设置、编译环境文件、编译设置和输出文件。
* 为了提高联机帮助的本地化质量，需要重点检查目录、索引的排序、字符乱码等内容。

思 考 题

1. 软件联机帮助包括哪些形式？
2. 软件联机帮助的主要组件有哪些？试举出五个例子。
3. CHM 格式的帮助文件的特点是什么？
4. 联机帮助文档中的目录和索引有什么区别？
5. 编译本地化联机帮助的主要步骤是什么？
6. 什么是"反编译"？为什么要进行"反编译"？
7. 编译后的本地化帮助文件需要执行哪些检查？

第六章

多媒体课件工程

本章精要

多媒体技术是一门综合性的技术，涉及计算机、艺术设计、音视频数字技术以及交互技术等多项技术和技能的综合。随着多媒体技术的不断完善和成熟，在本地化中的应用也越来越广泛。作为多媒体本地化工程的知识基础，首先介绍多媒体的概念和构成以及各个组成部分的特性及属性参数，然后是对几款主要多媒体制作工具的介绍，最后进入多媒体本地化部分。在多媒体本地化中，着重阐述多媒体本地化流程，以及在实施前进行任务分配时需要让多媒体本地化工程师了解的任务信息和生产文件夹结构，而后以多媒体课件为例，描述具体的实施过程，并提出质量保证措施和常见问题。

本章的重点内容包括：
* 多媒体的概念及构成
* 多媒体在本地化业务中的应用
* 多媒体标准本地化流程
* 多媒体本地化标准任务分配表和生产文件夹结构
* 多媒体课件的本地化实施过程

第一节 概述

多媒体是包含了多种不同形式内容的数字信息载体，可能还具有交互性，包含了文字、静态图像、动画、影像和音频等多种数字化信息元素的结合体。

多媒体中的各项元素既相互依存，又彼此独立，其中任何一个元素都可以追溯很长的发展历史以及面向未来的新的技术发展趋势。每项技术都有着具有代表性的技术指标、专业术语、文件格式、处理方法、流程和工具。这些重要的技术组成部分，也影响着本地化工程人员对多媒体本地化项目的认知和处理方式。

逐渐完善的数字多媒体技术，应用于软件绑定的示范光盘或者发布到网站上作为产品的教学和宣传材料，成为了一种新的信息传递主流方式。产品的本地化需求及教育活动的全球化趋势，引发了多媒体教学和宣传材料的本地化需求。多媒体技术为本地化业务格局带来了变革，成为了本地化工程中一个不可缺少的主流业务。因此，课件本地化工程人员不但需要掌握一般的本地化工具，还要具备相应的多媒体知识并掌握更多制作工具及熟悉相关技术流程，才能全面地实现课件本地化工程。

第二节 多媒体和多媒体本地化

一、多媒体的概念

"多媒体"的英文是"Multimedia"，是由 mutiple 和 media 复合而成的。媒体（Medium）原有两重含义，一是指存储和播放信息的实体，如磁盘、光盘、幻灯片、电视机、录音机等，被称为"媒质"；二是指传递信息的载体，如文字、声音、图形、视频等，被称作"媒介"。多媒体是将信息、媒质和媒介三者结合在一起复合而成的。

简单地说，多媒体就是包含了多种不同形式内容的信息载体。多种形式中包含了文字、静态图像、动画、影像和音频等多种数字化信息元素，所有这些元素通过所要表达的内容的内在逻辑结合在一起，由计算机程序控制其播放，从而形成交互式的、多种元素并存的一种结合体或载体的统称。拥有交互功能的多媒体文档常被冠以"交互"二字，比如"交互视频"或"交互动画"。这种随用户需要而变化播放顺序的交互式的多媒体，被称为"非线性"多媒体，以区别于传统按时间轴进行顺序播放的线性编辑方式。

多媒体技术的标志性特征，主要表现在其信息表现的多样性以及处理信息的集成性、实时性和交互性这三个方面，从而使其区别于传统的平面印刷或更古老的手工宣传品。

二、多媒体本地化

多媒体的广泛应用是经济全球化高度发展的必然产物，同时也推动着经济全球化的进程。多媒体信息的即时性、内容维护成本低以及其更加友好的信息传播方式等特点，得到了人们一致的认可。很多商家不再选择原有的平面媒体或印刷物的方式，开始使用多媒体对其产品进行宣传，或用于教育用户等目的。这一变化，同样影响着本地化业务的分类，甚至于改变了本地化业务格局和人员技能的构成。多媒体交互技术、数字视频技术和动画模拟成为了这项新业务的三个焦点，同时也是造成变化的导火索。

应用逐渐完善的交互、视频与动画技术设计和发布的多媒体课件，成为了信息传递的主流方式，替代了原有线性单一的、填充式的帮助文档或PDF手册，使得本地化的对象发生了变化，从而引发了新型的多媒体文件的本地化需求，而且这种需求的增长速度是惊人的，据保守地估计，每年仅多媒体课件制作的市场就高达三百多亿欧元。

在过去的3年中（2006至2009年），多媒体本地化业务的增长速率一度保持在30%，在各项本地化和翻译工程业务中增长速度最快，且占各项工程业务总量的比例之冠。业务量比例是常规工程前处理业务的两倍，是联机帮助编译和软件缺陷修复业务总量的两至三倍。多媒体在本地化中的实施越来越受到本地化公司的关注，甚至有些公司开始以此为突破口，将业务拓展到多媒体的研发阶段，从而继联机帮助技术写作这一可能拓展的业务之后，又一项可以探寻的新的核心竞争力。

此外，工程人员的技术能力也有了新的要求，而且从原来本地化工程人员单一工种中划分出了软件与网页本地化工程人员、多媒体本地化工程人员，两个发展和技能要求不同的工程职位。这意味着，要作为一名出色且全面的本地化工程人员，不但要了解软件和网页开发，也要了解多媒体交互、视频、音频处理和Flash动画等多项多媒体技能。

这些数据和事实，足见多媒体工程在本地化业务格局中产生的影响，这种影响使得多媒体成为了本地化工程中一个不可缺少的主流业务，而且预计这种影响是稳定深远的。

三、多媒体课件

（一）多媒体课件的概念

多媒体课件 eLearning 是指学习者通过PC终端连接互联网或通过CD-ROM获取知识的一种全新的学习方式。这种方式的最大特点是允许学习者在学习时间和学习地点上有更大的自由度和可选择性，而且多媒体课件运用了文字、图片、动画、视频、声音等多种信息载体、集成化的信息手段以及交互技术，为学习者构建了一个虚拟的、结构化的知识体系和学习氛围，从而提升了学习者的兴趣。

（二）多媒体课件的特征

相对于课堂教学，使用多媒体课件进行教学具备以下四个典型特征：即时性、交互性、易读性和易维护性：

1. 即时性，是指无需固定时间和地点，可以采用在线或离线的方式，根据学习者自己的时间自行安排方便的时间，进行自学。

2. 交互性，是多媒体课件区别于以往联机帮助或用户手册最大的特点，也是多媒体课件的优势所在。通过课件系统中的导航功能，可以无师自通地安排课时及学习进度，并通过课后测验功能及时反馈学习者对知识掌握的能力。

3. 易学性，突出了多媒体集合了多种元素类型的特点，将文字、图片、声音、动画、视频等元素通过交互的手段相结合，加强了用户的体验感，从听觉、视觉上给学习者以身临其境的效果。

4. 易维护性，偏重对课件内容的更新和管理，相对以往印刷性的教材或读物，多媒体课件还提供了从内容创建、保存、更新和发布的一系列功能，提高了教学内容的前后继承性、更新的可追溯性，从而提升了教学内容的质量。

除了这四个特征以外，多媒体课件改变了以往培训出差的高昂费用，降低了培训成本，而且符合共享内容对象参考模型标准（SCORM）的多媒体课程都可以重新组合与管理，根据每个学员的不同需求提供个性化的学习内容，同时，学员更可根据自身情况适时安排学习进度。

目前最流行的 eLearning 技术是 Screencasting，也就是一种录屏技术。用户可以使用屏幕录制工具对其指定的屏幕范围或运行的窗体进行录屏操作，将窗体控间操作或命令运行的过程录制成视频。然后，通过互联网上传到多媒体课件管理系统上进行发布。这种方式改变了以前由专业机构制作课件内容的局面，其优点在于操作简单且学习者可以很容易地表述自己所要传递的内容，激励了广大学习者间共享知识的新型学习模式，特别是用来分享一些小技巧或问题解决上，这种方式非常受欢迎，很多社区网站或 eLearning 2.0 的网站都采取此类方式实施多媒体课件的制作和发布。

（三）多媒体课件的发展前景

提到多媒体的发展前景，必须提到 3 个概念，即 XML、SCORM 和多媒体课件管理系统。

1. XML

XML 这一通用的数据交换标准，也可以用来承载多媒体课件内容，是符合行业标准的必要基础性条件，许多软件开发商和设备制造商都对其提供了支持，研究基于 XML 的 eLearning 平台管理具有广阔的前景。

2. SCORM

SCORM 起源于 1997 年，由美国白宫科技办公室与国防部共同推动的 ADL 先导计划（Advanced Distributed Learning Initiative）中提出，其目的是希望透过"教材重复使用与共享机制"的建立，来缩短教材的开发时间，减少开发成本，且能够达成大幅降低训练费用的目标。为推动厂商开发具备上述特质的教材，ADL 研订出一套相互关联的技术指引，简称为 SCORM（Sharable Content Object Reference Model）。

SCORM 标准将组织和资源分别定义，资源是课件内容的物理结构，而组织是课件内容在学习活动中逻辑结构。这就为课件内容的重新组织和编排提供了方便，进而提高课程内容的重复利用率，而且还专门定义了课件与平台交互的机制，这不仅可以使得学习者可以按照课程设定的路径进行针对性学习，还可以实时记录学习情况，跟踪学习者的学习状态。

SCORM 课件可以通过一些专业的课件制作工具制作，例如 Office Producer、Demo Builder、Quiz Builder、Articulate Presenter 等。

3. 多媒体课件管理系统

多媒体课件管理系统（Learning Management System），是一个集成了访问权限、课程日程安排、内容管理以及测试提交与反馈多种功能的管理软件。该软件还可以提供对以上功能的在线管理，而且可以将其多媒体内容进行独立管理，实现内容模块之间的共享和复用，通过在线功能，还可以随时对内容进行更新。

第三节 多媒体的元素构成

一个多媒体文件可以由多个信息元素集成，比如下图 6.1 中所提及的便是六种常见的可以组成多媒体的元素。

文本

图形

音频

动画　　　　　　　　视频　　　　　　　　交互

图6.1　六种常见的多媒体组成元素

常见的多媒体组成元素有六种，即文本、图形、音频、动画、视频和交互，这里的"交互"是指将其他元素组合在一起的程序代码或设置。以下便是对这六种元素的详细介绍：

一、文本

文本是以文字和各种专用符号表达的信息形式，它是现实生活中使用的最多的一种信息存储和传递方式。用文本表达信息给人充分的想象空间，它主要用于对知识的描述性表示，如阐述概念、定义、原理和问题以及显示标题等内容。文本最基本的获取方式是录入，目前主要有键盘录入、手写板录入、语音录入、扫描录入等方式。

主要的文本格式有：TXT、DOC、XML、HTML、RTF和PDF。其中，TXT是一种纯文本格式，可适用于任何一种文字编辑软件的需要。

二、图形

（一）图形和图像的定义

1. 图形

图形是指由有着不同属性的直线、圆、矩形、曲线、图表等几何元素绘制组合的矢量图。随着计算机图形学的发展，可通过计算机指令描述各种图元位置、维数、颜色和形状等属性信息，从而组合成所需的图形，其特点是被绘制的图形对象可任意缩放而不造成失真，适用于描述轮廓不复杂、色彩不丰富的对象，如：几何图形、工程图纸、计算机辅助设计、3D造型软件等。

2. 图像

图像是由若干排列成矩阵像素点的不同颜色的对象。图像在缩放过程中会损失细节或产生锯齿。分辨率和灰度是影响显示的主要参数。图像适用于表现含有大量细节（如明暗变化、场景复杂、轮廓色彩丰富）的对象，如：照片、绘图等，通过图像软件可进行复杂图像的处理以得到更清晰的图像或产生特殊效果。

3. 图形和图像的区别

图形与图像两个概念的差异，有时口语中会混用，但从严格意义上是有区别的，图像纯指计算机内以位图形式存在的灰度信息，而图形是有几何属性的，或者说更强调通过几何图形及其属性来表示。

图像以点阵形式描述对象，也称为位图，用来表现色彩层次丰富的逼真图像效果，显示速度较快，所占的存储空间较大。图形使用直线和曲线来描述对象，也成为矢量图，由一系列点、线、矩形、多边形、圆和弧线等元素构成，可通过数学公式计算获得，缩放后的细节不发生变化。

（二）图形技术指标

衡量图形（图像）质量的重要技术指标是分辨率和色彩数：

1. 分辨率：主要分为显示分辨率和输出分辨率两种。前者用像素点（Pixel）的个数来衡量，比如1024×768，是指显示器的所有可视面积上水平像素和垂直像素的数量，显示分辨率的水平像素和垂直像素的总数总是成一定比例的，最常见的为4:3；后者衡量输出设备的精度，也叫设备分辨率，以每英寸的像素点数表示，单位是DPI即（Dot per Inch），常用于打印或印刷领域，常见的分辨率为72或96 DPI。如图6.2所示。

另外，还有图像分辨率，指图像中存储的信息量，数值越大图形（图像）质量越好，单位是

PPI，即（Pixel per Inch），应注意区分这3个不同"分辨率"的概念。

2. 色彩数：用位（Bit）表示，一般写成2的n次方，n代表位数。当图形（图像）达到24位时，可表现1677万种颜色，即真彩色。如图6.3所示。

（三）图形文件的类型

图形文件的特征后缀名用来区分图形文件类型。

1. 位图

常见的位图格式有BMP和TIFF等。经过压缩的位图格式有JPG和GIF等。

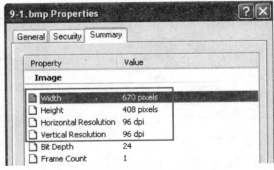

图6.2　BMP图形文件的分辨率属性

（1）BMP（Bit Map Picture）——PC机上最常用的位图格式，该格式在Windows环境下相当稳定，在文件大小没有限制的场合中运用极为广泛。

（2）TIFF/TIF（Tagged Image File Format）——存储信息量大，细微层次的信息较多，有利于原稿阶调与色彩的复制，但占用存储空间也相对较大。该格式有压缩和非压缩两种形式，最高支持的色彩数可达16M。

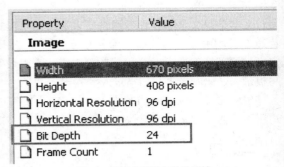

图6.3　图形文件的色位数属性

（3）PSD（Photoshop Standard）——Adobe公司Photoshop的标准文件格式，专门为Photoshop而优化的格式，是一种Adobe Photoshop专有的格式。

（4）DIB（Device Independent Bitmap）——描述图象的能力基本与BMP相同，优势在于可以运行于多种硬件平台，缺点是文件占据的存储空间较大。

（5）JPG（Joint Photographics Expert Group）——是一种压缩的图像格式，对于同一幅图像，JPG格式的文件所占的存储空间是其他类型图形文件的1/10到1/20，色位数仍可以保留在24位，所以被广泛应用于互联网上，以降低传输负荷。压缩比率通常在10:1到40:1之间，压缩比越大，图像品质就越低。

（6）GIF（Graphics Interchange Format）——也是一种压缩格式，其压缩率一般在50%左右，其优势是可以在多种平台上进行显示和处理，缺点是色位数最高只能到8位，存储色彩最高只能达到256种。

2. 矢量图

矢量图（Vector）在工业设计、工程设计和艺术设计方面的应用更广泛，以下为矢量图的几种常见格式：

（1）DIF（Drawing Interchange Formar）——Autodesk公司旗舰产品AutoCAD中的图形文件，它以ASCII方式存储图形，在图形尺寸大小方面的控制十分精确，可以被CorelDraw、3DS等大型软件调用编辑。

（2）AI（Adobe Illustrator）——是由Adobe Illustrator软件制作的矢量文件，在广告、印刷和包装等方面使用广泛。

（3）EPS（Encapsulated PostScript）——用PostScript语言描述的交换用图形图像文件，PostScript解释器可生成能打印出高品质的图形（图像）。

（4）CDR（CorelDraw）——CorelDraw的文件格式。另外，CDX是所有CorelDraw应用程序均能使用的图形（图像）文件，是发展成熟的CDR文件。

（5）SVG（Scalable Vector Graphics）——是一个基于XML的矢量图格式，由World Wide Web Consortium为浏览器定义的标准。

三、音频（声音）

（一）音频的定义

声音是人们用来传递信息、交流感情最方便、最熟悉的方式之一。在多媒体课件中，按其表达形式，可将声音分为语音、音乐和音效三个类别。

（二）音频格式

在多媒体课件中，常用的音频的储存格式有 WAV、WMA 和 MP3 格式。

1. WAV 格式是将声音源发出的模拟音频信号通过采样、量化转换成数字信号，再进行编码存储的波形文件格式。由于此音频格式未经压缩，所以在音质方面不会出现失真的情况，音质较好，在实际应用中常用此格式存储语音数据，或用于压缩、编辑处理的源文件格式，通用性强但文件体积较大。使用 Windows 操作系统的录音机录制的文件格式即为 WAV 格式。

2. WMA（Windows Media Audio）是微软公司开发的一种数字音频压缩格式。另外，一般情况下相同音质的 WMA 和 MP3 音频，前者文件体积较小；新版 WMA 9.0 已经可以支持无损压缩，而且可以存储 5.1 甚至 7.1 声道的音乐，音质比 Dolby Digital（杜比数码）更优秀。通常 WMV（Windows Media Video）里所采用的音乐格式是 WMA，所以随着 WMV 多媒体课件和互联网上的普及，WMA 也得到了更多制作者们的青睐。

3. MP3 的全称应为 MPEG-1 Audio Layer 3 音频文件，不是 MPEG-3。MP3 格式是现在普遍流行的一种高压缩比的专门用于存储音乐的音频格式。它以极小的声音失真换来较高的压缩比，因此在互联网上得以广泛使用和传播。MP3 是一种有损压缩格式。

（三）音频技术指标

对模拟音频信号进行采样量化编码后，得到数字音频。数字音频是一种利用数字化手段对声音进行录制、存放、编辑、压缩或播放的技术，它是随着数字信号处理技术、计算机技术、多媒体技术的发展而形成的一种全新的声音处理手段。决定数字音频质量的直接原因取决于音频文件的三个技术指标，即采样频率（Audio Sample Rate）、比特率（Bit Rate）和声道数（Channels）的值。可参见下图 6.4 WMA 音频样例文件的三个属性及属性值：

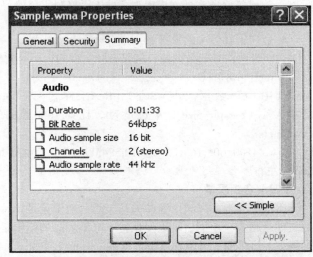

图6.4 WMA音频样例文件的采样频率、比特率和声道信息

1. 采样频率（Audio Sample Rate）

采样频率是指一秒钟时间内采样的次数。在计算机多媒体音频处理中，采样频率通常采用三种：采样频率 11.025KHz（语音效果）、22.05KHz（音乐效果）以及最常用的 44.1KHz（高保真效果）。

2. 比特率（Bit Rate）

比特率是指每秒传送的比特（bit）数。单位为"bps"，即"Bit Per Second"的缩写；或"Hz"赫兹。

比特率越高，传送的数据越大。计算机中的信息都是二进制的 0 和 1 来表示，其中每一个 0 或 1 被称作一个位，用小写 b 表示，即 bit（位）大写 B 表示 byte，即字节，一个字节等于 8 位，即 1B = 8b；前面的大写 K 表示千的意思，即千个位（Kb）或千个字节（KB）。表示文件的大小单位，一般都使用字节（KB）来表示文件的大小。Kbps 中，ps 指的是 /s，即每秒。Kbps 指的是网络速度，也就是每秒钟传送多少个千位的信息。

在数字多媒体领域，比特率是单位时间播放连续的媒体（例如压缩后的音频或视频）的比特数量，为了显示方便，一般使用"Kbps"或"KHz"作为单位。以 MP3 格式为例，其典型的速度介于 128kbps 和 320kbps（kbit/s）之间。与此对照的是，CD 上未经压缩的音频比特率是 1411.2 kbps（16 位的样本大小/采样点 × 44100 采样点/秒 × 2 通道）。

比特率值与现实音频对照：

* 16Kbps= 电话音质
* 24Kbps= 增加电话音质、短波广播、长波广播、欧洲制式中波广播
* 40Kbps= 美国制式中波广播
* 56Kbps= 话音
* 64Kbps= 增加话音（手机铃声最佳比特率设定值、手机单声道 MP3 播放器最佳设定值）
* 112Kbps=FM 调频立体声广播
* 128Kbps= 磁带（手机立体声 MP3 播放器最佳设定值、低档 MP3 播放器最佳设定值）
* 160Kbps=HIFI 高保真（中高档 MP3 播放器最佳设定值）
* 192Kbps=CD（高档 MP3 播放器最佳设定值）
* 256Kbps=Studio 音乐工作室（音乐发烧友适用）

实际上随着技术的进步，比特率也越来越高，MP3 的最高比特率为 320Kbps，但一些格式可以达到更高的比特率和更高的音质，比如正逐渐兴起的 APE 音频格式，能够提供真正发烧级的无损音质和相对于 WAV 格式更小的体积，其比特率通常为 550kbps 到 950kbps 之间。

3. 声道数（Channels）

声音通道的个数称为声道数，指一次采样所记录产生的声音波形个数。记录声音时，如果每次生成一个声波数据，称为单声道；每次生成两个声波数据，称为双声道（即立体声–"stereo"）。随着声道数的增加，所占用的存储容量也成倍增加，对声音层次的还原能力也就越好。

4. 数字音频信号的数据量

数字音频信号的数据量也就是音频文件的大小，它的计算公式是：

S=R*D*(r/8)*C

其中，S—数据大小（Size）；R—采样频率（Rate）；D—声音持续的时间；（Duration）；r—样本大小（Sample Size，单位是 bit，比如 16bit 指每个采样点的大小有两个字节）；C—声道数（Channels）。

S = 44100*60*(16/8)*2 = 10,584,000 字节，也就是说存储一分钟的 CD 音频文件，其大小为 10MB 左右。

（四）音频质量

比特率与音、视频压缩的关系，简单地说就是比特率越高，音、视频的质量就越好，但编码后的文件就越大，压缩后可以使比特率降低。总的原则是比特率越高则声音文件中包含的原始声音信息越多，这样回放时声音质量也越高。

以 MP3 文件为例，衡量压缩比例的比特率对于 MP3 文件来说不是固定的。MP3 允许使用的比特率是从 32 kbit/s 到 320 kbit/s 之间一些间断的数值，允许的采样频率是 32、44.1 和 48kHz。44.1kHz 是最为经常使用的频率（与 CD 的采样频率相同），128kbit/s 是事实上"好品质"的标准，这一数值越高，则品质越好。

对于需要进行编辑、混合处理的音频文件要尽量使用无损格式，否则有损压缩产生的误差可能在处理后无法预测，多次编码产生的损失将会混杂在一起，在处理之后进行编码这些损失将会变得更加明显。无损压缩在降低压缩率的代价下能够达到最好的结果。一些简单的编辑操作，如切掉音频的部分片段，可以直接在压缩后的音频数据上操作而不需要重新编码。使用过低的比特率，通常回放质量较低，产生压缩噪音。"压缩噪声（Compression Artifact）"，即因为压缩产生的原始录音中没有的杂音，在回放时混杂在原始声音中，造成音频质量下降。

除了编码文件的比特率之外，音频文件的质量还与采样频率、声道数、编码器的质量以及编码信号的难度有关。

（五）多媒体中的音频处理技术

多媒体涉及多方面的音频处理技术，如：音频采集、语音编码/解码、文语转换、音乐合成、语音识别、音频数据传输、音频与视频的同步、音效制作等，其中，文语转换和语音识别是新的发展点。

1. 数模转换

以上处理技术大多建立在数字音频的基础上。数字音频指的是表示声音强弱的数据序列，它是由模拟声音经采样（即每隔一个时间间隔在模拟声音波形上取一个幅度值）量化和编码（即把声音数据写成计算机的数据格式）后得到的。计算机数字CD、数字磁带（DAT）中存储的都是数字声音。模（拟）数（字）转换器把模拟声音变成数字声音，数模转换器可以恢复模拟声音。

2. 音频压缩技术（编解码器）

只有当信源产生的信号具有冗余时，才能对其进行压缩。音频压缩技术指的是对原始数字音频信号流运用适当的数字信号处理技术，在不损失有用信息量或所引入损失可忽略的条件下，降低其比特率，也称为压缩编码。编码和解码须具有相应的可逆性，也称为"压缩"和"解压缩"。

音频压缩算法基于计算机音频编码。压缩编码的原理如同数字通信系统中一样，在多媒体计算机系统中，声音信号被编码成二进制数字序列，经传输和存储，最后由解码器将二进制编码恢复成原始的声音信号。参见图6.5音频信号的编解码流程。

最简单的数字编码方法是对声音信号作直接的模/数（A/D）转换。

音频压缩方法包括有损（lossy）和无损（lossless）压缩。无损音频压缩可以将有效的音频数据完全保存下来，而有损压缩（如MP3）压缩量较大，音质损失也较大，一经压缩就不可以逆转。

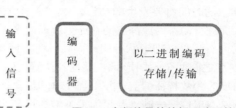

图6.5 音频信号的编解码（压缩）流程

3. 语音识别

近几年，语音识别技术得到快速发展，在一定条件下，若音频文件清晰、语速适当且发音标准，有些语音识别软件已经可以达到90%以上的准确率，可识别的语言可以覆盖较为常用的十几种语言。甚至已经可以替代翻译中的听录（Transcription），即播放一段音频，其音频脚本便可以随着音频的播放被记录在打开的记事本软件上。在多媒体本地化中，经常收到没有脚本的语音或没有字幕的视频文件，但为了将音频翻译成其他语言或给视频加字幕，就可以借助语音识别软件尽可能地进行自动化处理，然后再通过人为编辑，对产生出来的脚本（字幕）进行优化。

4. 文语转换的语音合成技术（text-to-speech, TTS）

一般来讲，实现计算机语音输出有两种方法：一是录音/重放，二是基于文语转换引擎（Text-to-Speech，TTS）的语音合成技术。文语转换是基于声音合成技术的一种声音产生技术。合成的声音可以高度模拟真人发声，对文本进行朗读，从而完成文本到声音的自动化转换。

四、动画

（一）动画的定义

1. 动画的定义

所谓动画，就是通过以至少每秒15到20帧的速度，连续地播放内容略有不同的静止图像时，产生一种运动错觉的效果。其中"帧"就是指静态的图或画面。

动画的产生，是因为眼睛能足够长时间地保留图像以允许大脑以连续的序列把帧连接起来，所以能够产生运动的错觉。通过改变图像就可以制作简单的动画，最简单的方法是在两个不同帧之间的反复；另一种制作动画的方法是以循环的形式播放几个图像帧以生成旋转的效果，并且可以依靠计算时间来获得较好的回放效果。

动画和视频都属于动态图像，是连续渐变的静态图像或图形序列，沿时间轴顺次更换显示，从而构成运动视感的媒体。当序列中每帧图像是由人工或计算机产生的图像时，常称作动画；当序列中每帧图像是通过实时摄取自然景象、实体或活动的对象时，常被称为影像视频，或简称为视频。动态图像演示常常与声音媒体配合进行，二者的共同基础是时间连续性。

2. 计算机动画技术

依靠计算机技术制作的动画，在多样化的动画形式中占据了主要地位。计算机动画，又叫 CG，是借助计算机来制作动画的技术。计算机的普及和强大的功能革新了动画的制作和表现方式。由于计算机动画可以自动完成一些简单的中间帧（即补间动画 In-between），使得动画的制作得到了简化，只需要关注关键帧（Key Frame）的制作即可，这种方式也被称为 Pose-to-Pose。

计算机动画有非常多的形式，大致可以分为二维动画和三维动画两种。二维动画也称为 2D 动画，借助计算机 2D 位图或者是矢量图形来创建修改或者编辑动画。制作上和传统动画比较类似。许多传统动画的制作技术被移植到计算机上。二维电影动画在影像效果上有非常巨大的改进，制作时间上却相对以前有所缩短。现在的 2D 动画在前期上往往仍然使用手绘然后扫描至计算机或者是用数写板直接绘制作在计算机上（考虑到成本，大部分二维动画公司采用铅笔手绘），然后在计算机上对作品进行上色的工作。而特效、音响音乐效果、渲染等后期制作则几乎完全使用计算机来完成。可以制作和本地化二维动画的软件包括 Flash、AfterEffects、Premiere 等。

所谓"关键帧"，就是定义了关键内容的帧，用来定义动画或电影某一关键动作或场景的起始点或终点。一系列的关键帧定义了动画所要表达的核心内容（包括图形、声音和文字等），关键帧插入的位置，决定了在插入的时间将要发生的动作。要真正形成连贯的动作画面，除了关键帧外，还需要借助其他帧，对画面进行动态的或静态的补充，就形成了"补间动画"和普通帧。

最普遍的补间动画有三种，即形状补间动画、颜色补间动画和运动补间动画。补间动画——为了完成两个关键帧端点之间两个不同形状、颜色和位置的实体转变，通过变化实体的形状、大小、颜色、位置和旋转角度等参数特征的值，并由程序自动创建这一中间变化过程的动画。

除了构成动画的基本单位——帧，要想为动画增加更多的变化效果，还要依靠一些特效或技巧，比如引导线和遮罩。引导线可以自定义对象运动路径，通过在对象上方添加一个运动路径的层，在该层中绘制运动路线，使对象沿着该路线运动，也可以将多个层映射到同一个引导层，达到多个对象沿同一个路线运动的目的。遮罩是 Flash 中一个非常重要的概念，在一定条件下，利用不透明的区域隐藏部分内容，从而增加动态变化的效果，一个遮罩层可以作用到多个被遮罩层。

（二）常见的动画文件格式

1. GIF 是最常见的动画文件格式，它其实就是多帧 GIF 图像的合成，现在网页中大部分的动画都属于 GIF 动画，能生成 GIF 动画的软件类型很多。

2. SWF 是基于 Adobe 公司 Shockwave 技术的动画格式，是 Shockwave Flash 的缩写。它是一种发布格式，不能直接用于编辑。FLA 格式是 Adobe Flash（前身是 Macromedia Flash）的标准编辑格式，是存储 Flash 内容元素的格式，通过矢量图形的方式对动画进行存储，具有体积小、功能强、交互能力好、支持多控制层和多时间线程等特点，故越来越多地应用到网络动画中。编辑 FLA 需要专业的 Flash 软件基础，而且发布成 SWF 格式后，并不是所有的浏览器都能直接打开进行浏览。为了支持阿拉伯语等双向语言（BiDi Langauge），还推出了 Flash Middle East 版本。

3. Microsoft Silverlight 是一个跨浏览器、跨客户平台的技术，能够设计、开发和发布多媒体（包括文字、图形、音频和视频）体验与富交互（Rich Interface Application）的网络交互程序。其内容依靠 XAML（可扩展应用程序标记语言）承载。在多媒体支持和性能改进方面，因为结合了 VS.NET 和 Expression Blend，使其可以脱离浏览器运行，而且在视频质量和图形处理能力的提升方面得到了更为可靠的保障。超过 300 个微软内部产品和网站目前在使用 Silverlight，包括 Microsoft Office Online、Windows Live、Microsoft Office SharePoint Server 和必应地图等。

（三）动画技术指标

帧率，或称"帧的播放速度"（fps 或 Hz）。网络动画的帧速率一般为每秒 12 帧，典型的电视动画使用每秒 15 帧，电影动画使用每秒 30 帧。

五、视频

（一）视频的定义

视频（Video）——泛指将一系列的静态图像以电信号方式加以捕捉、纪录、处理、存储、传送与重现的各种技术。视频技术不仅提供了更加逼真的视觉享受，而且提供更容易理解的信息交流方式。通过远程接入的方式，视频技术还解决了因地域差异而交流困难的问题，因此被广泛用于娱乐、培训、教学和会议等方面。视频信息大多通过光学仪器进行录制，然后转换成数字信息进行存储和处理。在后期处理中，要遵循一定的制式设定和格式，才能在处理过程中保证视频数字信息的完整。

数字视频（Digital Video）是指以数字信息形式记录的视频。数字视频的编辑通常是通过非线性编辑（Non-Linear Editing）系统进行的，磁带则是采用了线性编辑。

视频图像数据有极强的相关性，也就是说有大量的冗余信息。压缩技术就是将数据中的冗余信息去掉。视频编码方式是指通过特定的压缩技术，将某个视频格式的文件转换成另一种视频格式文件的方式。视频压缩分为无损和有损压缩两种，其中无损压缩的比例一般在20%—50%之间，而有损压缩可以实现更高的压缩比例。视频编解码器（Video Codec），是指能够对数字视频进行压缩或者解压缩的程序或者设备，通常这种压缩属于有损数据压缩。目前广泛用于视频传输设备中的编码技术是H.264，MPEG系列标准和微软WMV9。

（二）常见的视频文件格式

视频信息的格式有很多，目前最流行的格式有以下几种：

1. AVI 是音频视频交错（Audio Video Interleaved）的英文缩写，所谓"音频视频交错"，就是可以将视频和音频交织在一起进行同步播放。非压缩的 AVI 的优点是图像质量好、伸缩性好，可以跨多个平台使用，是非线性编辑常用的格式之一。

2. WMV（Windows Media Video）是微软公司开发的一组数字视频编解码格式的通称，包含：WMV、WMP、WM 和 ASF 格式的文件。

3. FLV 是 FLASH VIDEO 的简称，FLV 流媒体格式是一种新的视频格式，由于它形成的文件极小、加载速度极快，使得网络观看视频文件比较流畅，有效地解决了视频文件导入 Flash 后，使导出的 SWF 文件体积变得很大的缺陷；另外，FLV 集成了 Flash 编解码能力，使得 Flash 的播放更容易，不再需要 Flash Player 的辅助。

4. MOV（Quicktime Movie）是苹果操作系统上使用的标准视音频文件格式，起初是苹果公司采用的面向最终用户桌面系统的低成本视频的解决方式，现在已成为电影制作行业通用的格式。

（三）视频技术指标

1. 视频画面更新率（Frame Rate）

"画面更新率"也称"帧率"，跟动画中的"帧率"原理相同，是指视频格式每秒钟播放的静态画面数量。PAL（欧洲和亚洲）电视广播格式规定其画面更新率为 25 fps，而 NTSC 制式（美国、加拿大、日本等国家）则规定其更新率为 29.97 fps。标准的电影胶片通常是帧率为每秒 24 帧，达到最基本的视觉暂留效果大约需要 10 fps。

2. 比特率（Bit Rate）

视频中的比特率原理与声音中的相同，比特率与现实音频对照如下：

* 16 kbit/s — 可视电话质量
* 128–384 kbit/s — 商业视频会议系统质量
* 1 Mbit/s — VHS 质量
* 1.25 Mbit/s – VCD 质量
* 5 Mbit/s — DVD 质量
* 15 Mbit/s — 高清晰度电视（HDTV）质量
* 36 Mbit/s – HD DVD 质量
* 54 Mbit/s – 蓝光光碟（Blu-ray Disc）质量

3. 可变码率（Variable Bit Rate，简写为 VBR）

可变码率是一种追求视频品质提升并同时降低比特率的手段。采用 VBR 编码的视频在大动态或复杂的画面时段会自动以较高的速率来记录图像，而在静止或简单的画面时段则降低速率，这样可以在保证画面品质恒定的前提下尽量减少总的数据传输量，但对于传送带宽固定，需要即时传送并且没有暂存手段的视频流来说，固定码率（Constant Bit Rate，CBR）比 VBR 更为适合。视频会议系统是 CBR 的一种实例。

4. 视频文件的大小

视频文件的大小取决于视频长度和视频比特率，计算公式是：视频文件大小 = 视频长度(s) × 比特率 /8

这里时间单位是秒，比特率除以 8，得到该视频每秒的文件大小。视频长度为 100 分钟（6 千秒）的 DVD，视频文件的大小大约在 3.7GB，即 6,000s*5Mbit/s /8= 3.7GB。

5. 长宽比（Aspect Ratio）

长宽比是用来描述视频画面与画面元素的比例。传统的电视屏幕长宽比为 4:3，高清和电影的长宽比多为 16:9。

（四）视频压缩技术

视频压缩技术是计算机处理视频的前提。视频信号数字化后数据带宽很高，通常在 20MB/ 秒以上，因此计算机很难对之进行保存和处理。采用压缩技术以后一般可以降低 50% 的数据量，以方便视频信息的保存、传输及综合处理。所以，压缩的目的是便于数字视频信息的保存和处理。

视频编解码器都遵循一定的标准，对视频信息或信号进行编解码操作，从而使编码的码流具有互操作性，实现信息传输和处理的目的，实现由 A 编码器编成的码流可以由 B 解码器解码。

另外，在一定程度上，压缩技术的成熟性决定着压缩后视频的质量。

WMV 广泛应用在互联网视频和高清视频上。其中，视频压缩器 WMV 9，被广泛用于视频压缩的处理中，已被电影电视工程师协会定义为视频编解码器 –1 标准（VC-1），其配套的音频编解码规范为 WMA 。

六、交互

（一）交互的定义

交互也称为交互操作，是多媒体的典型特征之一，把人的活动作为一种媒体加入到信息传播过程中，将人们获取和使用信息的方式从被动变为了主动，不论是发送方还是接收方都可以对信息进行编辑、控制和传递的特性。交互性增加了对信息获取、理解和传播的途径，提高了信息处理的效率。

人机交互，即 Human-Computer Interaction，简称 HCI，是专门研究系统与用户之间交互关系的学科。为了衡量系统界面与交互是否友好，从而诞生了"易用性"或称"可用性（Usability）"方面的研究。

（二）交互技术

多媒体人机交互技术是多媒体技术和人机交互技术的结合。多媒体信息表示的多样化为多媒体人机交互提供了多种可能性，从而产生了基于视线跟踪、语音识别、手势输入、感觉反馈等多种形式的交互手段。

多媒体交互技术是区别于上述其他五种多媒体元素的一种特殊的内容载体，是视频、动画、音频、图像和文字之间信息传递与交换的渠道，是将这五种元素以一定组织形式传递到外界，并在使用者与浏览者之间建立的一个桥梁。

Flash 中的交互大多通过事件属性或 Action Script 脚本语言来实现的，AS 文件一般用于存储 Action Script 脚本代码，这种分离的存储方式可以更好地对多媒体文件结构和版本进行控制，尽管 FLA 文件也可以直接存储；在 Silverlight 中使用控件实现交互更加方便。另外，以数据库技术为基础的动态网页技术（CGI、ASP、JS、JSP、PHP 等）也能够很好地支持和实现交互功能，在动态网页中，嵌入多媒体元素，不但为多媒体的呈现提供了方式，还可以实现内容与形式的分离，实时对内容进行更新，是多媒体课件开发中不可或缺的一项技术。

多媒体相关技术的叠加和彼此间的相互作用，以及新技术的不断产生使得多媒体的构成日新月异。

第四节 多媒体的本地化流程

多媒体的本地化流程相对于软件和网页的本地化，在流程的变化上更为复杂，主要原因有三个：多媒体组成元素的多样性、处理工具的多样性以及实际应用中本地化需求的多样性。因此针对多媒体进行本地化前，要对其流程进行选择、组合并固化，进行足够的分析，根据需求，对组成元素作出正确的判定，从而选择最合适的工具。

根据多媒体本地化的特点以及实践中总结的经验，建议将多媒体的本地化流程按需求和处理对象的不同分成以下几个子流程，在需要的时候，可以对几个子流程进行组合。

一、多媒体制作工具

多媒体编辑工具包括图形图像处理软件、动画制作软件、声音编辑软件以及视频编辑软件。除此之外，为了适应多媒体课件的制作与本地化需求，一些专业化水准较高的多媒体课件制作公司还研发了可以支持多媒体课件创作的应用程序和平台，将多媒体课件的开发、制作和发布的整个流程集成到一起，不但提高了创作效率，也提高了生产多个本地化版本的生产效率。大体上这些平台都是一些应用程序生成器，它将各种媒体素材节点化，并以超文本链接的形式进行组织，形成内容管理和发布的平台。

常见的图形图像处理软件包括：Adobe PhotoShop、CorelDraw 和 Illustrator；PC 屏幕拍图工具包括：HyperSnap 和 Snagit；若在 Mac 上屏幕拍图，可以使用 Ambrosia 公司专为兼容 QuickTime 设计的 Snapz Pro X 屏幕截取工具。

常见的音频编辑工具包括：Sound Forge、Audition（Cool Edit）和 Wave Edit。推荐使用的语音识别工具为 IBM 研发的 ViaVoice。

Adobe Flash 和 MS Silverlight 是使用率最高的交互网站制作与本地化的工具。Adobe Premiere、After Effects 和 Camtasia Studio 是常用的视频工具。

随着课件制作越来越广泛，Articulate 和 Adobe Captivate 可以发挥各自的专长，支持课件开发与本地化的顺利进行。以上涉及的工具已经成为多媒体工程人员必须掌握的专项工具技能。

二、图形文件的本地化流程

（一）图形本地化工程任务简介

图形文件的本地化过程中，主要由屏幕拍图和图像编辑两项工作组成。

所谓屏幕拍图（Screenshot），就是按照源语言的图形文件的内容、大小、分辨率、色位信息和窗体样式等参数信息，在尽可能与原图像这些参数和信息保持相同的原则基础上，在本地化翻译后的软件或网页上进行截取的过程。屏幕拍图的目的是为了作为文档、课件、动画或视频本地化的基础元素，是多媒体本地化的核心工作之一。

本地化中的图像编辑多被称为"修图"。修图（Art Making, Image Fake 或 Image DTP），是在屏幕拍图的基础上进行的一种延续性优化，也可以直接在 PSD 等可编辑图形格式上进行特效加载或文字编辑。为了便于在工作安排中加以区分，前者已经被归入"屏幕拍图"的范畴，作为标准屏幕拍图流程的一部分；而后者则更突出文字编辑和特效制作的需求，经常被纳入 DTP 桌面排版的工作范畴，在需要的时候，可以由 DTP 桌面排版工程人员分担。

（二）屏幕拍图本地化工程流程

屏幕拍图本地化的工程流程包括以下几个方面：

1. 确认屏幕拍图相关信息

一般的屏幕拍图信息为：图像大小、分辨率、色位和窗体样式。这个过程是屏幕拍图工作的分析工作，根据源语言的图形文件样式和相关参数，得出初步结论，并提交客户进行确认。这个过程体现了本地化屏幕拍图的专业性，是决定本地化屏幕拍图质量的关键性步骤。

（1）本地化后的图像大小应保持与源图形文件的大小一致，以免因图形尺寸的差异，在图形插入的位置造成布局上的拉伸或页码上的错行等问题。之所以要确认图像大小，除以上原因以外，还有一个原因是本地化后软件界面本身存在的变化。一些对话框或菜单栏的尺寸经常为了避免翻译后的显示问题而进行调整（UI Resizing）。屏幕拍图中如果恰好碰到此类情况时，图像大小就不可避免的与源图形文件产生了差异，因此要和客户确认本地化后的图像是优先保持大小一致，还是尊重翻译后的界面尺寸，尽可能地减少修图的痕迹和成本。

（2）显示分辨率的信息可以通过检查客户提供的源语言图形文件的分辨率得到，但在开始生产前，应对显示分辨率和输出分辨率与客户进行确认。如果没有标准或要求时，输出分辨率一般多采用 96 DPI 或不低于 72 DPI 的设置。

（3）色位信息的确认过程同上分辨率。

（4）窗体样式是指依据源图形文件中所拍摄的窗体界面的显示风格，对操作系统的类型（Windows 或 Mac）、版本（Windows 7 或 Windows 2003 Server…）以及窗体风格的设置（经典风格或 Windows XP 风格）进行初步判断，并提给客户进行确认。只有得到正确的屏幕拍图系统环境和显示参数设置，才能开始下一步的系统搭建和准备工作。

2. 确定屏幕拍图环境信息

（1）确定操作系统的类型和版本。

（2）确定获取本地化后的相关软件程序的方式（由客户提供、购买、下载或快递寄达）。

（3）确定安装本地化系统和软件所需的时间和硬件。

3. 拟定屏幕拍图工程计划

（1）根据上述屏幕拍图相关信息制定本地化工程工作包，即屏幕拍图工程工作指导书。

（2）确定项目时间表。

（3）确定人员安排，并明确分角色的职责。

（4）确定提交物，并创建用于状态追踪的图形文件列表。

4. 搭建本地化的屏幕拍图环境

（1）搭建本地化环境即安装用于屏幕拍图的本地化操作系统、相关本地化应用程序软件以及屏幕拍图软件。

（2）为了减少硬件成本和放置硬件的空间，在图形文件的质量不受影响的前提下，可以选择使用虚拟技术（例如 VMWare、Hyper-V 等），尤其是目标语言较多的情况，但前提是，最好得到多媒体工程主管的批准，从而避免某些虚拟技术难以实现的效果无法在屏幕拍图中再现的潜在风险。

5. 屏幕拍图

（1）按照分配后的图形文件列表，在本地化屏幕拍图环境上逐一进行图形截取。

（2）为了提高效率，应尽可能安排同一名屏幕拍图工程人员完成某一图形文件在其他所有目标语言平台上的截取工作，不仅便于追踪各目标语言图形文件的截取状态，更主要的是同一个图形文件在不同语言上的复现步骤几乎相同，因此熟悉复现的过程后，便可以节省用于复现的时间，从而提高效率。

6. 修图

（1）按照源语言图形文件中的特殊效果、图形处理（裁切、比例放大或缩小）或来自图解信息（Call-out）方面的需求，对截取的目标语言图形文件进行修图。

（2）如果存在图解信息等方面的文字编辑，还需要在搭建环境的同时，对文字提前进行提取和翻译的工作，并建立 PSD 文字图层。

（3）图形文字的提取可以遵循"表6.1 图形文字提取模板"进行准备并翻译，包括了图片路径信息、作为翻译参考的图片、图片中的需要翻译的英文以及翻译。翻译人员不需要修改任何字体或样式，只需要将右面"Translation"列的英文替换成目标语言的翻译即可，待所有待翻文字翻译完成后，由工程人员再根据左右原文和翻译的对应关系，将目标语言的翻译贴回到 PSD 图形文件的文字图层中，调整文字图层的显示，最后输出成与源文件格式一致的图形文件。

表 6.1　图形文字提取模版

English Text	Translation
D:\@Book09-10\目录\image\Intro\page1-1.tif	
Multimedia Image	
Multimedia Image	多媒体图像
1 image needs to be localized!	

7. 检查

（1）根据屏幕拍图需求和一般性屏幕拍图标准对最终的提交物进行验收，提交前保证所有提交物列表中的文件均已截取完毕。

（2）除了图像大小、分辨率、色位和窗体样式等需要作为常规检查项进行检查以外，还要根据目标语言的特点进行检查，比如，修图中如果存在亚洲语言或双向语言，应当确认是否在修图时，应选中文字的"Anti-Alias"选项，从而增强字体显示的圆润，避免放大后出现锯齿。

（3）如果是一组内容相近的图片，应在图片浏览器中连续播放，着重检查是否会因为窗体位置或图像大小等差异造成跳动。

三、音频文件的本地化流程

（一）音频文件本地化任务简介

音频文件的本地化过程中，主要由音频前处理、录音和后期处理三个主要步骤组成：

1. 音频前处理

音频前处理主要是确认对应音频文件的音频脚本（Audio Script）是否齐全，将任何需要翻译和录音的音频脚本准备好，对缺失的音频脚本应安排进行人工听录（Transcription）或通过语音识别软件进行声音到文字的自动识别和转换。人工听录应由语言专家或翻译人员担任。

2. 录音

录音过程一般由项目经理进行安排和管理。在翻译音频脚本的同时，应由项目经理根据脚本内容和声音要求（比如年龄、性别、录音用途等）寻找合适声色的录音员，预定专业录音棚。

需要注意的是，在一般情况下，专业录音员和录音棚的单位成本较高而且存在最低收费，所以工程人员应提前做好脚本准备，对角色的划分要准确无误，而且要保证所有的音频内容都已经准备到位，没有遗漏，以免进行二次录音造成额外成本。

3. 音频后处理

音频后处理是对录制后的文件进行检查和处理的过程。

（二）音频本地化工程流程

音频文件本地化的工程流程包括以下几个方面：

1. 音频前处理

音频前处理表是音频前处理的重要工序，包含了任何需要翻译或录音的内容。音频脚本的准备应考虑到如何方便后面的录音工作，为录音做好准备。首先，要为音频文件和脚本确立对应关系；其次，根据音频文件中的角色特征对角色种类进行定位和区分，并分角色对每一个角色的脚本数量

表6.2 音频前处理表

课程名：	Course_1		
字数（Words）：	200		
配音员：	XXX		
角色信息：	CEO_Male_#1 (Steve)		
目标语言：	Simplified Chinese		
音频文件名	角色	源语言音频脚本	目标语言音频脚本
Intro_1.mp3	Steve	Ladies and Gentlemen, today…	女士们，先生们，今天…

进行统计，从而方便项目经理安排专业录音员和录音棚；最后，确定音频脚本的翻译总字数，从而方便项目经理确定翻译周期。

表6.2为录音准备的音频前处理模板，在没有原始音频脚本的情况下，应先根据音频文件进行听录，将源语言脚本列入"Source Script"，然后统计字数，并由翻译人员对其进行翻译，翻译后的脚本被填入"Target Script"，最后送录音棚由分角色的专业录音员对其进行录制。

2. 音频后处理

音频后处理应包含如下几个步骤，以此保证本地化后的音频质量：

（1）检查录制后的音频文件（如wav或mp3）的内容和数量是否与音频脚本（Script）一致。

（2）本地化后的音频声音的角色区分与源文件一致，特别是男声与女声的选取要一致。

（3）检查音频文件的参数值，采样频率、比特率和声道数是否与源音频文件一致。如图6.6音频文件的参数值所示。

（4）从录音棚录制完毕的音频文件一般为未经压缩的WAVE文件，目的是最大限度的保持原有音频质量，为后期压缩或降噪处理留有余地。

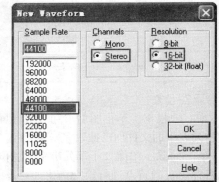

图6.6 检查音频文件的参数值

（5）降噪（Denoise），即通过音频处理工具中降噪功能对音频文件进行降噪处理，如Sound Forge中的"Effect"–"Noise Gate"菜单项就可以有效做到对噪声的去除。

（6）压缩并输出——选择符合源音频要求的音频编解码器，对音频文件进行压缩。

四、动画文件的本地化流程

（一）动画文件本地化工程任务简介

以Flash动画为例，动画文件的本地化过程中，主要由动画前处理和后期合成两部分组成：

1. 动画前处理

假定动画中不包含视频，动画前处理主要包括：文字图层的抽取、内容文件的准备、图形文件处理、反编译出可编辑的动画文件以及音频文件的准备。

2. 动画后期合成

包括文字合成、图片合成、音频合成、动画输出和质量检查。

（二）动画本地化工程流程

动画本地化的工程流程包括以下几个方面：

1. 动画前处理

（1）文字图层的抽取方法

* 使用Text Catalog Tools抽取FLA文件中的文字。

* 在没有提供FLA文件的前提下，使用SWF2HTML工具，从SWF文件中抽取文字。

以上两个方法除了使用条件不同以外，前者Text Catalog Tools支持文字抽取和导入的双向自动化，而且可以抽取部分动态文字，不能自动抽取包含在Action Script中需要翻译的内容；而后者只能抽取静态文字，不支持导入，在合成到Flash文件中时，需要手工将翻译后的文字粘贴回反编译出来的FLA文件中。

两个工具可以很大程度提高Flash动画本地化的效率，减少手工抽取和导入动画文字所花费的时间；在提供便利的同时，这两个工具在文字抽取方面也存在局限性，不能完全信赖自动抽取的结果，应将抽取后的文字，与实际 SWF 中存在的文字进行对比，尤其是 Action Script 中的文字或动态调用较为复杂的 Flash 文件。遗漏的文字应手工抽取出来，放到统一的模板中，模板设计可以效仿"表 6.1 图形文字提取模板"。

（2）使用 Text Catalog Tools 抽取 FLA 文字的过程
* Text Catalog Tools 支持抽取 FLA 文件中的文字。Text Catalog Tools 支持 Adobe Flash MX 2004 及以上版本所生成的 Flash 文件，通过 Adobe Extension Manager 在 Flash 中成功加载该插件后，通过 Flash 窗体控制面板（"Window"–"Other Panels"）调用该程序。参见图 6.7 Text Catalog Tools 中的抽取和导入功能。

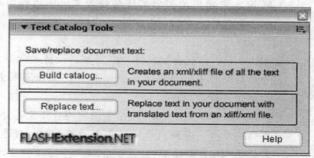

图 6.7　Text Catalog Tools 中的抽取和导入功能

* 单击"Build Catalog"，即可以将当前打开的 FLA 文件中的文字抽取出来，并存成 XML 格式。
* 配合 MS Excel 插件 XliffEditor.xla 使用，在 MS Excel 中使用"Xliff"–"Open Xliff file"菜单项将抽取出来的 XML 打开，这时，XML 就会被自动处理成带有 <source> 列和 <target> 列的 Xliff 格式。所谓 Xliff，可以理解成带有 <source> 和 <target> 节点的 XML。
* 使用 MS Word 将 Xliff 文件转换成 RTF 格式，将其编码转成 UTF-8，建立 Parse Setting 将 <source> 设定为外部样式 [tw4winExternal]。

（3）内容文件的准备
* 除了上述文字抽取方式以外，Flash 动画正在推广新的文字调用方式，以达到将内容和形式分隔的目的。它将动画要表达的文字内容都集成到 XML 文件中，再通过动作脚本（AS）方式进行调用。这种方法，可以直接将 XML 进行 Markup 准备，提高了本地化翻译的效率，整个本地化过程不需要深入了解 Flash，就可以完成。例如，对 Flash 中文字显示的调整，只需要修改 XML 中文字显示的位置或长度信息即可。

（4）图形文件处理
* 图形文件处理应遵循上述"屏幕拍图"和"修图"的过程进行本地化。

（5）反编译出可编辑的动画文件
* 如果无法提供 FLA 文件，而只提供了 SWF 文件时，只能通过反编译这一补救方法。
* 常用的 SWF 反编译工具为 Sothink SWF Decompiler，这个工具可以解析 Shockwave Flash 格式（即 SWF）的文件，将 SWF 文件转换成可编辑的 FLA 文件，同时可以成功解析并导出的含有组成 Flash 动画的组件，如文字、图形文件、音频文件、按钮、脚本（包括 Action Script 2.0）以及嵌入的 Flash Video 文件（FLV）等。

（6）音频文件的准备
* 音频文件的准备工作可遵循上述音频本地化工程流程中第 1 段"音频前处理"中所描述的过程。

2．动画后期合成

动画后期合成，包括文字合成、音频合成、动画输出和质量检查。

（1）文字合成

如果文字的抽取是使用 Text Catalog Tools 方式抽取的，则文字导入的过程就可以视为合成的过程。具体如下：
* 使用 MS Excel 将翻译好的 Xliff 文件打开，检查"target"列是否已经翻译无误。
* 使用本地化文件处理工具 Rainbow 将翻译好的 Xliff 文件转换成 XML。

* 调用 Text Catalog Tools，点击"Replace Text…"，选择需要导入的 XML，将其翻译后的内容导入到 FLA 文件中。
* 输出 SWF，检查文件中的文字部分是否已经被翻译，通过调整文字图层的大小，对其进行布局调整。
* 如果某个 FLA 存在手工抽取的文字，则需要手工填入相应的图层或 AS 中，完成文字合成。

（2）图片合成
* 将 FLA 中调用的图形文件替换成本地化后的图形文件，应该尽量保证图片的大小没有变化，从而简化合成中因图片大小而造成的布局调整。

（3）音频合成
如果 Flash 中存在音频文件，则需要进行音频合成。该步骤包含以下 3 个步骤：
* 音频后处理——根据上述音频本地化工程流程中第 2 段"音频后处理"中所描述的过程对音频文件进行后处理。
* 音频文件的替换——将 FLA 中调用的音频文件替换成本地化后的音频文件。
* 音频同步——音频同步的调整分为两种，一种是在 Flash 调用的脚本或标记文件中（比如较为常见的 XML 文件），对控制音频文件播放长度的变量 Duration 参数进行修改，以适应本地化后可能变化的播放长度；另一种是在 Flash 中直接调用的音频文件中，调整其时间轴以配合关键帧中动作的时间。

（4）动画输出
* 做好本地化相关的文字和音频合成后，即可输出发布成可以在浏览器中浏览的格式，以方便检查。对于 Flash 动画，可以发布成 SWF。

（5）质量检查
本地化后的动画文件需要检查的主要选项为：
* 没有乱码。
* 没有字体或图片截断现象。
* 确保所有可翻译的文字、图片和声音均已得到正确的本地化翻译处理。
* 动画播放中出现鼠标轨迹、连续性图片演示、文字输入演示等环节，应保证动画的连贯与顺畅，不应出现鼠标跳动、或画面跳帧等现象。
* 音频已同步。
* 确保本地化后的动画在内容上与源语言动画文件一致。

五、视频处理工程流程

（一）视频本地化工程任务简介

按照本地化需求划分，视频文件的本地化过程中，主要有三种不同的本地化需求类型，包括仅字幕本地化、仅声音本地化、声音和视频全本地化。前两种中"仅"字代表在本地化后的视频中，仅有部分信息被翻译，而第三种则属于视频中的全部信息都被翻译的情况。一般情况下，这三种类型的视频本地化所需要的本地化开支成递增趋势，出于本地化需求和项目经费的考量，可适当进行选择。

1. 仅字幕本地化（Subtitle Localization）
即视频中的声音和视频图像本身仍保留源语言，但为了便于用户了解视频所要表达的内容，只翻译字幕或叠加目标语言字幕，这是一种最简单的视频本地化方式。

2. 仅声音本地化（Audio Localization）
即视频中只有声音部分被本地化，而视频图像本身仍保留源语言。

声音本地化中，又分为两种，一种被称为配音（Dubbing），即将源语言的音频文件替换成翻译后的语言；一种被称为声音叠加（Voice Over），即将源语言的音频文件的音量减小后，将翻译后的音频文件加载上去，音量略高于源语言的音量。配音的形式比声音叠加在本地化形式上更为彻底，但声音叠加往往出于保留原始语音的考虑，给用户及观众以身临其境的现场感受。

3. 声音和视频全部本地化（Audio + Video Fully Localize）

声音和视频都得到充分的本地化。

视频图像的本地化一般有两种方法：一种是抓取本地化界面的图形文件，然后制作成视频动画再输出成视频格式；另一种是直接摄录本地化后的图像，输出成视频。前一种方式的可以使用 Captivate，后一种使用 Camtasia Studio。

（二）视频本地化工程流程

视频本地化的工程流程按上述三种类型，对应三个流程，各有侧重。以下分别介绍视频中的字幕本地化、音频本地化和音频合成以及视频本地化三个流程：

1. 加字幕

如果提供的源语言视频文件已经带有字幕，可以根据字幕文件，确定字幕的内容，并将其准备成便于翻译的格式。

得到翻译后的字幕后，应根据源语言视频中字幕显示的字体、效果和颜色，以及目标语言的种类，选择可以支持的软件加字幕。如果在播放源语言视频时，字幕默认打开，本地化后的字幕也应该具备默认打开的能力。

常用的加字幕软件为 Premiere Pro。通过 Premiere Pro 将 XML 格式字幕文件加载到 WMV 视频文件中，一般经历以下几个步骤：

（1）在 Premiere Pro 中创建字幕层。

（2）在字幕层上或在翻译后的字幕文件上调整字幕做到以下三点：

* 每一个时间点或每一屏只对应一句字幕。

* 翻译后的字幕如果字符过多，应请翻译人员视情况进行缩短或将一句字幕分成两至三行显示。

* 字幕断行，应符合目标语言的语言文化习惯和语法，不应破坏字幕所要表达的内容或造成歧义。

（3）在 Premiere Pro 提供的"Area Type Tool"中调整字幕属性及设置，包括对齐属性、坐标位置、字幕层的宽×高值、字体、字号和显示样式等。各目标语言使用的字体会有所不同，特别是亚洲双字节语言，但字幕的高度和宽度应尽量与源语言字幕的值保持一致。

（4）发布前，应确认视频编码及视频属性信息，保证其与源语言视频文件一致。

（5）发布后，带有本地化后字幕的视频应安排以下检查项：

* 确保字幕中不存在文字截断。

* 字幕、声音以及视频画面中的动作之间应保持同步。

* 字幕显示的时间应与该句在 Audio 中的长度一致。

* 字幕长度可以合理显示在屏幕的正下方，字幕两边应留有一定的宽度。

2. 视频中的声音本地化

如前文所介绍的那样，视频中的声音本地化分为两种，即配音和声音叠加。两者区别在于，配音比声音叠加翻译的更为彻底，但后者往往出于保留原始语音的考虑，给用户及观众以身临其境的现场感受。

将音频加载到视频以前的翻译过程，与上文中介绍的音频前后处理相同。与动画音频合成相似，翻译后的音频一般遵循以下过程加载到视频文件中：

（1）在 Premiere Pro 中打开视频文件。

（2）导入处理后的本地化音频文件。

（3）音视频同步，同步的总原则是尝试将翻译后的每个声音断句的起始时间与翻译前相应句子的起始时间进行近似处理。为了做到这一点，需要注意以下两点：

* 控制视频文件的总长与源视频总长一致。本地化后的音频脚本字符数增加（如日语、俄语等）造成的局部音频播放时间加长，只能通过延长局部静止视频画面的播放时间，从而形成同步；因此，在不可避免地对源视频文件的长度进行调整时，又会引入新的问题，即造成局部视频长度加长，累积后视频总长就会超出原始长度，造成视频容量加大、数据负载。为了保持视

频总长尽量不变，应适当进行局部长度的删减，从而抵消延长部分。删减的位置应在视频和音频的留白处（音频中没有文字性声音内容且视频图像不发生内容变化的局部静止画面，称为"留白"）。

* 如果音频变短，也可以采取相反的策略，即加快动作、缩短静止画面、与缩短后的音频形成同步；同时为了抵消削减的部分，在其他留白处适当作延长。

（4）输出视频前，应确认视频（视频分辨率、色位及编码）与音频（编码、采样频率、比特率和声道数）等属性信息，保证其与源语言视频文件一致。

（5）输出视频后，应对带有本地化后音频的视频作如下检查：

* 执行前文中"音频后处理"的检查。
* 翻译后的音频尽量与视频图像中的操作保持同步。
* 本地化后的视频文件的长度和大小，应与源文件保持一致，如果存在差异，应该是在预先确定的范围内。
* 视频播放中，清晰度与连贯性与源文件一致，没有受到影响。
* 音频播放顺畅，没有明显感到过快或过慢，以至影响清晰度或连贯性。
* 播放时，默认音量适中，尽量与源视频中的默认音量一致。

3. 声音和视频全部本地化

视频本地化的过程就是在本地化后的界面上截取图像、修图或直接录制成视频的过程，在流程上一定发生在上述"音视频同步"之前。录制后的本地化视频，经过上述音频合成和字幕合成的过程，可以得到经过完整本地化处理后的视频文件。

基本原则是保证录制出来的视频内容、视频窗体大小、视频长度和清晰度均要与源语言的视频一致，视频连接处的过渡要自然、平稳、准确。

Camtasia Recoder 是一款用于录制本地化界面操作的视频录制软件。通过 Camtasia Recoder 可以在本地化后的软件中，录制屏幕中一定范围的操作过程，从而达到视频本地化的目的。

在本地化界面上录制视频的主要步骤有：

（1）配置录制操作平台。

* 安装与原视频一致的操作系统及系统版本，在特定要求下，可以安装目标语言版本的操作系统。
* 确定并设置屏幕属性并使用正确的显示器——确定源文件录制时的分辨率和屏幕长宽比例，如果不能从源语言视频中判断出来，则应向客户进行确认。一般屏幕分辨率为 1024×768 像素，使用的屏幕宽高比例为 4:3，这样才能保证视频输出的宽高比（Aspect Ratio）为常规的 4:3。在这种情况下，应避免使用宽屏显示器（16:9）进行视频录制。
* 确定并设置显示属性——在 Windows 显示属性中设置与源视频文件中相同的对话框显示样式，包括 Aero Glass、字体大小、色彩、样式及效果等。
* 用于录制的平台应尽量不安装或出现任何其他与拍摄内容无关的软件，屏幕桌面和系统工具栏应尽量保持整洁。
* 在录制平台上创建与拍摄内容有关的用户名、账户信息、盘符路径和文件夹路径。
* 安装 Camtasia，将其在系统工具栏中的图标设为"隐藏"，与源文件保持一致。
* 在本地化系统上，安装将要录制的相关本地化软件。

（2）配置 Camtasia 的相关参数设置。

* 在 Camtasia 的工具选项中，确定输出格式等相关选项及参数设置。
* 设定 Hotkey 以方便录制的控制，一键控制录制的开始或暂停，提高效率，例如 F9 是 Camtasia 默认的鼠标位置存储/还原键，在鼠标下一个操作开始前，可以通过按下 F9，将当前鼠标的位置坐标记录下来，重新开始录制时，再按下 F9，鼠标就可以回到上一个动作停下的位置，保证鼠标的屏幕坐标前后一致，保证了操作的连贯性。

（3）确定并提取 Sample 样例文件进行翻译。

* 录制过程中经常会使用到 Sample 文件，应向客户确认是否需要翻译 Sample 文件。
* 若确定需要翻译，应对 Sample 中可以翻译的内容进行提取，Sample 中经常出现的公司名称、人名、地名或其他专有名词，应建立词汇表，以防止两个 Sample 中或音频与视频图像中出现不一致的名词翻译，影响视频的准确性。

（4）根据故事板（Storyboard）或者原视频进行录制和编辑。
* Storyboard 也就是视频制作的剧本。它提供了视频中将要描述的场景、操作步骤、音频脚本和源语言软件版本上截取的示意图，是视频制作和本地化中不可缺少的剧情蓝本。下表 6.3 为 Storyboard 的示意样式。

表 6.3 Storyboard 的示意样式

Myproduct _General_Introduction.avi			
场景 #5	操作步骤	音频脚本	示意图
打开一个 Sample 项目文件。	"文件" -> "打开"	单击"文件"菜单项，在下拉菜单中选择"打开"，在弹出的"打开"对话框中，输入项目文件路径，选择项目文件并打开。	示意图
场景 #6	操作步骤	音频脚本	示意图
xxx	xxx	xxx	xxx
Myproduct _Setup_Guide.avi			
xxx			

* 创建 Camtasia 项目文件，格式为 .camproj。
* 在录制过程中，如果需要对当前录制的内容进行修改或删除，可以通过视频编辑功能来实现。

（5）存储项目文件（.camproj），输出 AVI 视频文件。
（6）压缩输出。
（7）输出视频后，应对本地化后的视频作如下检查：
* 对照 Storyboard 或原视频，检查视频内容（包括操作、Sample 样例文件、音频等）的完整性和一致性。
* 视频参数信息与原视频一致。
* 视频中本地化界面的窗体样式、字体、颜色与原视频一致。
* 压缩后，视频色位（没有明显色差）和播放连贯性（在连接处的过渡自然、无跳帧和抖动）与原视频一致。
* 声音、动作和视频图像应同步，与原视频一致。
* 鼠标运动连贯、速度和停顿的位置与原视频一致。
* 视频录制的长度在一定范围内，考虑到音频同步时可能造成的消耗，可以在录制中预留一定的"留白"，也就是说稍长于原始视频的长度。

第五节 标准任务分配表和生产文件夹结构

一、多媒体课件工程标准任务分配表

多媒体课件集合了视频、音频、动画、图片、文字等元素，通常借助动态网页实现交互，是本地化项目中常见的一种业务类型。在介绍其标准生产流程之前，先了解一下多媒体课件工程的标准任务分配表。

标准业务分配表是给工程人员分配多媒体工程任务时，所使用的标准表单，其作用是规范该项工程工作在实施阶段前，必须向客户确认的项目需求和项目必要信息，从而在项目初期，发现技术瓶颈或项目可行性上可能存在的风险，主动减少因团队合作、沟通交流与文化等因素造成的理解上的偏差。该表单的建议设计如表 6.4 所示：

表 6.4　多媒体课件项目的标准任务分配表

多媒体课件项目的标准任务分配表		
基本信息		请在下栏中填写
1	列出目标语言	
2	任务开始和结束时间（如果可以分语言/分批提交，请注明）	
3	预计工程工作所需的总时间（每种语言）	
4	预计多媒体课件验收测试时间（每种语言）	
5	需要提交的本地化文件，技术参数及格式（分类列出）	
销售阶段信息		
6	是否存在报价/工程小时预估信息	是 | 否（如果是，则表明文件位置）
7	是否存在已经经过工程分析并准备好的源文件	是 | 否（如果是，则表明文件位置）
工具		
8	要求使用什么工具及版本信息	
9	该工具是否支持所有目标语言	是 | 否（如果否，则应向项目经理提出）
文字抽取文件		
10	源文件路径	
11	源文件是否齐全	是 | 否（如果否，则应向项目经理提出）
12	翻译后的文件路径	
13	翻译后的文件是否齐全	是 | 否（如果否，则应向项目经理提出）
多媒体生产文件		
14	是否存在 Storyboard	是 | 否（如果是，则表明文件位置）
15	屏幕拍图所需的本地化软件是否已经提供	是 | 否（如果是，则表明文件位置）
16	图像文件的输出格式、分辨率和色彩数以及屏幕拍图所需的屏幕分辨率	分别列出
17	动画文件的格式，是否存在生产文件（FLA）	
18	音频文件是否存在音频脚本	是 | 否（如果是，则表明文件位置）
19	音频文件的输出格式、采样频率、比特率、声道数、编解码器	分别列出
20	视频文件的输出格式、比特率、画面更新率、屏幕分辨率、编解码器	分别列出
21	视频字幕文件的路径	是 | 否（如果是，则表明文件位置）
22	什么是最终提交物	清楚列出
23	本地化后的多媒体课件的发布，是否将作为项目范围的一部分	是 | 否（如果是，则应确定发布途径和方法）

二、标准生产文件夹结构

标准生产文件夹结构是按文件类型和本地化项目实施阶段特征而设计的，用于控制生产实施过程，包括过程文件的版本管理、文件类型管理、质量实施管理和过程管理。保证某一特定阶段产生的质量问题可以被准确地追溯，从而提高对生产过程及质量的控制。图 6.8 是多媒体课件本地化的标准生产文件夹结构。

"00_Source" 放置的是源语言文件，分为多媒体生产文件 "0_Production Files" 和合成后的课件文件 "1_Running Course" 分别放置，简单地说，就是把课件发布前后的源语言文件分开。分类放置，可以使工程人员对源文件的结构有更清晰的把握和了解，从而在源头避免了缺少文件或用错文件等常见质量问题。

"01_Markup Files Prep"放置的是需要标记的交互文件，比如，动态网页、样式文件、课件评估与测试文件或其他需要翻译的程序文件等。

"02_Art"放置的是需要翻译的图片文件，包括屏幕拍图和修图。其中"1_Extracted OnscreenText"放置修图中需要抽取的文字，抽取出的文字经过翻译流程后，进入修图环节，修好后的图片放置在"3_Art"中。务必将修图过程中产生的中间文件PSD、AI或TIFF文件也保留在这个文件夹中，以方便日后修改。"4_Screenshot"放置在目标语言环境上截取的图片。

"03_Audio"是音频文件生产文件夹，除了放置所有源语言音频文件外，"1_Extracted Scripts"是Audio文件的原始脚本文件，翻译后的脚本文件可以用于本地化音频的录制。

"04_Video"放置源语言视频和在本地化环境中采集后的视频，如果是视频格式的动画，则动画部分所需的图片，应在"02_Art"中完成图片的本地化，再回到此处合成为翻译后的视频。

类似的过程也适用于动画文件夹"05_Animation"中。"1_Extracted Animation Text"文件夹用于存放动画调用的文字，比如Flash调用的XML，或Silverlight调用的XAML，或者是从动画中的Text Layer、动态脚本中抽取出来的文字。翻译后的文字应放在"2_Target"中以备后期合成时使用。

将上面提到的各多媒体元素分开管理是质量保证的需要。经过翻译、后期处理后，通过检查，可以将质量问题控制在单个元素的生产过程中，从而尽早发现，尽早解决。最终将翻译后的各个多媒体元素以及源文件中不需要翻译的文件，集成到"06_Integration"->"Locales"->"0_Target Files"中，作为对目标语言进行发布前的环境准备，部分课件文件不需要额外的发布流程则可以省略同级文件夹"1_Target Output"，将翻译后的文件作为最终文件进行后续检查即可。对应不同的目标语言，"Locales"可以被替换成不同的语言名称。

然后"07_QA&LSO"是按目标语言放置功能和语言检查后的反馈信息。通过最终的质量检查，将最终提交给客户的文件，放置在"08_Final"中。

"Lockit"用于放置工程相关指导文件；"TM"放置各目标语言最新的翻译记忆库文件，其中"Analysis Log"放置各语言，各多媒体组成部分（分别计算或总计）的字数分析结果。

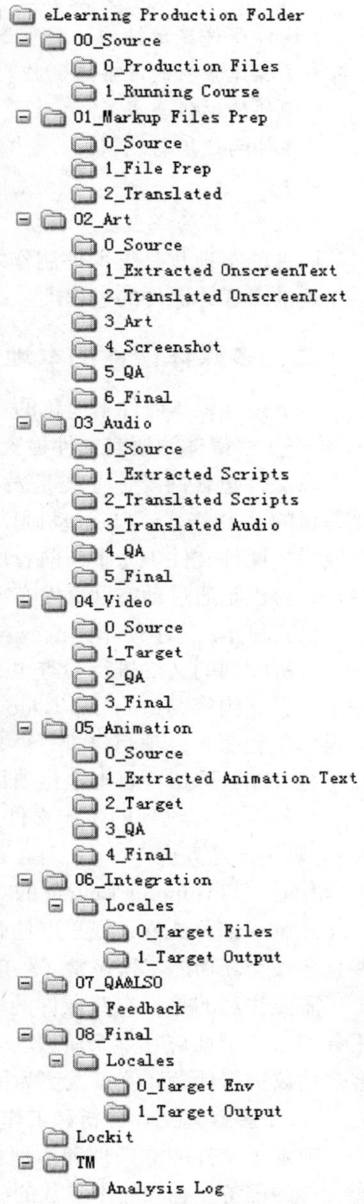

图6.8 多媒体课件本地化标准生产文件夹结构

以上推荐的文件夹结构可根据实际的多媒体工作范围进行结构优化和删减，减少冗余的文件夹。

第六节 多媒体eLearning课件

一、多媒体课件开发基本过程

多媒体课件的开发及制作过程分以下几个步骤：
* 教学内容的选择、课件设计可行性分析、课件需求分析。

* 根据教学目标要求，合理选择和设计多媒体表现元素和交互方式（设计顺序、跳转、嵌入、弹出等多种浏览方式）。
* 设计课件显示结构、发布位置和发布方式。
* 多媒体素材的准备与制作。
* 课件的编辑合成。
* 课件的试用与测试。
* 修改。
* 课件产品的成型。

课件的本地化是继课件制作之后的过程，是将其多媒体元素拆解后，逐一翻译并最终合成为本地化后的多媒体课件的过程。

二、多媒体课件的本地化流程

以下是多媒体课件本地化的主要流程和步骤：

（一）多媒体源语言文件检查

源文件包含两类，一类是发布前的文件（被称为"Production Files"），比如图片文件需要可直接编辑的PSD格式，Flash动画则一定是FLA格式，视频为AVI或CP格式的视频动画等；另一类是合成后的课件文件（为了与前者加以区分，合成后的课件被称为"Running Course"），在格式上比较多样，可以是通过动态网页发布出来的一组文件，这时图片已经成为JPG，Flash动画也已经以SWF输出格式显示；为了便于浏览或自动播放，还有的Running Course被处理成EXE格式。

对所收到的文件进行检查也是在这两类文件中进行，其目的是保证生产文件（Production Files）齐全，且其内容与Running Course中的内容相同，不存在版本差异，对任何异常应做到及时通报给多媒体工程主管或项目经理，然后进行是否可以本地化的可行性测试，通过伪翻译确认发布前后的文件是否能够支持所有本地化项目需要的目标语言。

1. 检查所有收到的生产文件，保证在源语言中，各类所需的文件类型（比如PSD、FLA、AVI、WAV等）已经齐全。
2. 通过与Running Course的对比，确定生产文件中的内容是否准确无误。
3. 翻译部分文件，或采取伪翻译，然后输出。验证输出后的Running Course是否支持目标语言，并且各项交互功能工作正常。一般的动态网页，可通过搭建IIS服务，建立虚拟服务器进行验证。

需要注意的是，有些课件的输出是通过第三方软件或程序实现的，而且可以直接发布到运行的服务器端。因此应在这个阶段与客户进行确认，如果需要额外的输出环境，则应在课件本地化前向客户建议进行伪翻译测试或更为彻底的国际化测试。

（二）多媒体文件分析和工作分解

确定了文件的准确性和本地化可行性后，进一步分析工程工作的范围（WBS）、工作量的估计、源文件的准备、各项技术参数的确定和需要翻译的字数分析等。

1. 工作范围分解（WBS）

根据已经确定的项目范围，对工程工作进行分解。因为多媒体课件中多种元素并存，而且要历经文字抽取、技术处理、合成、发布等相关步骤，所以能准确无误地对多媒体课件进行工程分解就显得格为重要，否则，如果在分析和分解过程中存在遗漏或盲区，则会影响整个计划及所需花费的准确性，甚至延误工程最终的提交。常见的多媒体课件工程任务分解结构，可参见表6.5。

表6.5　多媒体课件工程任务分解结构（WBS）

Localization Task Breakdown		
	File Vol./Wordcount	Estimated Engineering Time to Spend (Hours) per language
Engineering Pre- & Post Process	/	/

续表

Localization Task Breakdown		
Translation (Including dynamic codes, onscreen text, Flash text and audio script)	/	NA
Art Making + Screenshot	/	/
Audio recording	/	Skipped
Flash Integration + Audio Integration	/	/
Course Functional Testing & Regression	/	/
Course Linguistic Testing & Regression	/	Skipped
Course Debug	/	/
Total	/	/

2. 源文件分解和标记

在进行本地化工程生产之前，根据翻译和本地化的需求，应将多媒体文件分解成可以操作的两类文件，一类是需要重新录制和采集的文件；另一类是可以直接本地化，但需要进行文字抽取的文件。

其中，录制和采集的文件是指音频录制、视频和屏幕拍图采集。视频和屏幕拍图的采集需要在本地化环境中进行，需要复现步骤或 Storyboard 进行辅助。而音频则依靠对音频脚本的准备，包括脚本内容、用途、录音角色和音质的信息。

可以直接本地化的文件有动态脚本（交互代码）、动画和修图，绝大多数的动画可以通过替换本地化后的图像和文字实现本地化。对于这类文件，可以按照第三章介绍过的文件准备流程，对上述筛选出来的需要本地化的文件进行文字抽取和 Markup 工作。在由工程人员提交文件给项目经理进行翻译前，应对准备好的文件进行完整性检查，并安排样本动画和视频的伪翻译合成，目的是检验文件准备得是否齐全，而且目标语言是否可以被正常显示在发布后的文档中。

上述检查被确认无误后，由项目经理对翻译流程进行部署，从而得到翻译后的目标语言文件。

3. 反编译

对于没有提供生产文件的动画 Flash 文件，可以通过反编译的方式，对文件进行反方向解析，从而得到 FLA 文件和 Flash 的其他部件，如图片、代码和音频文件等。这种方式可以用于文件的分析，以得到近似的工程和翻译报价。由于可能存在反编译工具无法解析的内容，不推荐使用这种方式直接用于 Flash 的本地化生产。

4. 工作量估计和字数分析

经过准确的工作分解后，可以根据生产效率（Throughput）和文件数量对工程工作量进行估计。为了得到翻译字数，可对上述两类文件中抽取出来的文件进行字数分析。

5. 各项相关技术参数的确认
* 动态网页文件的字符编码方式
* 图片显示分辨率、输出分辨率和色位值
* 动画的帧率
* 音频采样频率、比特率、声道数
* 视频文件的比特率、编码方式和帧率

（三）本地化多媒体文件的录制或采集

1. 本地化环境搭建

对上述第 I 类需要录制和采集的文件要在本地化的环境平台上进行。搭建本地化环境后，如果没有复现步骤，则需要对被采集的软件或环境进行一定程度的了解，才能准确对需要采集的部分进行复现。另外，如果在配置过程中对涉及客户端/服务器（C/S）结构的信息交换，则需要更加熟练的专业背景知识才能做到。这一点应作为一个主要的风险，在项目计划时进行排查，如果存在，则应尽早做好应对措施。

本地化系统环境的搭建要考虑以下几点：
（1）软件的获取方式（是否存在软件或系统需要购买）

（2）对硬件配置的要求

（3）相关背景知识的支持来源和培训要求

添加字幕、音频合成或 Flash 中的字处理，只需操作软件支持目标语言，一般情况下不需要改变操作系统或语言设置即可完成，对本地化的系统环境准备要求不高。

2. 图像采集

按照图像中是否存在需要本地化的内容进行筛选，分别将需要屏幕拍图和修图的图片进行分类统计，然后另外建立屏幕拍图和修图的项目，并创建独立的生产文件夹进行本地化生产。屏幕拍图往往是修图前的步骤，只有屏幕拍图中存在图像采集。

图像只要能显示在电脑屏幕上，就可以通过屏幕拍图得到，这种方法能够解决很多难题，如遇到只能显示不能另存或下载时，使用键盘上的 Print Scrn 键，结合 Windows 自带的画图软件就能很方便的得到屏幕拍图，如果屏幕拍图量较大，应使用专用的屏幕拍图软件，如 HyperSnap-DX 和 Snagit 等。

图像采集都需要在上一步搭建好的本地化系统环境中进行，采集过程中应做好相关参数的设置。

3. 音频录制

根据本地化后的音频脚本，由专业录音人员对照上面的内容进行录制，在录制中应参照原始音频的长度、语气、力度和停顿进行录制。由专业人员在录音棚中录制的方式属于专业音质，但开支较大，为了节省开支，一些多媒体课件采取了非专业化的方式，由通过音质测试的非专业录音员，在半专业化的录音设备下进行。

这种半专业化的录制方式，是通过连接电脑的独立麦克风（具备一定的消除杂音能力），结合录音软件，即可做到声音的录入。在实际应用中，音频素材的采集应注意采样频率不低于 11 KHz，比特率至少为 8 位，声道数为双声道。

4. 视频的采集

视频采集设备可以通过摄像头、摄像机等，但在多媒体课件中，仍多以屏幕视频采集软件对屏幕进行录制，并输出成视频，然后将视频进行压缩、剪辑、加工处理等操作。

录制屏幕时，图像清晰度和色调是否失真都直接影响课件的教学质量，因此，在制作多媒体课件时，一定要注意各项技术参数的设定。

（四）合成和发布

多媒体各元素的本地化及采集结束后，便进入最后的合成和发布阶段。

合成是将各个多媒体元素按照预先制定的顺序和组织形式，进行整理和嵌入，用本地化后的各媒体文件替换源课件文件的过程。合成前，应对本地化后的图片、音频、视频和动画等元素分别进行质量检查，具体步骤和检查项参见上述第五节各多媒体元素本地化工程流程的介绍。

发布是将合成后的多媒体课件作进一步整合，多指发布到网页或集成的浏览界面中，形成具有一定目录结构和交互方式的本地化多媒体课件。

（五）测试本地化多媒体文件

在发布后的本地化课件上进行测试，测试检查应至少包括以下几项：

1. 屏幕拍图、修图、音频、视频和动画的质量检查应分项进行，遵照各过程后期合成中的质量检查步骤进行检查。

2. 本地化后的课件内容、文件数量与源文件一致。

3. 多媒体课件中所有元素均被翻译，没有遗漏。

4. 合成后的本地化课件中的交互功能正常，包括跳转、弹出、播放、导航栏、搜索等。

5. 如果合成的课件中存在软件屏幕拍图，检查音频中翻译的词汇是否与软件界面 UI 词汇的翻译（专业术语）一致。

6. 合成课件后，音频检查应确保音频同步，即音频中描述的信息与操作画面的同步。

7. 合成课件后的动画或视频，应保证画面连贯，没有色彩损失，衔接自然，没有跳动。

8. 字幕显示正常，如果有乱码或不支持的语言可将字幕转换成图片后，再添加目标语言文字。

本章小结

多媒体本地化工程是近年来较为活跃且需求量还在逐年增加的一项本地化业务，是新的本地化业务增长点。一些本地化公司的多媒体团队的规模也在不断扩充，使得多媒体工程人员的比例在工程部门中已接近一半，而且在工程生产中，往往又呈现出集中生产，批量生产的趋势，选择外包已成为发展多媒体业务且解决工程人员集中需求的一个行之有效的出路。

多媒体本地化工程有着与软件本地化不同的工具和流程。对于没有参与过动画制作和视频录制的工程人员来讲，在短时间内，掌握多媒体本地化的流程与工具并不是一件容易的事情，因此，要通过组织有效的培训和练习，才能达到扩充本地化工程人员在多媒体方面的技能技术的目的。

多媒体元素组成较多，也是多媒体与课件本地化流程难于掌握的一个原因，但从另外一个角度看，多媒体本地化工程项目容易分割，从某一单一元素，比如从屏幕拍图或修图开始学习，难度就会相对降低，从概念、主要技术指标、主要工具的使用方法和主要流程中入手，逐一了解还是比较实际和可行的方法。

另外，多媒体技术变化快，工程人员要加强平日的积累，还要提高对 XML 等标记语言和多媒体课件管理平台技术的掌握，不断收集项目中的技术经验，在生产管理上，应提升生产过程的标准化，使用正确的任务分配模板，标准文件夹结构和质量控制检查表，做到全方位实施质量管理。

本章介绍了多媒体文档类型和组成元素，列出了多媒体课件的特征，分别阐述了图形、音频、动画和视频等多媒体文件的本地化流程，最后详细介绍了多媒体课件的本地化流程和方法。

本章的知识要点归纳如下

* 随着多媒体技术的发展，多媒体本地化工程需求增加，多媒体本地化工程人员成为了独立的工作职位。
* 多媒体的组成元素包括文本、图形、音频、动画、视频和交互形式。
* 多媒体动画文件的本地化流程包括前处理和后期合成。前处理包括文字图层的抽取、内容文件的准备、图形文件处理、动画文件的反编译以及音频文件的准备；后期合成包括文字合成、图片合成、音频合成、动画输出和质量检查。
* 多媒体课件的本地化流程包括源语言文件检查、文件分析与工作分解、多媒体文件的录制或采集、合成、发布和测试。

思考题

1. 多媒体课件的特征是什么？
2. 多媒体的元素构成有哪些？
3. 常见的多媒体文件制作工具有哪些？
4. Flash 动画文件的本地化流程包括哪些内容？
5. 视频本地化处理分哪三类较常见的需求类型？
6. 多媒体课件的本地化实施过程包括哪些步骤？

第七章

手册文档工程

本章精要

手册文档是为用户提供技术信息和使用指导的文件，手册文档本地化工程是为完成内容和格式本地化提供技术服务的工作，为手册文档本地化翻译、桌面排版和输出等后续工作提供了文件格式转换和译文内容的重复利用。手册文档本地化工程需要紧密跟踪和应用技术文档写作和本地化技术发展的要求，在项目实践中总结提高质量和效率的工作经验。

本章首先介绍手册文档本地化工程中的文件类型和写作技术及工具，接着介绍文档本地化工程的工作流程、标准工作分配表，然后详细介绍手册文档的本地化工程流程中的准备、分析、预处理、格式检查和后处理等具体工作，并以FrameMaker、InDesign和XML等文档为例，论述这些文档类型本地化工程工作的执行步骤和操作要领，最后列出提高手册文档本地化工程的质量检查表，总结手册文档本地化工程的经验和技巧。

本章的重点内容包括：
* 手册文档的写作技术和质量保证工具
* 手册文档的本地化工作流程
* 手册文档的本地化工程预处理
* 手册文档的本地化工程质量检查方法
* 手册文档的本地化工程后处理
* 手册文档的本地化工程质量检查表

第一节 概述

手册文档是介绍产品功能特征和使用方法的辅助性材料，是产品的组成部分之一，可以帮助用户快速、正确、合理地使用产品，尤其对于新产品、功能较多或者操作复杂的产品，提供详细的产品使用手册更是必不可少，能提高企业的专业形象。

根据各个产品的不同，手册文档从内容和用途上可以分为产品安装手册、产品说明书、用户操作手册、市场宣传手册、产品质量保修手册等。从用户使用和阅读手册的方式上可以分为印刷的手册和电子版手册，其中电子版手册可以刻录在光盘上（通常是PDF文件格式），也可以联机帮助的形式提供给用户（通常是HTML文件或者XML文件）。随着互联网的发展，电子版的手册文档成为未来发展的方向。

对于全球销售的产品，手册文档的本地化是不可缺少的内容。对于软件产品而言，一般把文档分为三类：第一，用户教育文档（User Education，UE），例如软件的联机帮助，这部分内容已经在第五章详细论述；第二，用户指导文档（User Guide，UG），例如用户手册和安装手册等；第三，市场宣传资料，例如产品市场广告、产品目录等。

全球化产品开发商具有专业的手册设计和编写团队，它们制定和遵守严格技术写作规范（Technical Writing Specification），采用专业的技术写作软件，按照科学的技术流程，利用内容管理系统，完成手册文档的全球化规划、设计、编写、发布、更新等工作。

全球化产品开发商根据手册的内容和样式，结合公司技术写作经验，选择适当的技术写作工具完成手册文档的设计，例如，文字内容丰富、页数较多的产品手册使用Adobe FrameMaker、ArborText Editor软件写作。图文并茂、页数较少的市场宣传材料使用Adobe InDesign、Adobe PageMaker或者QuarkXPress等软件。早期也有公司使用Microsoft Word进行技术文档写作。

随着经济全球化的发展，市场竞争日趋激烈，产品的升级换代更加频繁，产品手册文档的内容也要随着不断更新。为了缩短手册文档本地化的周期，降低本地化翻译成本，必须应用翻译记忆和译文的重复利用。通常的技术文档写作工具是专为文档内容编写设计的，并不支持翻译记忆的本地化翻译功能，为了实现译文的重复利用，必须应用文档手册的本地化工程技术，将源语言手册文档进行预处理后进行翻译，翻译后进行后处理，然后排版输出成最终格式（印刷或者电子版手册）。

手册文档的本地化不仅仅是文字内容的本地化，手册中包括的产品图像、图形、动画、音频、视频和字幕多媒体等内容也是本地化的一部分，如果图像是从产品的软件运行界面截取的，则本地化的图像也要从本地化的软件界面上屏幕拍图（Screenshots）。

产品手册文档的内容编写一般在产品设计完成之后才能定稿，所以，面临产品市场发布的压力，手册文档本地化的时间通常比较紧张，如果手册文档内容在发布前的最后时间段内需要更新，则本地化桌面排版的任务压力更大。另一方面，手册本地化的内容和术语要求与软件用户界面、联机帮助和市场文档等保持译文一致。这些都要依靠文档手册本地化工程流程和技术进行质量保证。

第二节 手册文档的基础技术

在进行文档本地化的过程中，本地化行业总结出了有效进行文档本地化的基本规则，由于手册文档具有文字内容多、图文并茂、格式丰富、更新较快等特点，因此对于手册文档的本地化而言，需要熟悉手册文档的编写技术，遵守合理的本地化工程处理流程。

一、手册文档的组成元素

典型的产品手册文档包括封面、目录、正文和索引等部分，如图7.1所示。其中封面包括手册名称和公司名称等内容。

目录（Table of Contents，TOC）可以根据正文章节标题和图表名称自动生成，位于封面和正文之间，目录按照层次级别、页码显示，大部分电子手册的目录带有超链接。目录的内容主要由章节名称及页码组成，某些手册的目录也包括图表的名称及页码。

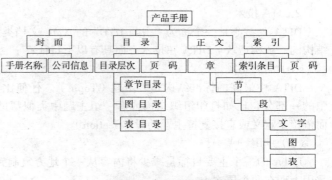

图7.1 产品手册组织结构

正文采用"章"、"节"和"段"的层次性结构："章"是手册的基本组织结构，典型的手册包括多个章，每章说明一个主题，每章可以分为多个"节"，论述一个或者几个子主题，"节"的内容分段描述，"段"由文字、图和表组成，图和表进行编号。

索引（Index）是将手册中的字、词、句、人名、地名、书名、主题等编成简洁的条目，按照顺序规则（字母、拼音、笔画等）以索引条目文字和页码的形式显示在手册文件尾部，便于用户快速查找和定位索引的特定条目。手册中的索引可以根据正文中的索引标识符（Index Marker）自动生成，某些手册还带有附录。

市场宣传材料等的文档，一般只包括封面和正文，没有目录和索引等内容。

二、手册文档语言规范与写作技术

手册编写是产品开发设计的工作内容之一，随着信息技术的发展，手册编写采用的软件和技术不断发展和变化，各家公司根据手册写作的规范，文档的类型和内容，选择合适的文档写作软件。

（一）文档技术

文档技术包括两个方面：第一，文档写作技术；第二，文档内容管理技术。为了适应文档本地化和内容重复利用的需要，文档写作技术一般遵守受控语言（Controlled Language）规范，大型公司采用信息层次架构技术，例如 DITA 技术写作。内容管理系统（CMS）是为了用来创作、保存及发布企业产品内容（包括产品手册、网站和市场资料等）而设计的系统。为了便于文档本地化，内容管理系统（CMS）需要与全球化管理系统（GMS）进行对接，实现内容的有序和高效转换、更新、传递和发布。

1. 受控语言规范

受控语言是在进行文档写作时采用更加结构化和易于理解的语言进行内容编写的规范，它将语义纳入结构，通过控制写作语言的风格实现以下目标：

* 提高内容的清晰性
* 使用正确一致的术语
* 保持写作风格的一致性
* 易于读者阅读
* 单词和术语的重复率较高，易于使用计算机辅助翻译和翻译记忆工具处理
* 节省产品生命周期成本，减少由于表达含糊引发的问题

受控语言通过在写作时采用标准化术语数据库和称为"解析引擎"的技术，使这些问题迎刃而解。这一引擎在文本创建过程中对其进行分析，并根据一系列规定预期控制程度的内部规则进行评分，若某段文本与核准的术语不符或超出定义的结构参数，系统将突出显示此段文本并建议修改，这样，作者可在写作过程中随时了解并及时调整写作风格，直至最终符合要求。

不论这些内容的实际作者是谁，只要在整个写作过程中采用统一的规则，就能确保最终交付客户的系列文档保持高度一致。

2. DITA 技术

DITA 的核心是一个称为"主题 DTD"的 XML 文档类型定义（DTD），代表面向主题的信息体系结构的一般构造块。DITA 在技术方面具有以下特征：

（1）面向主题

DITA 中最高的标准结构是"主题（Topic）"。任何比主题更高的结构通常都是主题处理上下文中的一部分，比如打印组织结构或者一组主题中类似帮助集合的导航。主题也没有内部层次嵌套，而依赖于定义或直接支持主题的段（Section）。

（2）重用

DITA 的一个主要目标是减少将内容从一个地方复制到另一个地方重用内容的需要。DITA 中的重用表现在两个层次上：

第一是主题重用。因为主题没有嵌套结构，所以主题可在任何类似主题的上下文中重用。信息设计者知道何时需要在新的信息模型中重用一个主题，体系结构则在新的上下文中以一致的方式处理它。

第二是内容重用。DITA 为每个元素提供了"conref"属性，可以指向同一主题或不同主题中的其他任何等价元素。这种引用机制从一个基准元素开始，保证结构总是调用主题（包含带有 conref 属性的元素的主题）的一部分，新内容在功能上一定和它代替的元素等价。

（3）规范

DITA 的规范性表现为采用层叠样式表、主题专门化、领域专门化等表现方式。

层叠样式表（CSS）中的 class 机制代表着适用于具有匹配 class 值的任何元素的公共格式化语义。同样，任何 DITA 元素都可以扩展成一个新元素，其标识符通过 DTD 增加到 class 属性中。因此，新元素总是和其基准或者规定序列中的任何元素联系在一起。

主题专门化应用于主题结构，专门化成为将一般主题扩展成新信息类型（或 infotype）的一种方式，后者又可以扩展成更特殊的信息结构实例。

领域专门化利用同样的专门化原理，一般主题（或者信息类型化主题集）中的元素词汇表可以通过引入反映这些主题所服务的特定信息领域的元素进行扩展。

（4）基于属性的处理

DITA 模型提供了元数据和属性，可用于通过诸如内容管理系统、搜索引擎、处理过滤器之类的应用程序来关联或者过滤 DITA 主题的内容。

统一的属性。主题 DTD 中的多数元素都包含一组统一的属性，使元素可以用作选择器、过滤器、内容引用基础设施和多语言支持。此外，有些元素经过分析以保证它们的枚举值为专门化提供丰富的基础（通常包含约束值，而且不会增加），这些元素的属性有特殊的作用。

（5）利用已有的标记和工具

DITA 采用了广为接受的一组标识符，可用标准 XML 工具处理，利用流行的语言子集。DITA 主题 DTD 的核心元素借自 HTML 和 XHTML，在类似 HTML 的主题结构中使用常用的元素名，例如 p、ol、ul 和 dl 等。事实上，编写的 DITA 主题可以像 HTML 一样直接在浏览器中呈现。

利用流行的和得到广泛支持的工具，XML 处理模型得到了很多厂商的广泛支持。DITA 基于 class 的扩展机制很容易转化成 W3C 定义的 XSLT 和 CSS 样式表语言的设计特性，这些特性得到了众多转换工具、编辑器和浏览器的支持。DITA 主题可以使用各种工具处理，包括共享软件和自定义产品，差不多几乎能在所有操作系统上使用。

3. 内容管理系统

内容管理系统（Content Management System，CMS）是一种位于 Web 前端（Web 服务器）和后端办公流程（内容创作、编辑）之间的软件系统。内容管理系统解决各种非结构化或半结构化的数字资源的采集、管理、利用、传递和增值，并能有机集成到结构化数据的商业智能环境中，内容的创作人员、编辑人员、发布人员使用内容管理系统来提交、修改、审批、发布内容。"内容"可能包括文件、表格、图片、数据库中的数据，甚至视频等。

完整的内容管理系统应该包括内容的编写、管理和发布三个部分。内容的编写可以人工输入文字，也可以使用扫描仪、数码相机、摄像机等内容采集设备等硬件，以及光学文字识别（Optical Character Recognition，OCR）、图像处理、图形设计和排版等软件获得图像、视频和文字等素材。内容的管理模块从硬件角度分类，包含了数据库服务器和客户机等；从软件角度来看，内容管理模块是内容管理解决方案的核心部分，该模块完成内容的分类，存储于数据库中，内容的搜索、提取、修改、更新等基本管理操作。内容的发布模块的思想是对内容"一次编辑，多种形式输出"。

三、手册文档本地化工程流程

手册文档本地化工程的目的是为本地化翻译人员准备和提供经过格式转换和翻译记忆重复利用的文件，并且对本地化翻译后的文件进行质量检查，提供给本地化桌面排版人员进行排版和输出，并且修正输出的本地化手册文档测试发现的缺陷。

为了有效地实现这些目的，需要设计和执行手册文档本地化流程，以便做好文件和项目信息的准备、实施和质量保证等工作，使得本地化工程、翻译、测试和项目管理等各个工序或部门的工作协同进行。

图 7.2 是较典型的文档手册本地化工程流程图，其中图中虚线框是与本地化工程相联系的本地化翻译、桌面排版和测试工序，其他都是本地化工程的工序。手册文档的本地化工程流程既有与软件用户界面本地化工程相同或相似的内容，也有特有的内容。下面简要解释各个本地化工程工序的内容和目的，关于这些工序的处理方法，将在下两节中详细论述。

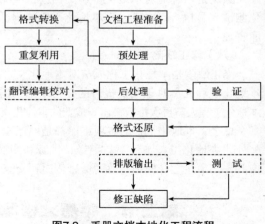

图7.2　手册文档本地化工程流程

（一）文档工程准备

这是文档本地化工程的第一项工作，主要是准备用于本地化工程处理的文档、文档格式转换的软件和本地化工程指导文件。

（二）文档工程分析

文档工程分析是为了确认文档工程准备的充分性，熟悉和确认工作范围，分析文档本地化工程的工作量和复杂性，为确认和实施本地化工程计划，估算工作量、进度、人力资源和需要的软硬件工程工具，估算本地化工程成本。工程分析还可以尽早发现项目存在的问题，以便尽快解决。

（三）预处理

文档预处理是向本地化翻译人员提供方便，利用支持翻译记忆功能的本地化工具进行本地化翻译的文件，使用本地化工程技术对需要本地化的文档文件进行格式转换，内容的重复利用。

"格式转换"是将文档手册原来的文件格式使用转换工具，转换成方便翻译人员使用计算机辅助翻译工具方便翻译的文件格式，例如将 FrameMaker 文件转换成 RTF 文件，对不需要翻译的标识符（Tag）等进行标记和保护，提高翻译人员的翻译效率和准确性。

"重复利用"的目的是将以前已经本地化翻译的内容导入需要本地化的文件中，重复利用已经翻译经过评审的文件内容，既可以保持译文的一致性、准确性，又可以减少本地化翻译的工作量，降低成本，缩短翻译时间。

（四）翻译编辑校对

翻译编辑校对工作不属于本地化工程人员的工作范围，由翻译人员对文档进行翻译、编辑和校对。其中，"翻译"是将源语言的文本转换成目标语言的过程，"编辑"是对照源语言和目标语言的文件进行修改和润色的过程，"校对"是对目标语言的文件进行进一步修改和调整的过程。

（五）后处理

文档后处理是对翻译编辑校对后的文件进行工程检查，修改目标语言的文件内容和格式，通常包括"验证"和"格式还原"工作。

"验证"目的是检查已经本地化的文件内容是否符合本地化的控件格式要求，例如是否在翻译过程中误删除或者修改了某些不应该变动的标识符。

"格式还原"的目的是将以前已经本地化翻译的双语文件格式还原为源语言文件原来的格式，例如，将 RTF 文件还原为 FrameMaker 文件。

（六）排版输出

排版输出是使用专门的桌面排版工具对本地化后的文件进行字体、样式、版式调整和输出的过程。这部分工作一般由专业的排版人员完成，排版中除了文字调整，可能需要对其中的图像图形进行专门处理，例如，屏幕拍图（Screenshot）或者"伪造"图形（Fake）。

（七）测试

测试是系统地对本地化手册文档进行检测、寻找和报告文档缺陷的过程，它通常由专业的本地化测试人员执行。对于大型本地化手册的测试，为了做好缺陷报告和跟踪工作，通常采用缺陷数据库管理。

（八）修正缺陷

修正缺陷是本地化工程人员对本地化文档测试过程发现和报告的文档缺陷进行修正处理的过程。本地化工程人员对于测试报告的任何缺陷都需要经过确认、重现、修改和检验等工序，修正缺陷后本地化工程人员再次排版输出生成新的本地化文档，再次测试，直到达到本地化文档的发布要求。

总之，本地化工程的各项工序都是顺序相关的，前一步的工作优劣将影响到后一步的工作质量。另外，本地化工程工作要与翻译、排版和测试等不同部门的工作做好衔接配合，使流程顺畅执行。为此，必须注意合理和有效的信息传递和交流方式和机制。

第三节 手册文档本地化质量保证的软件工具

文档本地化翻译过程中经常错误地修改了某些标识符，或者存在句子、术语的不一致，这些问题将影响本地化的质量，甚至无法将翻译后的文件还原为源语言文件的格式，或者造成排版后的本地化文档中存在格式错误和无效的超链接等问题。

为了有效地检测和识别这些问题，本地化工程人员需要对翻译后的文档进行质量保证的检查，这通常采用本地化质量保证工具自动化实现。由于文件格式类型众多，通用的商业软件的本地化工程质量检查功能可能无法满足特定文件或者特定格式的检查，所以，本地化工程人员需要定制开发一些质量保证工具。

一、SDL TRADOS

SDL TRADOS 2006 在 TagEditor 中通过插件（Plug-in）提供本地化质量检查功能。运行 TagEditor 后，选择菜单"Tools"中的"Plug-ins"子菜单后，出现"Plug-ins"对话框，如图 7.3 所示。

其中"Verifiers"是用于本地化工程质量检查的主要部分。通过选中某个验证工具，单击"Properties"按钮，可以在出现的对话框设置要检查的具体内容和方式。例如，选中"SDL TRADOS QA Checker"后，单击"Properties"按钮，出现"SDL TRADOS QA Checker 属性"对话框，单击其中的"Settings"按钮，出现如图 7.4 的"SDL TRADOS QA Checker Options"对话框。

在图 7.4 的"SDL TRADOS QA Checker Options"对话框中，可以对使用 TagEditor 翻译后的文件进行段、一致性、标点符号、数字和基于正则表达式的格式检查，并且可以把检查结果保存在日志文件（Log）中。可以把经常进行检查的设置选项保存在设置文件（QA Checker Profiles）中，便于今后再次载入使用。

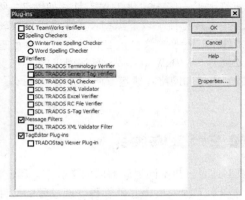

图7.3　SDL TRADOS TagEditor中的 Plug in对话框

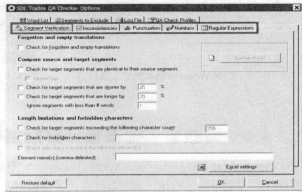

图7.4　SDL TRADOS TagEditor中的"QA Checker Options"对话框

二、ApSIC Xbench

Xbench 是 ApSIC 的本地化质量保证工具之一，它支持双语术语搜索，提供多种本地化质量检查功能，可以支持包括 TTX、TXT、TMX、DOC 等多种文件格式。

Xbench 提供以下功能的本地化质量检查：
* 检查未翻译的句段
* 检查不一致的译文
* 检查不一致的标识符
* 检查不一致的数字
* 检查双空格
* 根据指定的术语表，检查不一致的术语
* 执行用户设定的检查列表

Xbench 通过"QA"页面执行译文本地化质量检查，如图 7.5 所示。

三、Okapi Rainbow

Rainbow 是 Okapi 开源本地化工程工具之一，它提供友好的用户图形界面设置文件

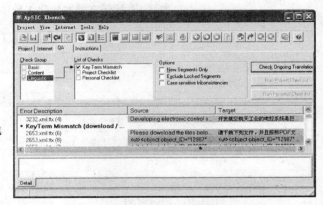

图7.5　ApSIC Xbench的质量保证工具

参数（例如，输入文件、编码、语言信息和输出文件等），这些设置可以保存在项目文件中供今后调用，另外，可以遵守 Okapi 的借口开发扩展的组件。

Rainbow 包括了本地化工程需要的很多功能，包括文件格式转换、文本抽取、术语抽取以及文件格式检查等。

图 7.6 是 Rainbow 中译文质量检查的"Quality Check"软件菜单选项，可以完成译文空格、漏译和译文不一致等类型的错误。

图7.6　Okapi Rainbow 中的"Quality Check"软件界面

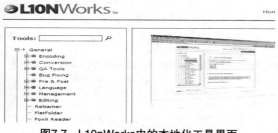

图7.7　L10nWorks 中的本地化工具界面

四、L10nWorks

CSoft 公司创建和维护的 L10nWorks.com 网站收集和整理了一些本地化工程工具，如图 7.7 所示。这些工具包括了以下类型：文件编码格式转换、文件格式转换、文件内容格式检查、预处理和后处理等。L10nWorks.com 网站列出的工具支持下载到本地和网络在线运行两种方式。

第四节　标准任务分配表和生产文件夹结构

文档本地化工程涉及的文件类型多、使用的工程处理工具多、与不同生产部门的交流多，因此，需要保证工程工作的标准化，将工程任务以表格的形式呈现给工程人员，并且工程处理过程的文件以标准生产文件夹的结构维护和管理。

一、标准任务分配表

手册文档本地化工程项目的标准任务分配表，是给工程人员分配文档本地化工程任务时所使用的标准表单，其作用是规范该项工程工作在实施阶段前，必须向项目经理或客户确认的项目需求和项目必要信息，从而在项目初期，发现技术问题或项目可行性上可能存在的风险，主动减少因团队合作、沟通交流与文化等因素造成的理解上的偏差。

表 7.1　手册文档本地化工程项目标准任务分配表

手册文档本地化工程项目的标准任务分配表		
基本信息		请在下栏中填写
1	列出目标语言	
2	任务开始和结束日期（如果可以分语言/分批提交，请注明）	
3	预计本地化排版输出日期（每种语言）	
4	预计排版输出后的测试日期（每种语言）	
5	需要提交的本地化文件	文件格式、位置、命名规则等
销售阶段的信息		
6	是否存在报价/工程小时预估信息	是 | 否（如果是，则表明文件位置）
7	是否存在已经经过工程分析并准备好的源文件	是 | 否（如果是，则表明文件位置）

续表

工具		
8	要求使用什么工具及版本信息	
9	该工具是否支持所有目标语言	是 | 否（如果否，则应向项目经理提出）
文件		
10	源文件路径	
11	源文件是否齐全	是 | 否（如果否，则应向项目经理提出）
12	需要翻译的文件列表	
13	翻译后的文件路径	
14	翻译后的文件是否齐全	是 | 否（如果否，则应向项目经理提出）
15	是否存在需要屏幕拍图、修图、多媒体类型的文件	是 | 否（如果是，则应向工程团队主管提出）
其他		
16	在发送给翻译人员之前进行的文件检查中，是否存在内容或版本问题	是 | 否（如果是，则应向项目经理主管提出）
17	是否存在项目特殊要求或检查表	是 | 否（如果是，则应列出或表明文件位置）

二、标准生产文件夹结构

为了保证某一特定阶段产生的质量问题可以被准确地追溯，从而提高对生产过程及质量的控制，设计手册文档的标准生产文件夹。图7.8是以FrameMaker手册文档本地化工程的标准生产文件夹结构。

下面介绍各个文件夹的功能和放置的文件类型：

"00_Source"放置的是手册文档的源文件。

"01_STagger_MIF_To_RTF"放置FrameMaker的MIF源语言文件和转换成RTF的源语言文件。

"02_TRADOS_Analysis"放置使用TRADOS对RTF的源语言文件分析结果文件。

"03_TRADOS_Repetition"放置使用TRADOS处理的RTF的源语言文件中的重复文本和本地化后的重复文本。

"04_TRADOS_PreProcess"放置经过翻译记忆预翻译后的RTF文件。

"05_TRADOS_Localized"放置经过翻译后的经过质量格式检查的双语RTF文件。

"06_TRADOS_PostProcess"放置清理（Cleanup）后的目标语言RTF文件。

"07_STagger_RTF_To_MIF"放置转换成MIF的目标语言文件和中间文件。

"08_STagger_Loc_MIF"放置最终的目标语言MIF文件。

"09_Art"放置手册文档中需要翻译的图像、图形、动画等文件。

"Lockit"放置本地化工程需要的工具和工作指南文件。

"TM"放置工程处理的翻译记忆文件。

该文件夹结构和名称基本按照手册文档本地化工作的顺序命名，其中"9_Art"文件夹是手册文档图像、图形、动画等多媒体文件工程处理的文件夹，

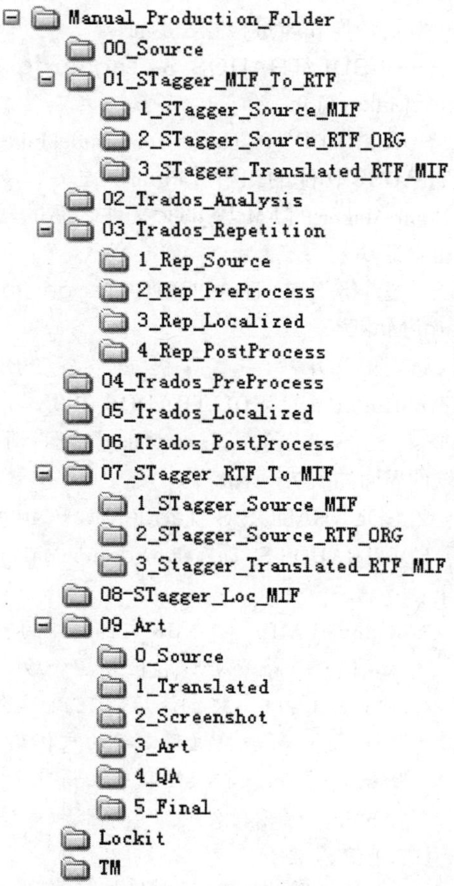

```
Manual_Production_Folder
    00_Source
    01_STagger_MIF_To_RTF
        1_STagger_Source_MIF
        2_STagger_Source_RTF_ORG
        3_STagger_Translated_RTF_MIF
    02_Trados_Analysis
    03_Trados_Repetition
        1_Rep_Source
        2_Rep_PreProcess
        3_Rep_Localized
        4_Rep_PostProcess
    04_Trados_PreProcess
    05_Trados_Localized
    06_Trados_PostProcess
    07_STagger_RTF_To_MIF
        1_STagger_Source_MIF
        2_STagger_Source_RTF_ORG
        3_Stagger_Translated_RTF_MIF
    08-STagger_Loc_MIF
    09_Art
        0_Source
        1_Translated
        2_Screenshot
        3_Art
        4_QA
        5_Final
    Lockit
    TM
```

图7.8 手册文档本地化工程标准生产文件夹结构

在项目处理过程中需要与文本本地化工程同步处理，而不是工程的最后才进行多媒体文件的本地化工程。

由于FrameMaker文件的本地化工程处理相对复杂，因此，该文件夹结构经过适当修改可以适用于其他格式的手册文档本地化工程处理。

第五节 手册文档本地化的工程实施

手册文档的本地化工程包括"工程准备"和"工程实施"两个步骤。"工程准备"是按照标准任务分配表检查手册文档的文件、使用的工具、项目指南、翻译记忆等文件是否已经准备完毕，完成工作量分析。"工程实施"是将手册文档进行预处理、后处理，最后输出目标语言的本地化文档、翻译记忆库和术语文件等。

充分的工程准备工作是顺利执行工程实施的基础，工程实施中的"预处理"和"后处理"是文档工程处理的两个关键环节，需要详细论述。由于手册文档具有多种文件类型，其中的多媒体文件格式较多，以比较代表性的FrameMaker文件为例详细论述。另外，对于InDesign文件、XML文件的本地化工程进行简要介绍。

一、FrameMaker文档本地化工程

FrameMaker文件默认的扩展名为FM，为了进行本地化工程处理，需要在FrameMaker软件中将FM文件另存为MIF文件，然后使用SDL TRADOS S-Tagger for FrameMaker工具进行文件格式转换和质量检查（验证）。

（一）SDL TRADOS S-Tagger for FrameMaker简介

SDL TRADOS S-Tagger for FrameMaker是TRADOS软件的组件（Filter）之一，支持FrameMaker的FM与RTF文件之间的转换和验证功能。

1. 运行SDL TRADOS S-Tagger for FrameMaker

选择"开始"＞"程序"＞"SDL International"＞"SDL TRADOS 200X"＞"Filters"＞"S-Tagger for FrameMaker"，运行后的软件界面如图7.9所示。

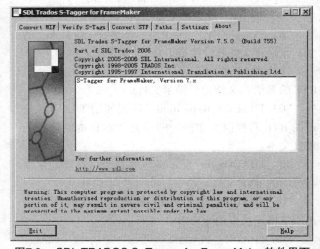

图7.9　SDL TRADOS S-Tagger for FrameMaker软件界面

2. SDL TRADOS S-Tagger for FrameMaker的页面功能介绍

SDL TRADOS S-Tagger for FrameMaker软件是一个多页面的对话框软件，各个页面的功能介绍如下：

* "Convert MIF"将MIF文件转换为RTF文件。
* "VerifyS-Tags"验证和检查翻译后的RTF文件中的Tag是否存在问题。
* "Convert STF"将翻译后的RTF文件转换为MIF文件。
* "Paths"设置转换过程需要的文件路径。
* "Settings"设置转换过程中的语言和文件格式等。
* "About"显示软件的版本和版权等信息。

（二）工程准备

以源语言为美国英语、目标语言为简体中文的MIF文件工程处理为例，使用SDL TRADOS S-Tagger for FrameMaker实现FrameMaker文件工程转换至少需要进行以下工作准备：

1. 标准文件夹已经就绪（参见图 7.8 所示）
2. MIF 源语言文件已经就绪
3. 其他的准备工作（例如，翻译记忆库、本地化工程工作包等）

（三）预处理

预处理的目的是使用 S-Tagger for FrameMaker 将 MIF 文件转换成 RTF 文件，步骤如下：
1. 运行 S-Tagger for FrameMaker 软件
2. 选择"Setting"选项卡
* 选择相应"Source Language"和"Target Language"。
* "Character Set"选择"Normal"作为字符集设置。
* 其他选项使用默认设置即可。
3. 选择"Paths"选项卡
* 将 MIF 文件所在的目录 ...\ 1_STagger_Source_MIF 复制到"Source MIF files"框中。
* 将存放转换中间文件的目录 ...\ 2_STagger_Source_RTF_ORG 复制到"Source STF and ORG Files"框中。
* 将存放已经转换的 RTF 的目录 ...\ 3_STagger_Translated_RTF_MIF 复制到"Translated STF and MIF Files"框中。
4. 选择"Convert MIF"选项卡
* 单击"Convert MIF…"，将出现"Select MIF File(s) to Convert"对话框。
* 选择全部要转化的 MIF 文件，然后，单击"Open"。
* 在"Confirm MIF Conversion"对话框中确认无误后单击"OK"。

转换过程完成后，如果一切正常，将显示没有错误的信息框，关闭信息框后，完成整个转换过程。

说明：
* 转换后待翻译的文件存放在文件夹"3_STagger_Translated_RTF_MIF"中。
* 转换后 RTF 文件的数量为 MIF 文件的数量，以及一个 ancillary.rtf 文件。
* 转换过程中产生的中间源语言文件存放在文件夹."2_STagger_Source_RTF_ORG"，请注意保留该文件夹的内容，在后面验证译文 RTF，把译文 RTF 转换为 MIF 文件时将会用到这个文件夹的文件。
* 产生的中间源语言文件是 ORG 文件和以 ancillary.rtf 文件。ancillary.rtf 文件需要翻译，其中会包括一些脚本、变量信息等，翻译完成后也需要验证，并且会自动插入已翻译的文件内。

（三）TRADOS 的分析、处理重复、预翻译和后处理

1. TRADOS 字数分析

将转换好的 RTF 文件拷贝到文件夹"02_TRADOS_Analysis"，使用翻译记忆文件，通过 TRADOS Workbench 的"Analysis"功能分析 RTF 的字数、字符匹配和重复信息。

2. 处理重复文字

在文件夹"03_TRADOS_Repetition"的各个子文件夹中完成重复文字的翻译工作。其中，"1_Rep_Source"保存 RTF 源语言文件中的重复文字，"2_Rep_PreProcess"保存经过预处理的重复文字，"3_Rep_Localized"保存翻译后的双语重复文字，"4_Rep_PostProcess"保存处理后的目标语言的重复文字。

在 TRADOS Workbench 的"Analysis Files"对话框中，完成文件分析后，将"Export Frequent Segments"按钮右边的文字重复次数设置为适当值（默认为"5"，可以设置为"2"），单击"Export Frequent Segments"，可以将重复的文字保存为 TRADOS 格式的 TXT 文件。

经过对重复文字的预处理、翻译和后处理，获得包括重复文字的翻译记忆库，作为源语言 RTF 文件预处理的翻译记忆文件。

3. 源语言 RTF 文件的预处理

将源语言 RTF 文件复制文件夹"04_TRADOS_PreProcess"，使用最新的翻译记忆库进行预翻译，

预翻译后的 RTF 双语文件包含全部非重复的需要翻译的源语言文字。

4. 翻译 RTF 文件

把预处理后的 RTF 文件复制到文件夹"05_TRADOS_Localized",翻译人员进行翻译工作。

5.RTF 文件后处理

将翻译后的文件进行质量检查,清理成目标语言文件,保存在文件夹"06_TRADOS_PostProcess"。

(四)验证

为了验证翻译过程中是否对 Tag 进行了错误修改,需要对目标语言的 RTF 文件进行验证,步骤如下:

1. 将"\01_STagger_MIF_To_RTF\1_STagger_Source_MIF"的源语言 MIF 文件复制到"\07_STagger_RTF_To_MIF\1_STagger_Source_MIF"

2. 将"\01_STagger_MIF_To_RTF\2_STagger_Source_RTF_ORG"的中间过程文件复制到"\07_STagger_RTF_To_MIF\2_STagger_Source_RTF_ORG"

3. 将需要检查的目标语言的 RTF 文件复制到"\07_STagger_RTF_To_MIF\3_STagger_Translated_RTF_MIF"

4. 选择"Paths"页面,执行如下操作:

* 将"\07_STagger_RTF_To_MIF\1_STagger_Source_MIF"复制到"Source MIF files"框中。
* 将"\07_STagger_RTF_To_MIF\2_STagger_Source_RTF_ORG"复制到"Source STF and ORG Files"框中。
* 将"\07_STagger_RTF_To_MIF\2_STagger_Source_RTF_ORG"复制到"Translated STF and MIF Files"框。

5. 选择"Verify S-Tags"页面,执行如下操作:

* 单击"Verifiy S-Tags"按钮,根据提示选择需要验证的 RTF 文件(位于文件夹"\07_STagger_RTF_To_MIF\2_STagger_Source_RTF_ORG")。
* 确认中间文件的文件夹为"\07_STagger_RTF_To_MIF\2_STagger_Source_RTF_ORG"。
* 单击"确定"按钮。

如果一切正常,完成验证后将出现信息提示框,提示验证结果。

说明:

* 如果在"Results"中出现"Errors"等内容,则说明存在错误,需要根据"\07_STagger_RTF_To_MIF\3_STagger_Translated_RTF_MIF"中的".cmp"内容进行错误定位,并修改 RTF 文件。再次验证,直到所有的错误都被消除。
* 对于"Warnings"信息,进行分析并适当处理,一般可以忽略。
* 验证目标语言 RTF 文件时会产生 CMP 文件(比较文件,检查翻译后的文件 Tag 是否有丢失,可以根据里面提供的错误信息对文件进行修改)。
* CMP 是文本文件,可以使用任意文本编辑软件打开。

(五)后处理

后处理是将经过验证的目标语言 RTF 文件转换成目标语言的 MIF 文件,通过以下步骤实现:

1. 选择"Setting"选项卡

* 由于目标语言简体中文时是东亚语言,"Character Set"选择"Symbol"作为字符集设置。
* 其他设置不变。

2. 选择"Convert STF"选项卡

* 单击"Conver STF"按钮,根据提示选择需要验证的 RTF 文件(位于文件夹"\7_STagger_RTF_To_MIF\2_STagger_Source_RTF_ORG")。
* 确认中间源文件文件的文件夹为"\7_STagger_RTF_To_MIF\2_STagger_Source_RTF_ORG"。
* 单击"确定"按钮。

如果一切正常，完成转换后将出现信息提示框，提示转换结果。

3. 将文件夹 "\7_STagger_RTF_To_MIF\3_STagger_Translated_RTF_MIF" 中的目标 MIF 文件复制到文件夹 "\8_STagger_Loc_MIF"，供桌面排版人员进行本地化桌面排版。

说明：

东亚语言（CCJK）的 RTF 中翻译如果使用了错误的字体，可能会造成转成 MIF 后出现乱码，这时需要先修改 RTF 文件，将字体修改正确后再转为 MIF。

（五）手册文档多媒体本地化工程

手册文档中的图像、图像、动画等多媒体内容需要进行工程处理，在文件夹 "9_Art" 的各个子文件夹实现，可能包括屏幕拍图、修改图形、翻译、质量检查等工作，最后获得目标语言的多媒体文件。

有关多媒体本地化工程的方法，请阅读第六章的有关内容。

二、InDesign 文档本地化工程

InDesign 文件扩展名为 INDD，为了进行本地化工程处理，需要在 InDesign 软件中将 INDD 文件导出为 INX 文件，然后使用 SDL TRADOS TagEditor 工具翻译和质量检查，翻译后的 INX 文件导入到 InDesign 软件的 INDD 文件中。

下面主要介绍 INX 文件在 SDL TRADOS TagEditor 中的的预处理和后处理方法：

（一）预处理

在预处理前，需要准备好 INX 文件，创建 INX 工程文件夹。将 INX 直接在 TagEditor 中打开并保存成 TTX 格式，操作步骤如下：

1. 运行 SDL TRADOS TagEditor 软件
2. 选择 "File" > "Open" 菜单
3. 在 "Open" 对话框中，选择 "文件类型" 为 inx
4. 单击 "保存" 按钮，则自动保存为 TagEditor 的双语 TTX 文件

（二）格式检查

在使用 TagEditor 完成 TTX 文件翻译后，可以使用各种格式检查工具对 TTX 进行质量保证的检查，例如，使用 TagEditor 的 "Plug-ins" 的各项检查工具，如图 7.10 所示。

针对检查过程中发现的问题，进行修改，再次检查，直到全部问题解决。

（三）后处理

经过质量检查后的 TTX 文件，需要转换为目标语言的 INX 文件。通常有两种方法执行这种后处理的工作：

1. 直接在 SDL TRADOS TagEditor 中后处理

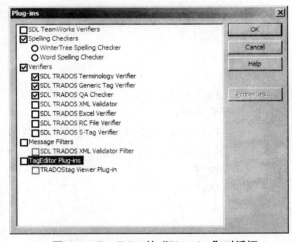

图 7.10　TagEditor 的 "Plug-Ins" 对话框

（1）运行 TagEditor 软件。
（2）打开 INX 文件。
（3）选择菜单 "File" > "Save Target As"。
（4）在 "Save Target As" 对话框中选择放置 INX 文件的文件夹，单击 "保存" 按钮。

2. 在 TRADOS Translator's Workbench 进行清理（Clean-up）
（1）运行 TRADOS Translator's Workbench 软件。
（2）选择菜单 "Tools" > "Clean Up"。
（3）单击 "Add" 按钮，选择 TTX 文件，单击 "打开" 按钮。

（4）TTX 文件显示在"Files to clean up"的列表中，如图 7.17，单击"Clean Up"按钮。

（5）在"Save Target As"对话框中选择放置 INX 文件的文件夹，单击"保存"按钮。

三、XML 文档本地化工程

XML 类型的文件具有平台独立性和较高的结构化特征，可以表示从文本到图形等多种数据类型和格式，在软件开发行业广泛运用，成为主流的技术文档写作文件格式。XML 文件的本地化翻译可以使用 SDL TRADOS TagEditor 中实现。

由于不同 XML 文件中表示各个元素和属性的标识符（Tag）各自不同，所以，需要提供并在 TagEditor 设置对应的 INI 文件才能正确标记不需要翻译的 Tag。通常情况下，XML 对应的 INI 文件由 XML 的开发者提供。如果没有提供 INI 文件，可以使用 TagEditor 的"Tag Settings Wizard（标识符设置向导）"生成 INI 文件。将 XML 文件对应的 INI 文件在 TagEditor 中正确设置后，就可以进行本地化翻译了，翻译完成后的 TTX 文件经过格式检查，再经过清理，即可以获得目标文件的 XML 文件。

下面介绍在没有提供 XML 文件的 INI 情况下，如何进行 XML 文件的本地化工程工作：

（一）生成 INI 文件

在 TagEditor 中，使用"Tag Settings Wizard"创建 INI 文件，这样翻译人员就可以使用 INI 在 TagEditor 中翻译 XML 文件了。

（二）预处理

（1）在 TagEditor 中打开需要预处理的 XML 文件。如果出现图 7.11 的对话框，则单击"是"按钮，在出现的对话框"Tag Settings Manager"中，选择前面生成的 INI 文件，单击"Select"按钮。

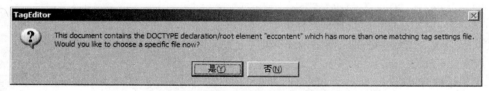

图7.11　选择XML文件的INI文件对话框

（2）在 TagEditor 打开 XML 文件后，单击"保存"按钮，则生成了 TTX 文件。

（三）格式检查

在使用 TagEditor 完成 TTX 文件翻译后，可以使用各种格式检查工具对 TTX 进行质量保证的检查，例如，使用 TagEditor 的"Plug-ins"的各项检查工具，对检查出的问题进行修正。

（四）后处理

经过质量检查后的 TTX 文件，需要转换为目标语言的 XML 文件，可以在 TagEditor 中通过"Save Target As"，也可以通过 TRADOS Workbench 的"Clean Up"功能实现后处理。

第六节　手册文档本地化工程的质量保证

手册文档文件类型杂、各类标识符众多、使用工具各异，需要特别重视工程的质量保证，并且在项目实践中总结工作经验。

一、检查表

为了保证手册文档（以 FrameMaker 手册文档本地化工程为例）正确进行本对话工程处理，需要在预处理和后处理过程结束后，依照表 7.2 对预处理和后处理的提交文件进行有效的质量检查，从而监控实施中可能遇到的质量问题。

表 7.2　手册文档本地化工程质量保证检查表

FrameMaker 文档本地化工程质量保证检查表			
项目名称#：			
执行工程师：			
QA 工程师：			
发现问题数量：			
是否需要返工?			
请在下栏中填写发现的问题数	序号	检查项	
	1	文档语言设置。	
		正确设置源语言和目标语言。	
	2	字符集。	
		"Normal" 对应西欧语言的字符集设置，是默认设置。"Symbol" 用于亚洲语言的字符集设置。	
		如果源语言是亚洲语言，在从 MIF 转换为 STF（RTF）之前，确认选择了 "Symbol"。如果已经翻译的 STF 文件的目标语言是亚洲语言，再将 STF 文件转化为 MIF 文件之前，确认选择了 "Symbol"。	
	3	转换后的文件数。	
		MIF 转换为 STF 之后的文件数是 MIF 文件数加上一个 Ancillary 文件。	
		某些项目，转换前需要删除 *IX.mif 和 *TOC.mif 文件。	
	4	文件存放在文件夹的位置。	
		获得需要处理的文件。	
		将文件放置在正确的文件夹，特别要重视多语项目的文件夹设置。	
	5	丢失内容。	
		转换后的文件没有丢失内容。	
	6	字符乱码。	
		转换后的文件没有字符乱码。	
	7	结构化的 FrameMaker 文件。	
		转化后与源语言的 FrameMaker 保持相同的结构。	
		选择 "Structured FrameMaker" 为 "Product Interface（产品界面）"（通过菜单 "File" > "Preferences" > "General" > "Product Interface" 设置）。	

该检查表可作为通用的 FrameMaker 文档本地化工程质量检查表，工程人员可以根据项目特点和其他类型手册文档的特殊要求，对此表进行优化调整，进一步完善质量保证过程。

二、经验技巧

做好手册文档本地化工程的关键，从技术角度而言，需要抓住两个方面：第一，对不同类型的文档进行格式转换和使用翻译记忆进行内容重复利用；第二，采用各种技术工具做好本地化内容和格式质量检查。

（一）文档格式转换和内容重复利用

在本地化工程的准备和分析阶段，分析文档的格式，对于通用格式的文档，采用商业化的软件进行格式转换，转化的目的在于利用计算机辅助翻译软件进行内容的重复利用。

对于非通用文件格式，如果是文本类型的文件，可以分析需要本地化的文本特征，然后编写 Microsoft Word 的 "宏" 或者内部开发的小工具，将不需要翻译的标识符（Tag）进行标记，只保留需要翻译的文本。随着项目数量的增加，处理各种文件格式的 "宏" 可以组成工程工作包。另外，在编写 "宏" 或开发工具的过程中，可以不断积累处理不同文档类型的技术经验。

除了开发 Microsoft Word 的 "宏" 之外，Alchemy Catalyst、SDL Passolo 等本地化工具都提供开发包，针对特定文件开发各种解析器（Parser）和过滤器（Filters）。例如，Alchemy Catalyst 的 ezParser 可以定义特定文本文件的解析器。Passolo 包含一个与 VBA 兼容的脚本引擎，可以免费下载 Passolo 的各类 "宏"，也可以自己开发 Passolo 的宏。

对于内部开发的工具，需要在项目实践中不断应用，根据使用发现的问题进行修改升级。注意，良好的文件格式转换工具不仅支持把特定格式的文档转换成计算机辅助工具可以打开的格式，而且翻译后文件可以再次转换为源文件格式。理想情况下，这些文件转换工具应该可以对多个文件和文件夹进行批处理转换，对本地化后的文件可以自动检查翻译格式和标识符是否存在错误。

除了商业本地化工具，现在开源本地化软件也有了发展，可以上网搜索各类本地化工程处理的开源软件。

文档本地化过程中必然包含对图像、图形、Flash 动画、视频和音频文件的本地化工程，例如，Photoshop 文件、Illustrator 文件、CorelDraw、Flash 文件等。这些文件中需要本地化的文字可能不多，但是，如果直接使用他们原文件的设计软件进行翻译，则需要购买和安装这些软件将提高生产成本，而且这些软件都不支持翻译记忆，不能把以前翻译过的内容重复利用。

因此，需要开发出一些专用工具，可以从这些文件中提取需要本地化的文本，保存成文本文件，然后利用各种计算机辅助软件进行本地化翻译。翻译后的文本经过检查和校对，再次导入到原来的多媒体文件中。

（二）文档本地化内容和格式检查

手册文档的本地化对译文内容和格式的一致性具有较高的要求，特别是软件的用户手册等文档，要求术语和用户界面词汇与软件的用户界面以及联机帮助保持一致，目的是为用户提供准确的信息。

因此，手册文档在本地化工程预处理和预翻译（内容重复利用）时，需要基于软件用户界面和联机帮助阶段经过批准（Signed Off）的最终的翻译记忆文件和术语文件。在本地化工程后处理的质量和格式检查阶段，要组合使用不同的质量检查软件进行检查和修改。

除了文件格式和内容重复利用处理，本地化工程技术人员可以协助项目经理和本地化翻译的质量保证人员整理和维护项目的翻译记忆和术语文件。对于多语种项目的翻译记忆库的创建和维护，要注意选择的源语言和目标语言是否与当前要处理的文档匹配。例如，如果当前创建的翻译记忆库的源语言是美国英语，则如果原来项目的翻译记忆库是英国英语，则二者之间无法直接导入和交换。

对于翻译记忆库的检查有助于维护正确的最终版本的翻译记忆库，需要保证翻译记忆库中没有乱码显示的内容，为此，可以开发检查工具，自动检查并输出含有乱码的翻译记忆库的内容。为了增强通用性和互换性，一般将各种计算机辅助翻译工具自身的翻译记忆文件转换成翻译记忆标准交换格式文件（TMX），各种商业计算机辅助翻译工具都支持 TMX 的导入和导出。可以使用开发的工具针对 TMX 进行检查是否存在内容乱码，在检查时主要 TMX 具有不同的版本，每个版本的标识符有所不同。

本章小结

手册文档的本地化工程包括工程准备、分析、预处理、格式检查、后处理、修正缺陷工作。做好手册文档本地化工程需要不断学习技术文档写作技术和本地化工程技术，理解项目要求，根据项目特点选择多种解决方法，选择有效的本地化计算机辅助工具，还要积累和开发一些文件格式转换和文本内容提取的工具，最大限度地实现自动化转换和内容格式检查，在项目实践中善于总结和交流。

本章介绍了手册文档的类型、手册文档写作技术，分析了手册文档本地化工程的工作流程，列出了文档本地化工程的标准工作表和生产文件夹结构，以 SDL TRADOS S-Tagger for FrameMaker 为例，重点介绍了 FrameMaker 手册文档的本地化工程工作的内容和实现方法，此外，对于 InDesign、XML 等常见文档的本地化工程预处理、质量检查和后处理也进行了论述，最后提出了文档本地化工程质量保证的检查表，总结了文档本地化工程工作的实践经验和技巧。

本章的知识要点归纳如下

* 根据项目本地化项目工作包和手册文档的类型,设计手册文档本地化工程的工作流程,选用正确有效的文档本地化工程工具。
* 本地化工程准备和分析工作,是准确进行项目字数和工作量计算的基础。
* 为了保证文档本地化预处理和后处理工作的质量,需要在工程计划阶段确定质量检查表,在工程处理后及时填写质量检查表。
* 针对本地化后的文档内容和格式检查,经常需要使用多种质量检查工具实现,某些情况下还需要编写实用小工具辅助检查。
* 积极利用文档工程标准工作表和文档工程质量保证表,做好文档本地化工程的准备工作,对文档本地化工程的预处理和后处理等阶段的输出内容进行质量检查。
* 手册文档本地化工程要求工程人员不断跟踪并熟悉技术文档写作和本地化工程的新技术,不断总结经验,在实践中不断提高技能。

思考题

1. 常见的手册文档文件包括哪些类型?这些文档类型分别使用什么软件进行编写?
2. 文档本地化工程流程包括哪些内容?
3. FrameMaker、InDesign、XML 文档的本地化工程预处理和后处理工具和方法分别是什么?
4. 文档本地化工程的标准工作分配表包括哪些内容?
5. 列出对文档内容和格式检查的工具的名称,简要介绍各自检查哪些格式内容?
6. FrameMaker 手册文档本地化工程质量检查表包括哪些内容?

第八章

工程管理与沟通技巧

本章精要

本章主要介绍本地化工程项目实施过程的特点和难题,为了在实践和管理中取得成功,领导团队应注意在团队中适当采取以下五项措施:工程实施前的核实、团队建设与管理、工程采购、工程技术管理系统、沟通技能的培养。从而将问题暴露在项目初期,并尽快得到解决,提高团队执行效率,避免沟通中造成的误解和矛盾。

工程实施管理中介绍的五种措施解决了工程流程和工具无法解决的问题,为团队长期建设和协作提供了经验,为解决长期困扰工程发展的两大难题(资源与技术交流)提供了方法论。

本章的重点内容包括:
* 集成化工程的产生
* 集成化工程带来的难题
* 工程分析数据主要内容
* 工程分析报告主要内容
* 工程分析的基本步骤和操作流程
* 伪翻译与格式往返校验的主要区别
* 本地化工程工作包的主要信息

第一节 概述

工程管理是本地化行业中的新挑战,是随着本地化大规模生产和低成本中心应运而生的新课题。由于本地化生产模式和自身发展的局限,在 2005 年以前,除了本地化发展较发达的爱尔兰和美国,其他国家或地区的本地化工程人员大多只是遵照工程指导文档按部就班地执行,甚至意识不到工程计划的存在和必要,而且,绝大多数的项目只涉及一种目标语言,因此工程操作十分单一,单语种的文件前后处理工作占据近 80% 的工程工作量。总之,处于执行层面的工程师多半时间就是埋头执行一个个来自项目经理的文件处理工作,很少有直接面对客户或参与多语言工程计划与管理的机会。2005 年,很多本地化公司先后宣布合并,呈现出新的格局,变革也随之而来。

《世界是平的》一书的问世,宣布了旧秩序必将走向消亡。很多本地化公司提出低成本中心的概念,本地化项目出现了前所未有的迁移,"成箱"的新技术和多语言项目一批一批地漂洋过海,从爱尔兰和美国这两个本地化旧秩序的两极出发,流入其他所谓的低成本中心。如何做好工程管理便是建立新秩序的目标中,挑战最大、过程最为复杂的一项工程。

第二节 集成化工程

一、生产中心与集成化工程的产生

2005 年弗里德曼的一句"世界正在被削平",宣告了旧秩序即将被改变的事实,似乎一夜之间,地图上的所有发展中国家都成了新格局的主角,所有跨国企业和公司重新开始了自己的"圈地运动",如何寻找和掌握低成本供应链的密钥,变成了所有 CEO(首席执行官)们共同的话题。已经拥有了低成本生产中心的公司,都先后开始了生产的调整,甚至是结构性的迁移工作,一时间企业变革管理(Transition Management)成为了很多 MBA(工商管理硕士)教材中不可缺少的新贵;还未拥有低成本中心的公司,等不及从选址开始按部就班地建立自己的工厂,干脆直接从当地收购经营良好的中小企业,以拓展其核心生产链的规模,翻译或本地化公司当然也在其中。随着翻译或本地化公司自身发展的逐步完善,创新式的变革呼之欲出。不断降低运营成本、构建灵活持久的供应链体系，引发了其决策者与管理者对全球化生产模式新一轮的审视和关注，结果规模较大的翻译或本地化公司纷纷传出自己的并购计划，整个行业似乎在一夜间完成了重组。

随之而来的是本地化低成本生产中心接二连三地宣告成立，多语言本地化项目从爱尔兰和美国这两个本地化最为发达的地方，运至像中国、印度、拉美和东欧这样的目的地，如果非要给每次转移说上个期限，那永远是 ASAP——"越快越好"！同时带去的还有新的生产模式，多语言集成的大规模生产，甚至是直接面对客户的挑战与机遇。

处于低成本中心的本地化工程团队在这次变革中产生的变化最为明显。新秩序开始以前，工程文件前后处理占据是工程人员的主要工作，其中很多的工作来自目标语言是单一语言的项目，项目类型与范围很少变化，工程师们的工作大多是重复性的，而且十分单一；变革后，项目迁移逐渐开始，工程任务的种类和难度都比以往增加了很多，多媒体本地化工程项目近年来开始一直维持着较高增长率，软件与联机帮助文档的编译也从原来工程总量中稳定提升，与此同时，有经验的工程师或主管还要参与到报价和解决方案的讨论中。

工程任务因受语言障碍的影响较小，大多数多语言项目迁移都选择了从工程开始，"集成化工程项目"就此诞生，所谓集成化工程（Intensive Engineering 或称 Centralized Engineering），是指从两个层面进行的集成，包括多语言的集成和多种工程技能的集成。

有经验的工程师也因此一夜成名，使得本来就相对有限的本地化人才市场上出现了一人难求的窘境。自行培养有经验的工程师是当时唯一的出路。工程师们被送出去接受培训，带回来的不仅是新的技术与知识，还有代表生产中心做出的承诺。原来一个在爱尔兰已经做了近十年的本地化项目将在新的本地化周期中由这些新的工程师来承担，他们可能来自中国北京也可能来自印度孟买，或是来自多个低成本地域协同生产。不过，客户对服务品质的期待并没有变，相反更为严格，新的生产模式或许能帮助这些新的工程师们在老带新的模式中，逐步了解多语言工程集成管理的流程和方法，可是事情并非想象的那么简单，因为变革前后，对工程师素质的要求存在着鸿沟般的差异，不是通过一、两次培训或某种流程能够弥补的。

二、集成化工程项目的难点

集成化工程项目在实施阶段，容易出现以下五个管理上的难点，如图 8.1 所示：1）项目实施阶段与分析阶段存在脱节；2）项目难度差异大；3）工程需求难以预测；4）工程知识涉及面广且更新快；5）沟通层级复杂。

如何应对这些难题是工程主管们在领导工程项目实施中最先碰到的挑战。首先，是流程和信息传递容易出现脱节。因地域和项目历史等原因，多数多语言项目的分析并非在生产中心完成，等到了实施阶段，集成化工程又经常是最先开始迁移的工作，往往在分析阶段重要成果未传递或信息不全的情况下，生产中心工程负责人就收到了执行的指令，开始了生产部署。造成实施阶段和分析阶段信息脱节的原因很多，其中以分析流程未执行或缺少管理经验最具代表性，责任可以说在工程执行任务收发的双方。

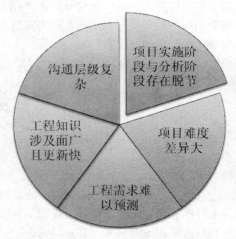

图8.1 集成化工程实施中的五大难题

第二点，项目难度差异大。集成化工程 是指从两个层面进行的集成，包括多语言的集成和多种工程技能的集成。因此工程项目在这两个层面组合方式不同，难度也有所不同。按需求将不同技能的工程师分配到某一工程项目组对有经验的工程主管来说并不是一件难事，但如果同期并行执行的项目有十个或更多时，仍然能在如此复杂的情况下取得平衡就显得很不容易了，况且项目的执行存在着无法控制的未知与变化。

再加上第三点，工程需求难以预测。新科技的诞生，带来的不仅是惊喜和新的技术，还有对旧行业、旧秩序产生的冲击。机器翻译、大型语义库（网）以及云计算都将以不同方式在未来几年影响着本地化行业传统的生产方式和规模,需取翻译(Utility Translation)正成为一种新态势,在这里英文 Utility,应取其在汉语诸解中"基础设施"之意,意思就是说,翻译要像平日人们想喝水一样,打开饮用水龙头就可以喝;想用电,不需要了解配电设施在那里或如何运转,打开开关就可以用。因此像排水和配电设备,这些都是基础设施,翻译或本地化公司也要像这些基础设施一样,人们需要翻译的时候,立等可取,不再需要等待。最近数月尤为明显,本地化客户们从提出需求到最终提交时间所设定的周期越来越短,而且都是多语言翻译,所以周期短、项目急、没预报已成为一种典型的项目特征。周期变短对团队灵活性的要求会变大,很多项目甚至就做2至3天,客户和直接与客户接触的本地化项目经理都来不及给出预报,对工程实施的挑战也变得更加直接,给资源安排带来了极大的困难。

然后,工程集成化带来了更为多样化的工程作业类型,如各种联机文档的编译、多媒体音频同步、视频录制与合成等,工程知识的积累日新月异,工程各团队从未停止过对新知识的学习,深刻地记忆在几乎每个团队及每位工程师的成长历程中。

最后,工程集成化协作造成沟通渠道复杂。沟通渠道即所有项目参与者之间存在的沟通关系,参与项目的人员越多,沟通渠道的数量越多,两者之间的关系可以通过以下公式来表现(公式中:N 是参与项目的人员):

$$沟通渠道 = N \times (N-1) \div 2$$

也就是说,如果一项工程项目由3名工程师,2名项目经理参与,涉及的沟通渠道就会有10条,而平均中等规模的集成化工程项目至少要求先后有6名工程师,2名测试人员和2名项目经理参与,其中至少有1名工程师和1名项目经理远在国外,以方便和地处相似时区的客户直接交流。可想而知,在如此复杂的沟通渠道中,避免信息丢失、跨越文化差异和缺少工程知识的障碍,做到高效准确地沟通,不光是对每一位工程技术参与者的沟通素养的考验,也是对公司创建整合信息发布与知识管理平台提出的新要求。

对这些难题的处理是否准确得当决定着项目执行的效率、甚至成败,但值得注意的是,这些问题经常被忽视,暴露出来的工程质量问题没能找到其根源,一次次被遗憾地冠以"粗心"或"时间表太紧"等理由,所以这些难点依然存在,并长期困扰着团队的绩效。铲除这些问题,需要制定并采取相应的管理手段和措施,以提高整个工程团队在集成化工程项目执行中的应对能力。另外,在对待这些问题的态度和行动上,团队上下要一致,不要存在侥幸或事不关己的消极情绪,为抵制消极情绪,应在团队会议上,鼓励良好的习惯,由主管带头执行,为管理措施的实施创造积极的氛围。

第三节 集成化工程项目实施与管理

要想在集成化工程项目实施中克服上述五个难题,在实践和管理中取得成功,领导团队在项目中不断成长,应在团队中适当采取以下四项措施:工程实施前的核实、工程采购、工程技术管理系统、沟通技能的培养。

其中,工程实施前的核实是实施前对上一流程即计划阶段成果的审核,从而保证工程实施在流程上的准确性。工程采购是通过与工程服务供应商的合作扩充后备,建立成熟稳定的供应链,以缓解和解决资源短缺问题。借助 Web2.0 构建的技术信息管理系统可以方便工程技术人员积累项目经验,通过查询关键字和 Wiki(维基)编辑功能,更快捷地管理和查找在项目执行中获得的工程知识。在跨文化多渠道的交流中,应提高工程人员的沟通技能和技巧,保证信息在复杂的传递过程中,始终清晰完整。

一、工程实施前的核实

本书第三章曾介绍过进行工程分析与计划的内容,工程实施是接到项目执行指令后,基于工程分析结果与本地化项目工作包 展开的一系列工程活动。工程实施前要对各类活动的计划成果进行核实和验证,从而保证实施工作能准确地按照之前计划阶段做出的判断做进一步的展开;同时也是挖掘实施方案中的潜在不确定性、验证计划阶段成果可行性的关键步骤。核实中出现的任何新的问题，应尽早通知项目经理进行新的分析和论证，并对计划成果进行必要的补充或更新。

工程核实工作包括对 4 个方面的确认与检查，如图 8.2，包括：确认工程实施环境（2 个核实项）、确认各项工程活动的需求（6 个核实项）、核查工程文件（2 个核实项）、识别实施阶段的风险及应对方案（3 个核实项）。

以上 4 个方面中又包含共 13 个核实项，涵盖了实施过程中所必需的关键信息，是工程团队主管或工程项目经理在项目实施开始前必须明确的。

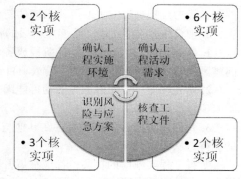

图8.2　工程实施前的核实

（一）确认工程实施环境

工程实施环境的确认包含 2 个核实项：

1. 确认工程实施所需要的软硬件环境已明确定义到工程工作包中。其中软件环境是广义的，几乎所有工程工作都对操作系统、操作软件和生产辅助系统（Bug 追踪系统或翻译内容管理系统）有很强的依赖性，为保证工作环境的一致性，要求对硬件需求及上述 3 类软件环境进行明确定义，并记录在工程工作包中作为依据。

2. 确认相关操作软件的版本以及是否支持所有项目涉及的目标语言。这个过程有时需要在分析阶段花些时间来验证，使用"格式往返校验"就可以，特别是针对初次涉猎的目标语言。

（二）确认各项工程活动的需求

在执行阶段，工程活动的需求应通过工程任务实施指令（Work Assignment 或 Project Order）传达，其中应包含以下 6 个核实项：

1. 各工程活动的时间表已经确定，包括各活动的起始和结束时间，可以提前进行的或与其他活动并行的工程活动均已标明。

2. 本地化项目工作包中已注明工程工作的范围，如有疑问应立刻与项目经理进行确认。

3. 本地化项目工作包中已注明工作流程，如果未特别注明或存在工程处理上的歧义，应立刻与工程高级主管进行咨询。

4. 工程任务中若存在多媒体或桌面排版等工作，应就目标语言所使用的字体、字符样式等信息向相关技术主管进行确认。

5. 工程任务中若存在联机帮助文档编译或网页处理等工作，应就目标语言所使用的字符编码和字符集等信息向相关技术主管进行确认。

6. 确认提交物。软件、网站或多媒体本地化项目因涉及的资源文件类型多、数量大，可以先提交发布后的文件，待客户反馈或整体修改完毕后，再提交中间的资源文件，以节省文件传输的时间和服务器负载。

值得注意的是，其中第 6 项"确认提交物"是最重要且最容易被忽视的，因此建议将第 6 项作为工程工作包模板中的一个必填信息，以引起项目经理和工程执行人员的重视。

（三）核查工程文件

工程相关文件的检查分两部分，共 2 个核实项，以翻译环节为界线分别是 翻译前待处理文件的检查和翻译后待处理文件的检查。

1. 翻译前待处理文件的检查，是针对工作范围，遵照分析阶段所涉及的翻译文件工作包和可本地化的文件列表，检查执行阶段所收到的文件是否在文件数量、命名、格式和文件夹结构上与之相一致。

2. 翻译后待处理文件的检查，一般在翻译后的双语文件上进行检查，目标是保证所有返回的文件在数量和文件结构上与翻译前一致，而且在内容上没有漏译或删减的现象。

（四）识别实施阶段的风险及应对方案

风险识别是工程实施阶段非常重要的步骤。其一，要对之前分析阶段已识别的风险进行追踪和控制；其二，要对实施阶段可能出现的新风险进行确认，并制定相应的应对方案。此处共3个核实项，其中首先列举了2个工程实施阶段的常见风险，其次是针对实施阶段风险的确认和布防：

1. 常见风险一：工程实施各阶段或各活动的时间表安排得是否合理，如果工作量分析不足或时间过紧，需立即通知工程高级主管或项目经理进行协调。

2. 常见风险二：任何工程活动可能因前后以来的换届无法及时返回而延时提交，应作为主要风险向项目经理提出。

3. 针对历史经验检查是否存在其他与本类项目相关的风险，若存在应立即寻求主管或项目经理的支持，从而做好应对措施。

所有工程实施前的核实，都应在展开实际操作前进行核实，使问题和风险尽可能地在第一时间报告给相关项目决策人员，尽早解决，从而有效降低工程返工率和错误率，保证项目的顺利进行。

二、工程采购

（一）工程采购的作用

产量和速度成为了（除质量之外）衡量本地化服务质量的主要指标。随着集成化工程生产的展开，客户对本地化工程服务质量的要求更高，也恰好体现在提升单位产量以及缩短产品本地化周期上。工程团队建设本质就是不断提升绩效和单位产量的过程，而维持多大规模的工程团队才能在多线并存的集成化生产中加快提交速度，才能为客户争取更早的产品上市时间成为了所有工程经理必须面临的新挑战。

餐馆老板其实也面临相似的问题。午饭时间大概1个半小时是全天上座率最火的时间，在这近乎白热化的时间里，老板总嫌自己的伙计动作太慢，伙计们无奈于客人们来得过于集中，客人们则抱怨餐馆内空间太小桌椅有限才造成了等位……每个工作日的中午都重复着相同的情况，可到了节假日或工作日的傍晚人去楼空，附近餐馆又是另一番景象，上座率常常不到50%，老板又会为自己的生意担心，盘算着裁掉多余的伙计或是少租些面积。这个例子很有意思，资源有限的前提下应对短时间内激增的服务需求，已成为对产量和速度最终极的诠释。

如何找到速度更快且质量稳定的供应链，几乎是每个管理者每天所必须思考的。答案未必只有一个，但其中一定有"工程服务商的采购与合作"。本地化工程服务商（有的公司称为"本地化工程供应商"）提供的不只是相同质量的服务，而且对于工程经理而言，他们还扮演着另一个重要角色——"工程团队的后备补给"。短时间的需求激增，就是指很多项目在没有预告的情况下在同一时间超乎寻常地聚集在一起，没有人能改变这一事实，也没有人听你解释，就像刚才说的餐馆案例一样，站在门口等位的客人很少会因为餐馆老板出面解释而停止抱怨，这对所有已经处于满负荷的团队来讲无疑是雪上加霜。这时，如果工程经理能启用"后备团队"——合格的工程服务商一起加入到项目中，会给整个项目带来转机，服务速度可以明显提高，而且工程团队内部资源也可以因此得到缓解，相对节省下的时间可以用于对服务商质量的控制与核查，使质量得到保证。由此可见，工程服务商的采购与合作可以帮助工程经理在质量、速度与有限资源之间找到新的平衡。

（二）工程服务商的现状

目前中国大陆境内，本地化工程服务提供商的采购还处于较为初级的阶段，相对落后于翻译或软件测试等其他本地化领域的服务商发展，原因有三个：1）工程需求难以预测；2）部分工程工作对软硬件设施的要求较高；3）工程培训起步较晚尚未普及。因此，即使找到成本较低的合作方，工程经理们也会面临着容易中断的服务商供给，给工程采购带来不稳定的因素。只有工程服务商服务体系整体提高到新的阶段，才能扬长避短，彻底解决集成化工程实施中资源合理分配的问题。

（三）工程采购流程

遵照工程采购流程进行服务商选择与管理，可以帮助项目经理、服务商管理者与工程技术主管分清各自在工程外包计划和实施上的职责，促进服务商提升服务水平，对维系长期稳定的供应链起着必不可少的作用。

下图8.3为工程项目标准执行流程，图8.4是确认外包后的工程采购流程，两个图合在一起就是完整的工程项目及采购流程，各本地化公司的工程团队可根据各自的外包情况进行修改或删减，涉及项目经理、服务商管理者与工程技术主管三者之间的职责分工，3 个在服务商合作中经常使用的模板。

职责分工根据各公司分工习惯可以存在差异，基本分工方式为：

1. 项目经理

（1）发出项目预报

（2）整理分析计划阶段的项目文档，将工程相关部分传递给工程主管

（3）发出执行指令

（4）安排语言相关检查

（5）项目收尾，并根据工作量大小进行支付

2. 工程技术主管

（1）工程团队主管根据预报进行工作量预估

（2）根据内部资源占用状况，评估向工程部门经理提出外包请求

（3）工程部门经理确认资源状况，决定是否外包

（4）部门经理与服务商经理一起选择最适合的工程服务商

（5）由工程团队主管根据发包模板进行发包

（6）由工程团队主管对服务商提出的问题进行收集和过滤，对技术部分进行解答，将其他问题传递给项目经理

（7）由工程团队主管控制进度，接收并检验服务商提交物的质量

3. 服务商管理者

（1）推荐适合的工程服务商，并参与最终的服务商选择

（2）监督采购过程按照采购流程运行

（3）记录服务商绩效

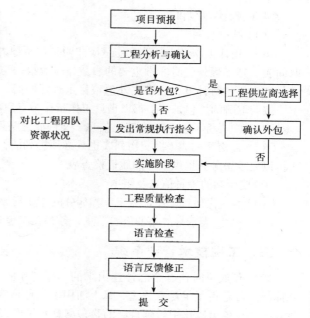

图8.3 工程项目标准执行流程

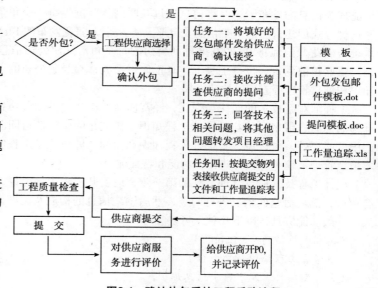

图8.4 确认外包后的工程采购流程

除了以上分工方式外，值得介绍一下外包发包的邮件模板，原因是团队主管给服务商发包不同于给组内人员分配任务，一些内容需要在发包时特别说明，但团队主管习惯将精力和沟通的重点放在技术细节上，因此时常忽视对外发包中应注意的事项。

外包发包的邮件模板中包含以下几个内容：

（1）邮件标题（如：＜客户名称＞－＜项目名称＞－＜任务范围＞－＜任务编号 No.#＞）

（2）需要完成的工程工作范围

（3）源语言及目标语言

（4）（预计）开始时间

（5）*结束时间

（6）*预计工作量（预计工作量应注明是按每种语言计，还是所有目标语言的总和。它不等同于时间表，是工程外包时非常重要的参数，一般根据与服务商签订合同时，对该类型的工作所规定的单位产出量进行计算，注意在外包项目正式开始前，应得到服务商对预计工作量的确认。一般情况下，按劳取酬的外包工作，都以预计工作量作为日后双方结款的主要依据）

（7）FTP信息（包含FTP账户信息、文件放置路径以及提交路径）

（8）*提交物列表（提交物列表也是必须提到的，包含所有提交物的文件格式和文件名称，另外也可以要求服务商提供填好的质量检查表）

（9）使用到的工具信息及版本

（10）本地化项目工作包关于工程部分的作业指导

说明："*"表示易忽略的重要信息，务必在发包邮件中明确指出。

三、工程技术管理系统

2006年底《时代》杂志评选出来的当年"年度人物"是"You"。封面上一台酷似苹果的台式一体机，屏幕占了足足三分之一，上面用了一种特殊的类金属材质，可以反光。拿起杂志来，只要找对角度，就可以从中看到自己的脸，寓意着年度人物就是"你"，而且封面下方还写着"Yes, you. You control the Information Age. Welcome to your world."，大概的意思是说"对，就是你。是你驾驭着这个信息的时代。欢迎来到你的地盘。"

Web2.0，这个令无数人兴奋的字眼，颠覆了传统的自上而下的信息发布方式，使每一个人都有可能成为信息的发布者，并将信息通过互联网传到世界每一个角落。在管理上，很多公司也开始借鉴这种方式创建自己的员工信息交互平台，从个人随意发布的Blog（博客）到涉及项目知识的Wiki系统，五花八门地将Web2.0推行到公司的每个角落，使公司信息的发布，这个本属于管理层的专利，就此扩散到每一位员工身上，真正使每个人都参与到公司的运营与管理中，真正推动了公司在知识和创意管理等方面的快速发展。

工程师对新技术的向往与痴迷，经常使他们扮演着推动公司技术信息系统的角色。另外，项目迁移的同时，带来了日新月异的工程知识，集成化的生产使得团队第一次体验到标准流程在实际生产中的必要性。可以说，管理好工程知识和流程，即抓住了工程实施管理的主要矛盾。那么工程技术信息管理系统中应包含些什么功能和特征呢？

设计工程技术信息管理系统的第一步，应召开工程内部会议，找到当下生产中最重要的信息都有哪些，然后对这些信息进行归类，然后围绕信息的构成及类型设计管理系统的功能，做到有的放矢。一般功能应具备以下几种，可供参考：

* 工程人员信息库（People）。

* 多语言工程知识信息平台。

* 大中型项目（及客户）信息库。

* 工程流程信息库（Process）。

* 工程工具信息库（Tools）。

* 工程例会会议记录。

以上功能模块都需要支持搜索，因为信息量很快便会大得惊人，最好兼具Wiki编辑修订功能，以促进同一话题的交流，这对工程技术信息本身的发展也很有帮助。另外，任何技术信息平台的建立都是为管理服务的，说到管理就不能忽略三个要素"People"、"Process"和"Tools"，在以上推荐的功能中，这三个要素也融入在其中：

1. 工程人员信息库除了记录工程技术人员基本信息外，还会列出每个技术人员的技术专长和兴趣爱好，以增进员工之间的了解。

2. 多语言工程知识信息平台是围绕该公司主要工程作业类型，分模块对相关知识信息进行记录的，涉及多个工程作业或领域时，可以在多处分享同一出处的内容。

3. 大中型项目（及客户）信息库，项目信息库用于收录重要的项目信息，中等规模以上的项目或新类型的项目都可以，记录的内容主要包括项目名称、所使用的工具信息、里程碑、分析阶段的结果、最新工程工具包的位置以及项目经验总结，另外还有客户基本信息和团队成员信息等。大多数工程项目级信息都收录在此，方便了工程各级主管对团队资产的掌握，为提升到组织级资产奠定了基础，对项目信息的收集工作应调动所有工程人员一起参加，及时鼓励和奖励对信息收集有突出贡献的人员，做到尽可能多地记录项目信息，贵在坚持。

4. 工程流程信息库，属于组织级信息，是从若干次经验教训和多次项目记录中凝结并升华出来的、必须遵循的工程操作步骤和规范。

工程流程应包括以下几个方面：
（1）对工程作业的简介
（2）工作流（Workflow）简介与示意图
（3）输出的文件类型
（4）流程所使用到的模板
（5）标准生产文件夹结构
（6）流程涉及的不同工程角色和职责
（7）所使用的一般工具软件（提示 输入时可选择链接到"工具信息库"中记录过的工具）
（8）标准单位产出
（9）该流程的主要管理者
（10）常见问题解答

标准流程为工程师提供了工作的规范，也为大规模生产中的团队协作提供了统一的工程语言，保证了团队协作的一致性，是工程质量的基本保障。流程信息中的大部分信息都来自项目信息库，要关注项目信息库的不断变化，及时对新出现的流程进行定义，对已有流程进行修改。不断提升工作流程在项目实施中的指导价值，也是每一位工程师的责任。

5. 工程工具信息库，排在世界前十位的翻译或本地化公司，每年仅在工程软件购买上的开支预算平均在30万美元左右，但其中很多公司对工程工具的管理尚不完善，主要是对工具信息库的重视不够，没有及时对工具版本信息做出调整，大多时间浪费在工具信息的反复确认上，另外很多常用软件的更新并不及时，甚至影响了实施过程中项目的正常运行。工具信息库的设计很简单，就是工具的名字、最新版本信息、旧版本参考信息和修改历史。另外推荐为一些常用工具软件锁定一名管理员，及时收集版本更新信息，有时在软件公司规定的时间内更新还会遇到不错的优惠。

6. 工程例会会议记录，很直接，就是用于收录例会记录的、为了追溯某次会议的决定或内容。除了时间、参与人员和会议中的重要信息外，最重要的是能提供对行动计划的追踪功能，以方便行动实施者和发起者检查执行的状态和结果。

随着集成化工程生产的深化，对技术管理系统的功能在项目外包管理和技术研发上，提出了更为深刻的要求。因此在技术信息平台之外，又诞生了资源平台和技术开发平台。其中，资源平台承担着对工程服务商的管理职能，主要记录工程外包信息，包括批次、外包内容、提交质量、平均产量以及提出的技术问题等。技术开发平台，是顺应"需取翻译"Utility Translation 这个新形势的需要而提出的，系统设计思路与新浪公司的"爱问"工具很相近，不过技术开发平台有固定的技术群，都是由公司技术高手组成的，也就是说，当遇到某类技术问题时，可以先到知识信息平台去搜索，如果找不到答案，可以回到技术开发平台，找到此类问题所在的位置，将问题登在上面，系统会自动为该技术群发消息，使公司技术高手们可以第一时间看到，并在用户规定的时间内给出解决方案或答复。因问题多涉及开发脚本或研究新的工具，因此取名"技术开发平台"，是工程技术人员用于交换技术细节和推动公司技术创新的新途径。

就在本书截稿的前几天，为探讨一个工具的使用，作者和远在美国波士顿的一个同事通了几封电子邮件，最后收到了他发来的一个网站链接，打开一看，原来他把该工具的使用方法通过录制屏幕操作的方式录了下来,并发布在视频网站上。第二天,这个链接又出现在了他的博客中。一个看似简单的操作打破了习惯的 Email 交流方式,但却更准确、更便捷地分享了信息,使信息传递的方式变得无处不在。

不要让平台与系统的建立禁锢了信息传递的方式,保持创新、积累和分享的态度才是这个新兴的行业与时代所需要的。

四、沟通技能的培养

(一)集成化工程项目中的沟通

工程集成化给客户和本地化项目经理带来了项目管理上的方便,绝大多数的工程技术或资源问题被工程技术经理和主管解决掉,通过信息分解、整理和综合后,留给客户或项目经理的问题很少,从而减轻了他们管理上的负担。然而大量的信息分解、整理和综合,都转向了工程团队内部,增加了工程人员之间的沟通渠道数量和信息交流的难度。因此,沟通技能成为了工程技术人员必须掌握的一项技能。沟通技能的欠缺也一度在集成化生产出现后,成为每个工程团队最难逾越的发展瓶颈。

其实,沟通就是信息交流的过程。在集成化工程各环节,不同项目干系人之间都会发生各种信息的交流,以达到交换和共享信息,推动项目向前发展的目的。一般地,工程管理者 70% 的时间都会用于沟通,包括提供和发布项目作业指导文件、讨论分析数据、安排分配工作、指导生产行为、与项目组的生产会议、向上级报告资源占用率和工作进度、参与招聘新人以及服务商的谈判等,工程管理者与其他项目干系人之间的沟通贯穿整个集成化工程生产周期。在实际工程项目中,大部分冲突、挫折或低效率都是由沟通失败而造成的。如果不能及时处理并纠正沟通中存在的问题,很可能影响项目的进度、质量和成本,严重的还会造成问题的不断升级,失去客户的信任,反过来影响团队间的协作和士气。因此,工程团队每一位信息的发送和接收人员,都应做到准确及时地处理信息交流的以下 4 个阶段—生成、搜集、传递和存档,并在信息交流的过程中,掌握沟通的技能。

所谓的沟通技能,就是基于对工程项目各环节信息交流特点的了解,设计并执行的一套有针对性的沟通解决方案,有效的沟通计划和方案可以避免信息的过滤和沟通障碍。

过滤是指信息在沟通过程中的损失。导致信息过滤的主要原因是复杂的组织结构、语言文化差异以及表达方式上的差异,而这三个因素在集成化工程项目生产中经常是同时并存的,第一,集成化工程的执行信息的传递大多需要经过 3 个层面的传递,即客户传递给负责多语言本地化项目的项目经理,然后再由这个负责多语言的项目经理传递给负责多语言工程的工程主管,最后由工程主管将信息传递给负责执行和质量控制的工程师;第二,多数情况下,客户、多语言项目经理、多语言工程主管及工程师并不同在一个国家,各自有着不同的语言和文化,但为了语言上的统一,彼此之间的正式交流几乎均为英语,这个并非在所有项目干系人都能熟练驾驭的语言环境下完成;第三,因项目涉及的层级关系较复杂且相关人员并不在同一时区或地区,无法经常通过面谈或电话的方式交流,所以绝大多数情况下,信息的传递是靠电子邮件完成的,书面语言在项目所有信息传递中可以占到近 90%,这种书面表达方式与面谈或口头的交流方式相比,可以更好地记录信息的变化和发展过程,但不利于信息的有效传递和理解。

沟通障碍,是指信息在传递中被曲解或被延误的现象。可以因为传递环境因素、信息传递者的态度和注意力或传递者间存在的对信息含义的理解能力不同而产生沟通障碍,无法做到有效的沟通。另外,传递者间复杂的人际关系、不信任或不稳定的情绪也会对正常的沟通造成负面的影响。

(二)集成化工程项目各阶段的沟通特点和方案

在项目分析与计划阶段,召开项目预备会议是最有效的沟通方式。工程项目预备会议,要求参与项目的主要工程人员都要参加,务必要求参与过项目初始阶段的工程人员参加(可以通过视频或即时呼叫软件,与远在爱尔兰或美国等国外的工程师进行交流)。会议目的很简单就是搞清楚"谁干什么,怎么干"的问题。会议主要议题是:根据工程分析阶段得出来分析数据和分析报告,对项目拟定的工作流程和方案进行介绍,对流程中的不同角色进行责任划分,并确定沟通途径。此外,需要强调的是里程碑时间点和实施风险,对实施过程主要风险的识别可以通过集思广益式的讨论来完成。最后，将预备会议的会议纪要发布到信息系统中，以方便实施过程中，对某些重要讨论进行回溯性检查以及对风险的进一步追踪。

接下来，进入工程实施阶段。在工程技术人员得到执行指令后，最重要但最容易被忽视的就是在第一时间与指令发送方（者）进行反馈确认。项目初期，很多执行信息的反馈确认没有得到足够的重视，大多被简化成类似"收到"或"OK，没问题"等形式，简化后的反馈虽然可以加快回复的速度，但有时也会带来信息缺失或部分内容被误解的风险，因此在大中型项目初期或在新组建的团队中应鼓励使用更为严谨和明确的信息确认方式，使需要确认的内容结构化、条理化。确认执行信息的主要内容包含三个层面：一是对已知的执行信息进行归纳；二是对执行信息中未知部分做出判断和提问；三是代表信息接收方对执行内容（至少应包括：提交物、提交时间和预计工时）做出承诺。以上三个层面的确认都是经过两个比较后做出的：

（1）比较一：实际执行中接收到的源文件与分析计划阶段的源文件进行的比较，即源文件一致性检查。比较后，最重要的就是对初期项目预备会议中所确定工程工具、流程中的重要步骤、时间里程碑等信息进行二次确认。

（2）比较二：执行信息所提出的具体要求（即客户需求）与执行信息接收方的实际情况（包括资源数量、技能掌握和团队产能状况等）进行的比较。比较后，应对可行部分做出承诺；对不可行或无法实现的部分做进一步分析，找出原因和问题后，通知上级主管，并务必在信息回复中注明。

此外，还应对执行信息中忽略的或未知的重要信息进行补充提问，越早提出问题越能为解决问题提供帮助。最后，也是最重要的是要求对方进行收到此确认后做出最终确认。从执行信息指令发出，到接收方对执行信息的确认，再到最终确认。这样，信息被传递了三次，一个完整的沟通才算完成。及时准确的信息确认，可以有效避免信息的过滤与沟通中的障碍，提高沟通的效率。

在项目执行过程中，要保持畅通的沟通，还要做到定期举行生产会议，定期对生产状况作状态报告和计划更新。

在项目收尾阶段，要切实安排项目总结会，使项目中遇到的问题得到充分的交流，并将值得改进的部分及时记录或更新到流程数据库或知识库中，利用信息系统发布平台，对工程流程和细节信息分别进行记录和传播，使信息共享和交流延伸到更广阔的范围。

（三）电子邮件沟通与范例

经济全球化这一愈演愈烈的现象，使本地化公司的服务对象经常同时覆盖多个地域和时区，电子邮件已成为本地化公司对内和对外交流中十分重要的沟通方式。在项目运行中，邮件对于本地化工程人员而言，是汇报状态信息的重要手段，在遇到棘手的工程问题时，能够准确地将工程问题用英文解释清楚，并在第一时间以邮件的形式将解决方案或建议传递给相关项目参与者，这是一名优秀工程师所必需的技能素养。此外，一名成熟的本地化工程主管平均每天要处理近百封的电子邮件，每天近80%的时间都花在读写邮件上，因此，工程主管处理邮件的能力，在一定意义上就代表着其管理的效率和能力。由此可见，工程人员除了提高技术上的专长，更要重视培养自己正确理解和书写英文邮件的能力。

要做到正确理解和书写英文邮件，应在邮件形式和内容上下功夫。首先，形式上应做到标准化，尽可能在公司范围内统一邮件设置，例如：

（1）遵循统一的字体，字号和样式。

（2）在邮件标题上体现出客户名简称、项目名称简称、任务类型和任务编号等信息（如，ClientName_ProjectName_Task Type_TaskNo#）。

（3）邮件附件最好使用 Winzip 进行压缩，推荐选用 zip 格式，尽量避免使用 rar。

（4）邮件附件的大小一般应控制在 2MB 左右，最大不要超过 5MB。

（5）邮件正文中的日期格式应以"Sept. 12, 2009"格式为准，其他省略式写法如 09/08/20、08-08-08，或以"Tuesday"、"Tomorrow"等代替具体日期，都容易引起歧义。

（6）提到具体时间时，应注明时区，如，"Jan. 10th at 5pm (Beijing time)"或"Jan. 10th at 9am (GMT+0)"。

（7）统一的签名格式。

（8）邮件发送列表中分 To，CC 和 BCC 三种，其中 To 中包括了与邮件有直接关系的收件人，需要作出回复或行动，CC 中的收件人一般不需要作出回复或采取行动，只作一般性了解即可，BCC 中的收件人不会被其他收件人看到，适于在将邮件发给多个服务商时使用，保证商业上合作伙伴之间的隐私权。

（9）收件人收到邮件后，应尽快回信，如没有特别情况，不得超过一个工作日甚至更短，这已成为一个电子邮件沟通的国际惯例。

（10）使用拼写检查"Outlook > Tools > Options > "Spelling" Tab > Select "Always check spelling before sending"。

其次，在内容上做到简洁明确的原则，采用客观和专业描述方式，给客户留下积极合作和负责任的形象，建议：

（1）在给客户的邮件中，尽量使用较正式的表达方式，避免使用行业术语或缩略语，如 TM、SOP、L10N 等。

（2）为提高效率，尽可能减少不必要的邮件打扰，只将邮件发给相关人员。

（3）转发邮件不等于 FYI，在转发讨论内容较长或较复杂的邮件时，发信人应作简要解释，或采取当面解释的方式，以方便收信人在看到转发邮件时，快速了解事情的经过，提高双方处理效率。

（4）在每次回复邮件时，应注意及时根据邮件内容调整收信人列表，删掉与邮件内容无关的人员。

（5）发出重要邮件后，应要求收件人尽快回复。

（6）使用积极客观的方式进行描述。

（7）使用邮件的目的是使信息条理化方便传递，类似便签或短信的功能，但邮件绝不等于信息发布系统，因此使用 3 至 5 行作为一个段落，全文不超过 4 个段落为宜。

（8）外出时，应注意启动 Outlook 邮箱的自动回复功能，为避免不必要的信息安全泄漏，不要在自动回复邮件中出现客户或项目信息，也无须透露外出理由。

图 8.5 – [邮件范例—Engineering Outsourcing Email 法语视频工程任务外包邮件]

```
Dear XXX,
The engineering production files are posted to our FTP below:
        Host address: xxx.xxx.xxx.xxx
        Username: xxx
        Password: xxx
        Path: /xxx/Source

Under the path, there are 2 folders. "EN_Source" contains the source video to be localized. "fr_FR" contains the FR translated screen images, audio script and WAV audio.
Instruction:
•   Create project using Premiere;
•   Import translated FR video screen image and the audio provided;
•   Audio synch;
•   Generate FR WMV;
Deliverables:
•   Localized FR WMV and project files;
•   Deliver localized FR WMV to above FTP by creating a new path; /xxx/Target;
Deadline:
•   By EOB of Dec.16th(Beijing Time);
NOTE: The task is estimated to accomplish in 4 hours, which will be used as hours to be paid for issuing the PO. Please confirm the estimated hours before starting the production.
For any technical questions, please don't hesitate to contact XXX.
Best regards,

[Your name]
```

图8.5 工程外包邮件范例

邮件标题：[Client] – [Project Name/Number] – [Video Loc to FR]– [Handoff #091216]

本章小结

集成化工程项目已成为本地化行业发展中的一个必然的趋势，集成化工程在实施过程中汇集了来自多个领域的挑战，要求工程项目管理者和实施者在项目管理、知识管理、资源管理、外包采购和沟通管理等领域都要具备良好的素养和广博的知识，只有这样才能将集成化工程项目推向高品质和高效率的实施水平，代表着一个成功的翻译或本地化公司必不可少的核心竞争力。文中介绍的各种方法只是管理实践中积累的一部分，在充满变化的机遇中，应不断做出新的策略调整，以适应行业新的发展，使翻译与本地化工程事业更加充实，为其注入更为持久的发展动力。

本章介绍了集成化工程的概念、产生背景以及项目特征，论述了集成化工程项目的实施方法以及管理技术，详细介绍了工程采购的作用、采购流程、工程技术管理系统的组成以及沟通能力的培养方法。

本章的知识要点归纳如下

* 集成化工程是全球本地化行业向低成本国家转移过程形成的，它包括多语言的集成和多种工程技能的集成。
* 集成化工程项目的管理工作包括工程实施前的核实、工程采购、工程技术管理系统和沟通技能的培养。
* 随着集成化工程生产的深化，在技术信息平台之外，诞生了资源平台和技术开发平台。
* 沟通是信息交流的过程，在集成化工程各环节，不同项目干系人之间都会发生各种信息的交流，以达到交换和共享信息、推动项目向前发展的目的。
* 电子邮件已成为本地化公司对内和对外交流中十分重要的沟通方式。工程人员除了提高技术上的专长，更要重视培养自己正确理解和书写英文邮件的能力。

思 考 题

1. 集成化工程主要包括哪方面的集成？
2. 集成化工程带来的困难包括哪些内容？
3. 集成化工程项目实施措施包括哪些内容？
4. 工程实施前的核实工作包括哪些内容？
5. 标准工程流程包括哪些方面？
6. 请根据以下情景拟一封向工程服务提供商（Vendor）发包的工作外包邮件（请用英文）：

[情景描述]

请使用 ePublisher Pro 2009.4 这个版本的软件将附件中翻译后的简体中文文件编译成 JavaHelp，源语言（英文）编译前后的文件放置在 FTP 指定的位置上。

主要处理步骤如下：

* 打开 eng100410.wep 项目文件
* 在 ePublisher 中选中输出的 Help 格式为 Javahelp
* 在 ePublisher 中配置相关字体、目标语言、图片及 DITA Map 文件
* 可以在输出后的 HTML 中对格式进行修改
* 将生成的简中文 JavaHelp 以及 Log 文件在周五 6PM 前发提交到指定位置

第九章 本地化工程标准化

本章精要

本章主要介绍本地化工程的标准化。为了在工程实施和管理适应大规模生产以获取更高的利润和客户满意度,工程团队要制定工作规范和准则,标准是以获得最佳秩序和项目效益为目的。标准执行得好,可以促进成功经验的复制、团队间无障碍的协作以及服务品质始终如一的客户认同感,这也是每一个公司所追求的经营目标。

此外,制定工程标准由四个阶段组成。设定工程标准化服务的目标是第一个阶段,它决定着标准设立的方向。创建标准模型要抓住标准化模型的构成,对其描述的对象、框架要加以区别,这样,才能理解工程项目标准和工程业务标准之间存在的区别。

标准文档的管理应建立在"用户可分权;版本可追踪;内容可共享、可更新"的原则上。本章最后重点介绍工程标准产出率这一重要概念,分别描述标准产出率产生的依据和步骤。

本章的重点内容包括:
* 本地化工程标准化的作用
* 工程标准化的界定过程
* 工程标准服务的对象分类
* 工程标准框架
* 工程标准体系文档的管理
* 制定工程标准产出率的依据和步骤

第一节 概 述

不立规矩,难成方圆。古罗马帝国之所以强大,体现在了很多方面,其中,古罗马城池统一的建筑标准及建筑风格,体现了当时高度发达的城市建筑技术,人们可以很方便地找到哪里是居民公寓区,哪里有浴室,哪里有剧场等不同功能的城市建筑单元。这背后也凝聚了统治者利用建筑上的标准化,推动城市建设和管理的终极目的。古罗马建筑师和工程师维特鲁威所著的《建筑十书》中将建筑标准观发挥到了极致,并成为后人遵循的经典。

在项目管理中,标准是以获得最佳秩序和项目效益为目的,对项目技术和执行经验进行综合,由组织以特定形式公布,作为产生工作规范的准则和依据。成功经验的复制、团队间无障碍的协作以及服务品质始终如一的客户认同感,是每一个本地化公司所追求的目标。为了实现这些经营目标,每个公司必须制定适应于自身情况和发展趋势的标准,以规范组织内部协作和执行方案。

本地化行业经过十几年的发展,终于在 2005 年走向了集成化大规模生产,正是需要琢磨和建立一套 SOP(Standard Operation Procedure,标准作业流程)的时候。这一转变给所有翻译与本地化服务商提出了新的挑战,加速了本地化行业的标准化,产生标准的需求渗透到了每一个环节,其中最难达到标准化的本地化工程部分也史无前例地被列入了标准化的进程中。

本地化工程之标准化,就是根据多次项目中总结的经验,将集成化工程项目各阶段(启动、计划、实施和收尾)中强制和推荐实施的项目及业务两方面相关操作,按一定形式进行整理和统一,最终形成文档,并要求相关工程人员遵照规范后的文档进行操作的过程。

第二节 工程标准化的目标

工程标准化最根本、最核心的目标就是使工程组织在项目管理和业务生产两个层面,适应大规模生产以获取更高的利润和客户满意度。

为了逐步实现这个目标,企业管理者借助统一的流程管理体系,为协同社会化大生产提供了方法论。在制定标准化时，首先要设定标准化目标。只有先明确了标准化的目标，才能做到有的放矢，根据目标制定企业标准化模型的结构。设定标准化目标应根据各公司不同的业务模式和特点，并参考组织发展愿景和现状来制定，不同的组织都有各自不同的标准化目标。因此，标准本身是规律的体现，具有普遍性，多数工程标准都遵循相似的结构，流程中涉及的方法和工具也有很多相似之处；同时，标准和标准化的过程也具备针对性和相对唯一性。

以上道理虽然简单，但标准的独特性很容易被标准的制定者们所忽略。有些组织的管理者为了实现标准化，甚至从其他公司照搬照抄标准化文档，忽略了组织间的个体差异，结果适得其反，花了很多财力和时间却无法实现标准化所带来的利益。

标准化目标的设定为整个标准模型指出了方向，其标准体系下的所有内容应服务于该目标。正是因为标准模型与企业运营目标的这种联系，使得标准体系及其实施成为了衡量企业成熟度的标志。其中，工程标准化体系的精确程度和实施能力，则反映了工程团队的成熟度。

第三节 工程标准化的作用

确定工程标准化的目标后，根据大规模生产的要求，要制定标准化模型及各核心工程工作的流程，即工程标准化。本地化工程标准化的作用一般可以归纳为以下五点：
* 规范工程生产流程使成功的经验得以复制和延续
* 促进组织内各工程团队间的无障碍协作
* 量化并不断提升工程生产效率
* 保持高质量的工程服务
* 促进工程工具的经验共享

一、规范工程生产流程使成功的经验得以复制和延续

工程标准中不但规定了实施步骤，还规定了推荐工具。为了确定适当的工具，达到执行效率最大化，应在项目实施中不断积累工具知识，并将其整合到生产流程中进行试验和论证，最终将当前较成功的经验，形成一组工程生产文档（包括步骤，工具和模板），作为日后组织内部生产必须遵循的依据。当新的工具或新的方法出现后，并被论证为可以获得更高的效率时，应在原基础上对流程进行更新，从而使团队始终保有较高的效率，使成功的经验得到规范化的管理。规范后的流程还可以作为组织内部员工（包括各个部门）培训的重要组成部分，使经验得到复制和继承。

二、促进组织内、外各工程团队间的无障碍协作

随着本地化工程项目规模的不断扩大，协同生产不可避免。工程标准的制定，为工程人员确立了统一的"工程语言"，大大降低了沟通成本和合作中的摩擦，对推动组织内无障碍协作有着双重意义。

首先，不同地域协同生产的规模加大，机会增多。多时区协同生产，催生了"逐日模式"，即"Follow Sun Model"。这个生产模式意味着如果把24个时区分成3份，分得的3个大时区中，若都设有一个生产中心的话，这样就可以充分利用不同时区的优势，将一项工程任务，按工作量大小和工序进行重组和部署，时区靠前的生产团队，做工序靠前的工作，这样位于下一时区的团队就可以在前一时区结束当天工作前，与之进行工作交接，开始剩余的工序，从而加快本地化生产、有效缩短生产周期、减少客户等待的时间。

其次，即使是在同一个生产中心内，因为工程前后处理所涉及的知识类型较多，且集成化生产造成的工作量相对集中，因此多数情况下，来自客户端的任务包都需要按照团队的不同职能和产能，进行二次分配和部署。

无论是部署跨时区的协同生产，还是在同一生产中心内实施的再分配，都要求基于统一的标准流程来进行。只有这样，才能最大限度地减少双方因地域、语言文化、沟通习惯和知识结构等差异而造成的协作障碍，减少合作中的抱怨和冲突，节约沟通与协作的时间和成本。

此外，规范化的生产流程也是对外培训工程服务服务商的重要文档，是提高工程外包效率和质量的重要保障。经验表明，建立在标准流程上的外包合作，可以促进双方对工程细节的了解和掌控，从而提高合作成功的概率，这一点对于初次合作的双方有着极为重要的意义。

三、量化并不断提升工程生产效率

标准流程的模型，应包含实施步骤、推荐工具以及该标准下的标准产出率。一般地，一个标准流程只对应一项核心工作，比如屏幕拍图流程对应屏幕拍图工作，音频合成流程对应音频同步，如果收到的音频质量较差，必须进行裁切或降噪等处理，则应将音频合成流程分解成音频验收和音频同步两项核心工作，分成两个流程来管理，其目的是便于计算该流程单位时间的标准产出率（Throughput），做到量化管理。单位产出率是一个平均值，它反映了团队内不同技能的工程师，在不同难度的项目中，实施该流程所达到的单位时间产出量。由于经验的不断积累，工具的不断创新，该标准产出率也呈现出逐年增加的趋势，同时，行业标准产出率也会越来越明显，成为大多数公司和客户所认可的产出率。持续改进，追求高于行业标准产出率的生产目标，或许已经成为所有工程团队在年终评估时必须提及的目标之一。

四、保持高质量的工程服务

据统计，因缺少工程标准和标准不统一而造成的质量问题，占所有错误原因的 70% 以上。长期稳定且高质量的工程服务不能单靠工程人员的细心或态度，更为重要的是，设立工程标准流程和模板，并在组织内严格执行。

流程模型的设计应体现为质量服务的重要特征。其中，体现这一特征的有两点：工作步骤分解和参数设置。

工作步骤分解体现着工程人员对该项核心工程工作的理解程度。对工程步骤的正确理解可以有效地协助工程人员了解客户的需求，并根据客户需求，对流程中所描述的工作步骤进行增减或修订，通过正确的方式作出客户所需要的本地化产品。

参数设置关系工程工作的质量细节。工作步骤中要将重要参数和设置包含进去，接收工作的模板中应体现对重要参数的确认，并在质量验收模板中对相关参数和设置进行检查，以保证在项目开始和项目提交两个阶段中控制质量细节。

五、促进工程工具的经验共享

在设计流程模型时，每一个本地化工程流程都有唯一的推荐工具与之相对应，目的是在一段时间内规范流程中的工具，但流程不是培训，所有工具相关的信息和使用经验应在工程知识信息平台中进行交换和记录。随着对质量和单位时间生产率要求的不断提高，要求工程人员对工具的使用达到熟练的程度，并鼓励对现有工具进行创新式的改造。

第四节　工程标准化的界定过程及方法

工程标准化的界定过程包含以下四个阶段：设定工程标准化服务的目标阶段、创建标准模型阶段、撰写标准内容阶段以及发布标准阶段。

新技术和新工具通常会引发新标准的诞生，甚至需要重新调整标准模型，目的是更好地为标准化服务的目标进行服务。新的标准在正式发布前，应选择 1—2 个具有代表性的项目进行检验，以验证新的标准是否能提高产量和工作效率，如果量化的结果成功，则可以公开发布新的标准，并将其制度化。下图 9.1 为工程标准化的界定过程图，其中"创建标准模型"为整个过程中的关键。

一、设定工程标准化服务的目标

"工程标准化服务的目标"应体现工程组织 1 至 3 年内的发展方向和组织改进目标，从而为标准体系的建立奠定方向和基础，比如，如果是在业务初级阶段，目标则偏重工程概念的理解和工具的掌握，在流程框架中应突出该项工作的概念、常见问题及解答等。如果工程组织的改进目标是质量改进，这样标准框架应突出风险和质量控制执行和检查步骤；内容应偏重工程执行步骤的细节；流程模板中，应突出风险列表和质量控制模板。只有明确了组织改进目标，才能设计出对团队和整个组织更具指导意义的流程。

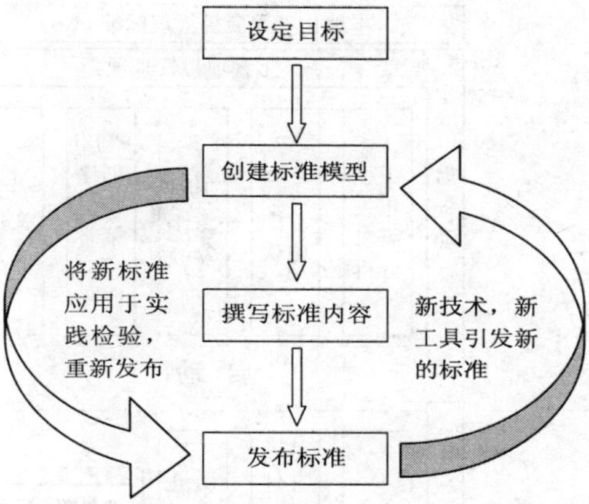

二、创建标准化模型

（一）标准化模型的定义

工程标准的界定，即工程标准化过程是一项系统工程。明确了工程标准化的目标和作用后，为了加速标准化的进程，首先要建立工程模型。

图9.1 工程标准化过程图

标准化模型是所有标准的雏形，是界定标准的初始化步骤，可以说，几乎最流行的几个标准模型都和本地化业务有关系，如适用于生产企业质量控制的 ISO 19001，适用于项目管理的 PMP（Project Management Professional），或是适用于软件测试的 CMMI 等等，首先这些标准模型都值得肯定，其价值在各自领域里已经被无数次地验证，而且其自身体系还在进一步改进和发展。但不得不说的是，本地化行业的特殊性使得以上几个标准模型只能涵盖其中某项业务，对过程改进的指导意义也只能停留在某个环节的改进上，而不能达到整体指导、整体改进的目的。因此，本地化行业的标准化以及本地化工程的标准化，应建立在对现有标准体系的修改中，取其精华，根据自身业务规律和特点，总结出本地化业务特有的标准模型和工程业务标准。

那么，什么是工程标准化模型？工程标准模型是一个体系，界定了标准的框架和内容、标准服务与约束的对象及标准存放的方式和实施准则等。如图 9.2 工程标准模型。

图9.2 工程标准模型

（二）标准化模型的构成

1. 工程标准服务的对象——工程标准服务的对象分为两大类：工程项目流程及工程业务流程。如图 9.3 工程标准服务的对象分类。

图9.3 工程标准服务的对象分类

"工程项目流程"，顾名思义就是根据工程项目管理的阶段，即"启动、计划、执行、收尾"这四个项目阶段，设计工程项目管理流程是为了在各个阶段正确实施工程启动、工程分析与计划、工程执行和收尾。如图 9.4 为本地化工程项目管理标准的分阶段示意描述。

另一类是"工程业务流程"，这类标准按照单项工程任务（如屏幕拍图）的实施步骤进行的规范

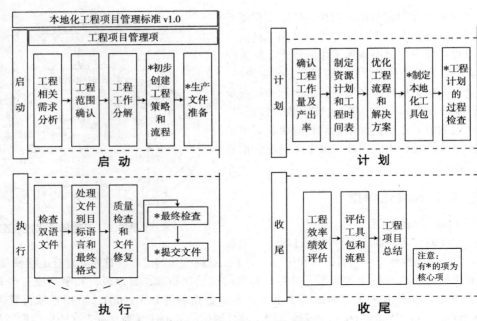

图9.4 本地化工程项目管理标准

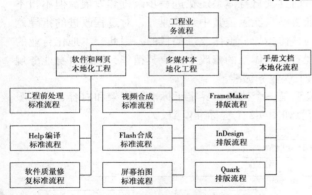

图9.5 工程业务流程的组成

化,从而形成针对工程执行的标准。除了工作流以外,还要针对选用工具、质量保证等细节进行规范化描述。图9.5为工程业务流程的组成。

标准服务的对象不同,其标准模型的体系和框架也会有所不同,当然内容也会各有偏重,其实施的监督往往也由不同人员来执行,但不同用途的标准可以共用相同的系统平台进行统一管理,只是在结构设计中,注意做到方便检索和查找即可,达到区分不同标准体系的目的。

2. 工程标准的框架。所谓"工程标准的框架",是指标准的表述形式。好的表述形式应体现标准对象的特征,同时又能够为标准的内容提供表述的形式标准和框架。因此标准的框架,向上呼应了标准服务的对象,向下规定了标准应该由哪些内容组成。这样,所有标准就有了统一的表述方式,即描述标准的语法。

这样做的目的是为了强调标准自身的统一,从而方便组织对标准进行长期管理和维护,而这一点甚至经常被很多专业人士所忽视。没有标准的框架,在撰写标准时,在内容上经常造成标准与组织目标的脱节,或造成应该包含的重要内容的缺失,在形式上则降低了标准的可读性。由此可见,标准的框架应该在标准内容出台前制定完毕,成为所有标准必须遵循的一种格式。

根据标准服务的对象不同,常用的工程标准框架有两种:工程项目标准框架和工程业务标准框架。

常用的工程项目标准框架为:

* 工程项目管理项的名称。
* 该管理项所处的项目阶段。
* 管理项简介。
* 实施工程管理的具体步骤。
* 工程管理者职责。
* 管理流程所使用的模板。

常用的工程业务标准框架为：
* 对工程作业的简介。
* 工作流（Workflow）简介与示意图。
* 输出的文件类型。
* 流程所使用到的模板。
* 标准生产文件夹结构。
* 流程涉及的不同工程角色和职责。
* 所使用的一般工具软件（提示：可选择链接到"工具信息库"中的工具）。
* 标准单位产出。
* 该流程的主要管理者。
* 常见问题解答。

表 9.1 工程业务标准框架示意表

Process Name	流程名称
Work Description	对工程作业的简介
Workflow Chart	工作流简介与示意图
Output File Format	输出的文件类型
Templates To Be Used by The Process	流程所使用到的模板
Standard Folder Structure	标准生产文件夹结构
Roles & Responsibility	流程涉及的不同工程角色和职责
Tools (Make sure the version info is correct and up-to-date)	所使用的工具（链接到工程工具信息库，保证版本信息为最新）
Throughput	标准单位产出
Key Process Author	该流程的主要管理者
Q&A	常见问题解答
Training (Optional)	培训（可选）（链接到工程培训库或知识信息库）

3. 工程标准的内容。在描述上，按标准使用者的目的不同，标准的内容应满足不同层次的需求，一般分成"标准内容纲要"和"详细标准"两个层次。其中，"标准内容纲要"是对标准的高度概括，目的是为标准的读者或执行者提供一个蓝图，可以通过一句话或一幅图描述出。该项标准所针对的工程工作在整个业务或在项目流程中的位置。如图 9.6 为本地化工程项目管理标准中启动阶段的内容纲要。

"详细标准"则根据标准框架所规定的内容，对标准所描述的工作进行规范化的描述。

例如下文示意了启动阶段中工程项目管理项—工程相关需求分析的标准详细描述，即"工程

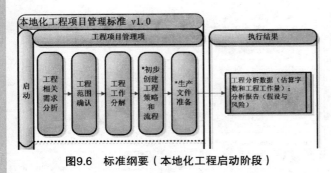

图9.6 标准纲要（本地化工程启动阶段）

项目标准–SOPP-0101-工程相关需求分析.doc"，该文档名称由三部分组成，其中，"工程项目标准"为标准体系名称；"SOPP"为英文 Standard Of Project Procedure 的缩写；0101为文档编号，其中第一个01表示该文档所处的项目阶段为启动阶段，第二个01，代表该文档在启动项目阶段中的次序。

SOPP-0101 工程项目标准——[工程相关需求分析]

SOPP-0101 工程项目标准——[工程相关需求分析]

名称：[工程相关需求分析]

所处阶段：[启动]

简介：

与工程分析任务的发起者——销售人员或项目经理，确认本地化工作范围、客户基本要求及项目基本要求。综合以上三方面的需求，工程师初步确定该项目"该做什么"这个问题，并确定最终工程提交物的格式和要求。

实施步骤：

识别工程范围：

整个项目的范围，即 Statement Of Work（简称 SOW），可以直观地理解成需要本地化的内容。这是项目经理或销售人员在发起一项工程分析任务时必须提前与客户明确的，是进行工程分析任务的必要条件。

项目经理从客户那里得到项目范围后，应在第一时间通知工程部经理或有经验的工程业务技术主管，对工程所涉及的工作范围进行识别和分解。

确认客户的基本要求：

客户的基本要求是能够进行工程分析的必要信息，主要应包含以下几个方面：该项目是否存在可用的 TM 库或可以继承的翻译资源、软硬件环境搭建的要求、工具使用及工具版本的要求、目标语言的种类、时间表和最终提交物。若因客户对本地化流程不了解，没有提供用于分析的必要材料，应建议由项目经理或由工程师直接向客户作具体解释后向客户确认。

确认项目的基本要求：

项目基本要求则是从项目管理方面出发，考虑哪些因素可能对工程分析造成影响，比如翻译人员使用的翻译工具、单位产出率、时间表以及是否需要拆分翻译包给不同译者等，这些因素都会影响工程分析的结果。

管理者职责：

该流程的管理者为——工程部经理。

管理流程使用到的模板。

4. 标准获取的方式和实施准则。标准被建立后，标准化工作的重点将转向两个方面，即"如何管理标准体系文档"和"如何正确地实施标准"。

（1）标准体系文档的管理，应建立在"用户可分权；版本可追踪；内容可共享、可更新"的原则上。目前，很多本地化公司大都选择基于 .NET 或 SharePoint 的开发平台构建自己的标准体系管理网站，以优化其标准文档的管理。工程标准体系文档因"文档更新频率高，文档关联性大"等特点，对内部网站的功能提出了更高的要求，具体体现在：

* 对标准文档进行集中维护和管理
* 由专人对文档内容进行维护和更新
* 记录版本信息，并对文档内容变更进行跟踪
* 标准框架及表现形式应该统一

在体系文档的管理中，标准流程文档应尽量不要使用上传文档的方式（模板除外），应该在基于预设好的标准框架上新建标准，使标准的每一项内容都能与 SQL 数据库中的表设计一一对应，从而建立起统一且易于控制的自动化管理机制。否则，上传的标准文档易出现以下弊端：

* 易读性差（需要安装 Office 等软件，或下载文档到本地才能浏览）。
* 与相关信息的链接性差，无法和其他数据库进行链接（例如标准中提到的工具，可以与工具库中的位置信息和版本信息进行链接；或标准撰写者，可以链接到人事信息库中对相关人员和组织的介绍）。
* 版本追踪很难实现自动化，文档更新时步骤繁琐。
* 对搜索的支持能力相对较差。

（2）如何正确地实施标准，是一个容易被忽视的环节。其中，最大的障碍是组织内标准实施人员对标准体系和其目标的错误理解，他们经常认为只有大型的工程项目才需要流程和标准的约束，或者明确地表示这些标准是工程经理和公司领导们的事，更有甚者甚至认为这些标准只是公司为了扩大宣传而实施的"面子工程"。这些错误的理解往往导致标准建立与实施之间的脱离，甚至是背离的现象。

因此标准的实施应通过强制性的约束力保证标准的实施。标准实施向来需要高层领导的政策性支持和重视，否则标准的建立与实施多遭遇流于形式的尴尬或无人问津的窘境，无法实现预期的目标。

标准的实施经常伴随一些检查表，对流程步骤（特别是重要标准描述）是否已经实施进行验证，并强制要求在确定的时间，以固定的频率由指定的检查者遵照确定的方式和检查表对流程的实施进行控制和检查，强制要求对其结果进行公布和公开，并记录到指定的数据库中进行管理。要达到量化管理，还应对结果进行量化打分，将每周、每月的数据进行积累，使决策者可以轻松地了解到组织内管理的成效，在第一时间分析出流程中需要改进的地方。

三、撰写标准内容

（一）标准的撰写者

根据工程部门的发展目标，创建标准体系模型后，可以着手撰写标准内容。工程项目流程一般由工程部门各级主管负责撰写。在多数情况下，工程项目流程的完成需要借鉴整个项目管理的流程，这不仅要求工程主管与项目经理之间进行充分互动，通过经验交流，以明确双方在项目各阶段的职责，双方对初步达成的意向进行尝试，逐步确立工程项目流程。

相比而言，工程业务流程的撰写者可以更广泛，每一位有经验的工程师都可以根据工程业务流程的框架标准对流程进行起草，由该流程的主要管理者（一般由负责该工程业务的工程团队技术主管担任）对流程进行审查和校验后即可发布。

（二）撰写过程中的版本控制

因工程技术、工具适用范围、项目需求等多方面的局限，以及受流程描述是否准确等人为因素的影响，一个业务流程从起草到正式确立为标准，可能需要多次实践和修改。因此在撰写标准的同时，应妥善管理修改过程中的阶段性版本，为准确把握流程的演变过程提供依据。

四、发布标准

发布标准包含标准的审批和发布两个步骤。推荐使用前文提到的"标准体系文档的管理"方式，对文档进行管理，从而很容易地实现由不同权限的用户对标准进行审批，通过更科学、更实际的用户分级，替代以前过于集权的编辑和审批方式，提高审批和发布的效率。另外，还可以通过脚本程序对新旧内容进行自动比较，在发布的同时，完成版本差异信息记录，从而提高版本信息追踪的效率。

第五节　工程标准产出率的标准化过程

一、工程标准产出率的概念和用途

工程标准产出率，即 Engineering Standard Throughput，是单位工程小时（Per Hour）所能完成的某一项工程工作的总量。

制定工程标准产出率的目的是将工程工作活动的难度进行合理地量化，并使之成为标准。工程标准产出率是工程业务标准体系中非常重要的组成部分，是进行工程分析、工程报价和工程项目计划的重要参考项。

工程标准产出率的用途不仅仅在某类项目中为项目经理或工程团队主管进行人员和进度计划提供重要的指导意义，而且还可以定义成基本工程标准产出率，适用于更广泛的项目中，使得销售人员可以在第一时间为客户提供更快速、更接近的工程报价。

二、制定工程标准产出率

（一）制定工程标准产出率的依据

制定工程标准产出率的主要依据来自两个方面：一方面是工程组织内该项工程活动所积累的历史产出率记录；另一方面来自竞争对手的产出率或市场上的预期。

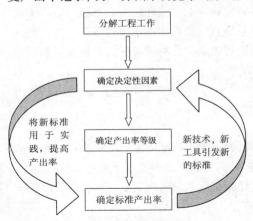

图9.7　工程标准产出率的制定步骤

第一个方面强调标准产出率应该代表组织内一段时期所能达到的平均的稳定产出水平，其数值应该具有代表性，不能将标准定义过高，超出绝大多数人所能达到的能力，也不能定义过低，否则，组织内部将失去提升生产效率的动力。

第二方面来自外部，要想在竞争激烈的市场上，赢得一席之地，必须做到知己知彼，也就是根据竞争对手的竞争力来确认自己在市场中的位置。工程标准产出率是竞争力的主要体现之一，因此，应正确评估和了解市场的期待和竞争对手的产出率，从而制定出具有竞争力的标准产出率。

（二）制定工程标准产出率的步骤

怎样才能制定出具有代表性且能体现出竞争力的工程标准产出率呢？在制定此类产出率的时候应该遵循什么步骤呢？下图9.7为工程标准产出率的制定步骤，其中"确定决定性因素"为整个过程中的关键。

1. 分解工程工作

因工程工作的难度不同，为了能够对不同难度的工作进行合理的量化，事先需要做好工作分解，将工作分解到只涉及使用单一工具，进行单一操作即可完成的程度，分解后的工程工作被称为工程活动。分解工程工作的结果就是根据客户需求，得到一组与该项目相关的工程活动，例如，工程文件处理（前、后处理）或音频合成工程活动。

2. 确定决定性因素

每一项工程活动都因项目和客户的具体要求不同呈现出不同的难易程度。在没有确定决定性因素之前，很多项目的难易程度及其工程耗时的估算，大多都依靠工程技术人员的经验来猜测或判断，受人为因素影响很大，往往由不同的工程师判断后得到的结果会存在差异，甚至有时会引起合作双方对标准的争议。为了使工时或报价估算更加准确、更客观，引入了决定性因素决定性因素在将工程人员的经验进行量化时起着积极作用。

决定性因素是指在一项活动中对该工程活动的复杂程度起到最直接的线性关系的某个或多个因素。比如，Flash 文件后期翻译合成中的 Key Frame 的数目和 Audio 的长度，都是 Flash 后期工程中的决定性因素；另外，屏幕拍图工作中是否需要本地化屏幕拍图中所使用到的样例（Sample）文件，是否需要手工搭建屏幕拍图所使用的平台，都是决定屏幕拍图工作是否复杂的决定性因素。当然，类似的例子还很多，比如 XML 文件的处理如果需要处理成可以直接用于某种翻译辅助工具的特殊格式，则可以定义为复杂。

决定性因素的确定取决于两个方面：其一，生产文件的结构和需求；其二，依赖于当时工程组织内部的技术水平，包括工具的支持程度和工程人员的经验。

根据以上两方面信息确定决定性因素后，可以为不同难度的工作锁定一到两个决定因素，从而将工作难度与此关键决定因素的数量建立对应关系，达到量化的目的。

比如，需要翻译 10 个英文 Flash 文件（Fla 格式）到简体中文，根据文件结构判定该 Flash 中需要翻译的字都来自其调用的 XML，没有音频文件。工作分解后的 Flash 后期翻译合成工作，其决定性因素为 XML 中字符数据段 [CDATA] 的数量，因为整个工作的重心就是调整 CDATA 中的翻译在 Flash 中的显示，CDATA 的数量越多，调整翻译的耗时也就越大。

确定决定性因素是确定工程标准产出率的一把钥匙。如果可以准确确定决定性因素，则为工程标准产出率确立了正确的基础。

3. 确定产出率等级

如果情况较为复杂，造成上述决定性因素过多，无法单一化，或因某项决定性因素的差异可以造成比较大的产出率差异时，则应对标准产出率的界定进行分级。分级的目的就是使得标准产出率更具代表性，能够更准确地反映项目自身的难度及工程人员操作的熟练程度。比如，在图像制作中可以根据决定性因素的数量差异，分成"简单"和"复杂"两种产出率等级，如表 9.2 所示。

表 9.2　工程图像制作的产出率分级表达

工程活动	产出率等级	单位	产出率	描述
图像文字层制作	简单	张图/每小时	XXX	图像简单（每幅图中需要制作出包含文字的图层不超过 10 个）
	复杂		XXX	图像复杂（每幅图中需要制作出包含文字的图层超过 10 个）若存在相互交叉的文字或图层特效，可按 2:3 的比例换算成图层个数，比如，存在 2 个有特效的图层则可以换算成 3 个文字图层来计算其复杂性

4. 确定标准产出率

确定了决定性因素和产出率标准后可以确定标准产出率，推荐和其他标准文档一起管理，并公布于组织内部。推动标准产出率不断提高是每一个工程管理者的责任和义务，产出率对项目利润的贡献更是直接的。因此，在各个翻译与本地化公司相继推出的公司战略中，都可以看到 Innovation（鼓励创新）这一项，其意义在于通过技术和工具的创新不断提高各个项目的产出率，推动标准产出率的改进和提升。

三、工程标准产出率的应用实例

下面提供一个如何使用工程标准产出率，对工程小时数进行评估的例子：

来自客户的需求是将一个大致 5 万字的网页翻译成简体中文和日语两种语言的大概工程报价是多少？客户暂时不能提供源文件，只需要了解一个大概的报价即可，不需要包含翻译或测试费用。

（一）分析

首先明确客户只需要一个工程相关活动的报价。如果是长期合作的客户，一般情况下，工程单位小时的报价取决于本地化或翻译公司与客户合作之初签订的合作协议，协议中会包含工程单价，并在一定时间内有效。如果是新客户，则根据当时的具体情况由销售人员来决定。因此，需要工程人员解决的就是如何计算工程各活动的工作量大小，从而估算出等价的工程总小时数，完成报价。

（二）假设

该评估所基于的假设是：

* 假设1：每个网页有500字，这样5万字的网页，应包含100个HTML或XML文件。
* 假设2：每5个网页有1个Flash，有1个图需要翻译。
* 假设3：20张图中，共有100个图层需要后期翻译合成。
* 假设4：20个Flash都可以由Text Catalog将所有文字导出，不存在音频合成，且每个Flash的关键Frame Number低于5个。
* 假设5：假设需求中不包含网页发布和软件界面屏幕拍图。
* 假设6：假设在生产时，可以提供PSD和Flash的源文件FLA进行生产。

（三）结果

工程活动的工作量大小评估及总的工程小时数，如表9.3所示：

表9.3 带有工程单位产出率的工程工作量评估分析表

工程活动分解	预计工程时间	工程单位产出率	工程活动注释
工程文件处理（前后处理）	2小时/每种语言	2.5万字/每小时	将XML/HTML/JS等文件准备成可以直接送翻的格式，并在翻译后，转换回原有格式
图像文字抽取	1小时	20张图/每小时（假设：源文件的格式为PSD，且必须带有文字图层）	通过脚本将需要翻译的文字从20张源文件为PSD格式的图中抽取出来，并进行抽取后的一致检查
网页语言及功能问题的修复	0.5小时/每种语言	0.5小时/每种语言	根据语言和功能测试结果对文件进行修改
图像后期翻译合成	5小时/每种语言	20个图层/每小时	将翻译导入PSD中，并调整图层的位置及样式
Flash前期准备及后期制作	10小时/每种语言	2个Flash/每小时	根据产出率等级的规定，该类型的Flash为简单类型的Flash文件（见假设4）。使用2个Flash/每小时的标准产出率
总计（两种语言的工程小时数）：	(2+0.5+5+10)*2+1=36，共计36小时		

值得注意的是，除非客户要求或已经和客户事先确定了工程产出率，否则，工程人员或项目经理在提交给客户的报价中，或在与客户的谈判中，选择隐去工程标准产出率，原因是标准产出率的使用往往需要建立在特定的前提条件下，因此，面对同一客户时，如果在不同难度的项目中出现标准的变化，容易对客户造成迷惑。

四、标准产出率模板

了解了标准产出率的产生过程及如何使用后，最后谈谈标准产出率表的设计和优化。标准产出率表是反映各翻译与软件本地化公司工程技能范围及熟练程度的列表。对外可以为销售人员提供量级标价（Ballpark）的参考，同时，也是工程内部制定进度表和人员安排计划的重要依据。

因此，在标准产出率表（Standard Engineering Metrics）的设计上，应包含所有工程团队所能提供的工程技能，并根据业务分类和实际操作流程对其进行准确的界定，从而形成工程任务分类。标准产出率表还应对该分类标准进行说明，表明该任务分类标准所包含的子任务，而且，对任务难易程度的分级进行定义和分析后，通过决定性因素的多少，最终将产出率标准与决定性因素联系起来，从而更加客观地反映每项业务所应具备的操作熟练程度，规范工程产出标准，达到生产的量化管理。

随着工程工具及技术的不断提升以及工程人员熟练程度的不断提高，应注重对标准产出率表的更新。

以下是针对不同的工程业务类型而设计的标准产出率表，可以作为一般性参考用于翻译及本地化公司工程业务标准产出率表的制定，但可以根据自身业务重心和工程实力进行调整。比如，如果音频同步是该工程团队的核心业务，很多工程师都需要掌握此项技能，则应将此业务从Flash或视频合成业务中分离出来，作为独立的业务出现在多媒体标准产出列表中，从而将标准制定得更加准确，使得工程计划的实施更具可控制性，提升工程组织的成熟度。

下表9.4和9.5为常见工程活动及相对应的标准产出分级表达的列表，可以作为制定工程标准产出的依据，各本地化公司或工程团队可根据自身的实力对工程活动进行删减，并在"标准产出"一栏填入自己的标准产出。

表9.4 软件和网页工程活动标准产出的分级表达

工程任务分类	文件类型	产出率单位	标准产出	标准说明，决定性因素及等级
文件准备 （File Prep & Post- processing）	XML	words/hour	/	文件准备包含翻译前后的文件处理。 翻译前：文件格式转换（伪翻译）、Markup、XML分析器的创建、引用图片的检查和抽字以及字数分析。 翻译后：检查翻译后的双语文件、cleanup转换成最终格式并做内容一致性的初步质量检查。 注：由于需要逐字或逐段进行检查和Markup，一般Office 2007 Word和Excel格式的文件、软件类型的文件准备，推荐使用words/hour作为产出率单位。
	Word	words/hour	/	
	Excel	words/hour	/	
	RC /Property /Javascript/Java	words/hour	/	
	HTML(500 words/file)	files/hour	/	
	PPT (20 slidesper file)	files/hour	/	
	FrameMaker (20 pages/file)	files/hour	/	
	QuarkXpress (10 pages/file)	files/hour	/	
	InDesign (10 pages/file)	files/hour	/	
TM库的创建 （WinAlign） （亚洲语言） （其他语言）	DOC	words/hour (Asian) words/hour (non-Asian)	/	此处TM创建工作，是指通过SDL Trados中WinAlign的功能对翻译前后的文档进行匹配，从而在没有双语文件的情况下创建TM的过程。
调整软件对话框（UI Resizing）	RC /TTK /EDB	dialogs/hour	/	简单调框：在WYSIWYG翻译软件中进行。
	Property/Java/VS.NET	dialogs/hour	/	复杂调框：因特殊要求，无法在WYSIWYG的翻译软件中直接完成调整，需要额外在"Build Tree"或编译环境中进行验证。
联机文档（Help）的编译和修复	CHM /HTML	(CHM) pages/hour	/	编译联机帮助文档，包括创建编译环境、准备并检查翻译后需要编译的文件，使用HTML QA工具对HTML进行标记完整性检查和字符集检查，确保没有被破坏的标记或乱码，为目标语言创建必要的文件结构和库文件。还包括为编译好的CHM文件进行检查和修复工作。检查的范围包括：目录、索引、链接等常见问题是否正常。注：但不包含任何动画或视频的工作。
联机文档（Help）的测试	CHM/HLP/HXS	(CHM) pages/hour	/	检查CHM内链接的跳转是否准确，保证文件内没有乱码或（Copyright标记）未翻译的文字或图片（特别是CHM标题）、索引排序正确、页数与翻译前保持一致。
创建工程环境（Environment Setup）	VPC/VM Ware/Hyper-V	languages/day	/	创建工程所需的系统及软件环境，安装系统和相关软件，做成系统备份。 注：需要分别配置客户和服务器终端的，可另作为复杂情况处理。

表9.5 多媒体工程活动标准产出的分级表达

工程任务分类	文件类型	产出率单位	标准产出	标准说明及分级
多媒体文件分析及准备	eLearning/Video/Flash	hours/project	/	对文件类型及操作流程进行分析，确定流程及工具后，进行文件准备。
图像文字层制作（Art-Making）	PSD/PNG	images/hour	/	简单图像（每幅图中需要制作出包含文字的图层不超过10个）
			/	复杂图像（每幅图中需要制作出包含文字的图层超过10个）注：若存在相互交叉的文字或图层特效，可按2:3的比例换算成图层个数，比如，存在2个有特效的图层则可以换算成3个文字图层来计算其复杂性。
软件界面屏幕拍图（Screenshot Taking）	PNG/BMP	images/hour	/	简单屏幕拍图（屏幕拍图过程中不需要创建示例数据，或在客户与服务器终端之间进行数据交换）
			/	复杂屏幕拍图（与简单屏幕拍图相反）
Flash动画合成	FLA	flash/hour	/	简单Flash（绝大多数文字导入和导出过程可通过自动化脚本进行）
		可选 – audio length/hour – key frames /hour – Num CDATA /hour –flash/hour	/	复杂Flash —包含音频同步。 —（或）绝大多数文字的导入导出需要手工进行。 —（或）在ActionScript中进行文字的手工编辑和调整。 注：可根据源格式FLA文件的特点，确定以上哪一个因素为决定性因素，从而对推荐的产出率计算单位进行选择，使得产出率的界定更具代表性和操作性。
	SWF/FLA	同上	/	超复杂Flash（需要在没有源格式FLA文件的情况下，从SWF格式反编译后，进行编辑层的创建，将无法实现的某些特效进行确认，从而得到可以用于本地化的源格式FLA，然后再进行Flash本地化过程。）

续表

工程任务分类	文件类型	产出率单位	标准产出	标准说明及分级
Video 视频 /Captivate /Articulate 合成	FLV/WMV /CP	file/hour	/	简单（绝大多数文字、字幕的导入和导出过程可通过自动化脚本进行）
		可选 – video length/hour – images/hour – slides/hour – flash/hour	/	复杂 —包含音频同步。 —（或）包含图像的编辑。 —（或）包含演示稿的编辑。 —（或）包含 Flash 的编辑。 注：可根据源格式视频文件的特点，确定以上哪一个因素为决定性因素，从而对推荐的产出率计算单位进行选择，使得产出率的界定更具代表性和操作性。

本章小结

标准化的作用有五个层面，而工程标准化最根本、最核心的目标就是使工程组织在项目管理和业务生产两个层面适应大规模生产，以获取更高的利润和客户满意度。

工程标准化进程应兼顾标准的制定和实施两个方面。标准的制定，首先应确立标准服务的对象，从而有的放矢地建立标准体系，为实现组织目标提供结构化的标准方案。确立了标准体系结构后，就可以根据项目中积累的经验，对工程项目标准和业务标准分别进行内容积累和撰写，并将其内容进行统一的共享式管理。标准的实施应通过监督机制，借助高层领导的关注和强制性的约束力，以保证标准的实施。

标准的管理应建立在标准体系的管理系统上，树立"用户可分权 版本可追踪 内容可共享、可更新"的管理原则和意识，使系统文档便于查找、便于阅读，这样才能将标准体系的运用和管理紧密联系在一起。

本章首先介绍了本地化项目标准化的目标和作用，以此为基础详细论述了工程标准化的界定过程及方法，最后提出了标准产出率的标准化过程。

本章的知识要点归纳如下

* 工程标准化最根本、最核心的目标就是使工程组织在项目管理和业务生产两个层面，适应大规模生产以获取更高的利润和客户满意度。
* 工程标准化的界定过程包括设定工程标准化服务的目标阶段，创建标准模型阶段，撰写标准内容阶段以及发布标准阶段。
* 工程标准生产率是工程业务标准中具有代表性的标准之一，是进行工程分析和计划的重要依据。
* 工程标准产出率的制定步骤包括分解工程工作、确定决定性因素、确定产出率等级、确定标准产出率。

思考题

1. 本地化工程标准化的作用是什么？
2. 工程标准化的界定过程分为哪些阶段？
3. 工程标准服务的对象分为哪些类型？
4. 工程项目标准框架和工程业务标准框架的区别有哪些？
5. 工程标准体系文档的管理的原则是什么？
6. 制定工程标准产出率的依据和步骤分别是什么？

第十章

本地化工程的现实挑战与发展趋势

本章精要

随着信息技术和产品全球化的深入,本地化工程的重要性和工作内容正在发生变化。忽视本地化工程的作用导致本地化工程能力不足,将阻碍产品本地化的效率、质量和发布周期。软件敏捷开发模式和中文产品的本地化将催生本地化服务新模式和新需求。本地化工程的标准化、集成化、流程化、自动化将成为未来的发展趋势。

本章首先介绍全球化产品开发公司、本地化服务公司和翻译公司的本地化工程工作面临的技术挑战,接着从技术和市场两个方面论述软件敏捷开发下的敏捷本地化实现方式的特点,针对我国本土企业产品全球化和本地化的发展,分析中文产品本地化工程的问题和解决方法,最后从全球本地化行业发展的视角,预测本地化工程的发展趋势。

本章的重点内容包括:
* 本地化工程工作面临的现实挑战
* 软件敏捷开发与敏捷本地化方式
* 中文产品本地化及本地化工程技术
* 本地化工程技术的发展趋势

第一节 概述

本地化工程起源于软件本地化对于信息技术的依赖,随着信息技术的发展,全球化产品的设计、开发、发布和维护将充分利用内容管理的信息技术,本地化工程在本地化生产过程中不断发展,呈现标准化、集成化、流程化和自动化的发展趋势。

传统翻译行业由于翻译的内容以简单格式的文本为主,从事翻译行业的人员主要来自外语专业,对信息技术的发展以及将信息技术应用于翻译业务的理解和重视程度不足,使得翻译服务的效率低,质量波动性大,进度缓慢。

经济全球化的趋势不可阻挡,我国改革开放的步伐坚定,已经成为全球化经济体系中的重要国家。由于消费市场具有较大的发展潜力,相对较低的人力资源成本和丰富的人才优势,我国将成为新兴的全球本地化服务交付中心,并将呈现双向互动并发的特征,一方面是全球500强的企业产品的本地化生产将向中国转移和加强,另一方面,中国本土的国际化公司将以中国为全球化服务管理中心,扩大中国产品国际化和本地化的业务内容。

为了提高和巩固双向全球本地化服务中心的地位,实现从传统语言翻译服务,向产品信息内容设计、开发、本地化、质量测试、内容发布、维护等多语种产品本地化综合服务的变革,本地化语言服务行业正在面临挑战,这种挑战也是新的发展机遇。

本地化工程的发展驱动力不仅来源于中国和中文在全球本地化行业的市场现状和发展前景,也来自信息技术的进步及其在以本地化技术为核心的语言服务行业的广泛应用。例如,敏捷开发技术在全球化产品设计的应用将促进敏捷本地化方式的发展,以 DITA 和 XLIFF 等信息管理标准和技术的应用,内容管理系统(CMS)和全球化信息管理系统(GMS)的结合,将促进本地化工程、信息内容开发与本地化过程紧密集成。

随着越来越多的中国本土企业走出国门,实现产品全球化和本地化,以中文为源语言进行的产品信息内容国际化和本地化,将成为我国本地化行业需要重视和应对的现实问题。研究中文信息的特征和规范,利用本地化工程技术促进中文产品内容的国际化设计和本地化实现,将丰富我国本地化工程技术领域的内涵,在促进我国本土企业产品全球化的过程中发挥积极的影响。

第二节 本地化工程的现实挑战

由于本地化工程属于产品本地化过程中技术与语言相结合的工作，对于产品开发公司和传统的翻译公司，它们往往对此缺少必要的项目经验，无法认识到本地化工程的作用，所以，在产品本地化实施过程中，面临着不少的挑战。

一、翻译公司的工程挑战

在我国的商业翻译服务市场上，除了为国际客户提供产品本地化服务的本地化公司之外，还存在数量众多的传统翻译服务公司。这些翻译公司大部分成立于20世纪90年代中后期，初期主要为国内中小公司甚至个人提供文献资料、工程标书、公文证件等纯文字内容的翻译工作，一般很少需要复杂的软件技术和工具支持这些内容的翻译，所以，这些翻译公司绝大部分没有配备专职的翻译工程人员，甚至没有听说过这样的职位。

进入21世纪之后，国内一部分翻译公司经过多年经营和发展，希望拓展国际和国内高端翻译服务市场，希望有能力承接本地化翻译项目，以期实现更高附加值的技术服务。但是，当这些传统翻译公司进军高科技产品的翻译或本地化市场后，逐渐体会到缺少专业的软件翻译和本地化工程技术，成为获得国际产品本地化项目订单的不可逾越的"鸿沟"。传统翻译公司尽管在某些领域具有丰富的翻译人才和经验，但是，产品本地化过程中翻译只是其中一个环节而不是全部，除此之外，还需要使用多种计算机辅助翻译技术和工具，分析、转换、处理及构建本地化产品。

而这些正是国内传统翻译最为欠缺的技术短板，特别是对于大、中型产品本地化项目，由于很多文件类型并不是可以使用通常的字处理软件打开就可以翻译的，翻译公司甚至无法分析和准确统计需要翻译的文件和字符数量，因此，从客户要求报价（Requst for Quotation）的项目招投标阶段就输给了国内外的竞争对手，输在了"起跑线"上。

即使传统翻译公司顺利通过了国际客户的筛选和评估，成为了它们的本地化服务服务商（Vendor），获得了产品本地化的项目，在本地化项目实施过程中，由于缺少本地化工程技术方面的人力资源和实践经验，经常遇到非翻译工作之外的技术问题。例如，如何在数量众多、类型复杂的源语言产品文件中，提取出需要本地化的文件内容，选择不同的翻译软件，把需要翻译的内容准确翻译出来，并且保证翻译风格、内容和格式的一致性，并且把翻译后的各种不同的文件，通过软件工程技术构建完整的本地化产品。

翻译和本地化工程技术不是短期突击强化就可以获得的，在社会上很难招聘到具有丰富经验的本地化工程人员，翻译公司靠短期内部培养和培训更是"遥不可及"。虽然本地化工程技术并不是"深不可测"的高新技术，但是熟练掌握它，有效利用它，需要付出长期的积累，需要较大的投入，而在日趋竞争激烈的市场上，"时间就是金钱"，"时间就是成本"，往往由于工程技术短缺，错失获得国际高端本地化项目的良机，甚至永远失去某些高级客户和高利润的翻译和本地化项目。

二、本地化公司的工程挑战

由于软件本地化工作从一开始就需要熟悉软件技术，我国早期的本地化公司从创建之日起更像软件技术公司，都配备了本地化工程专职人员。通过对软件本地化技术的积极探索并与客户的交流，在实践过程中积累了本地化工程经验，善于跟踪和应用软件新技术，所以，本地化公司有能力承接对软件技术有较高要求的国际客户的软件和网站本地化工作。

对于依靠为国际软件开发商提供产品本地化服务的本地化公司而言，随着产品开发技术的升级换代，随着客户和用户对本地化产品质量和进度要求的提高，他们同样面临市场、语言、技术和管理等多方面的挑战。

首先，本地化过程需要不断跟进和适应产品设计和开发所应用的开发模式和技术，例如，软件和网站的开发平台、编程语言和工具，用户手册和多媒体材料的技术写作工具和设计软件。在产品开发模式方面，集成产品开发和敏捷开发（Agile Development）对于产品本地化过程的影响最为显著。这些开发模式要求以用户体验为中心，尽早持续地交付可运行的产品，适应不断变化的需求，采用并行、重用、迭代和流程化技术。

在产品手册文档设计和发布方面，以前产品开发商使用 Microsoft Word 或 Adobe FrameMaker 编写产品手册，现在使用数据库驱动发布系统或内容管理系统自动生成，特别是基于 XML 体系结构的达尔文信息类型架构（DITA）改变了传统技术文档的写作方式和输出发布方式，突出信息结构的模块化、重用性、扩充性，实现单一源文件的一次设计，可以输出发布成多种文档格式（PDF、CHM、HTML、XML 等），减少甚至消除了传统本地化桌面排版的工作。在这些系统中，翻译人员可以通过直接在内容管理系统中进行翻译工作或将文件内容导入翻译记忆库系统即可迅速开始翻译，本地化工程人员通常需要手动从包含各种文本的复杂 XML 文件中生成翻译人员需要的"翻译包"（Translation Package）。

本地化公司需要本地化项目团队主动参与以进度驱动的软件版本控制，采用灵动的流程管理，通过计算机辅助翻译的翻译记忆技术，内容重复利用技术，技术文档的内容管理和发布技术，主动适应产品开发模式和技术带来的各种挑战。

其次，随着市场竞争的加剧，软件开发周期的缩短，源语言产品和多语种本地化产品"同步发布"成为大型跨国企业迅速占领全球市场的市场策略。这种同步发布的产品本地化，客户产品的最终市场发布日期是事先确定的，本地化公司的各种本地化工作需要跟上客户要求的本地化进度表。由于要实现源语言产品和本地化产品的同步发布，因此，源语言产品的开发和本地化需要同步进行，即边开发，边本地化。开发工作由进度里程碑驱动，开发过程和内容的任何变更都需要传递给本地化过程，处理这些变更是本地化公司需要解决的首要问题。

本地化公司需要与多语种翻译人才，与客户、公司内部、外部本地化服务商之间有效交流，在项目实施过程中处理内容更新，构建本地化产品，执行本地化测试，修正本地化产品缺陷，需要与客户开发和发布进度相适应。通过翻译管理系统（TMS）、语言资产（翻译记忆库和术语库）数据库系统，与客户的全球信息管理系统（GIM）和内容管理系统（CMS）无缝对接，实现产品信息内容和项目过程数据的有效传递。总体来说，本地化工程人员在使可翻译信息经过技术处理，方便翻译人员直接翻译的过程中扮演着越来越重要的角色。

再次，产品的本地化不仅包括源语言文字和多媒体内容的翻译工作，还包括对源语言产品功能的修订改造，对本地化产品进行的测试和验证等质量保证活动。如果客户把源语言产品的本地化工作整体外包给本地化公司，在产品没有进行良好的国际化设计的情形下，经常需要对软件代码和/或产品文档进行重新修改和加工，对一些特定功能进行重新设计，以适应目标市场用户的使用习惯和法律要求，难度就更高了。

当应用程序或帮助文件被编译后，由本地化测试人员测试本地化版本，通常需要测试多个目标语言。测试工作包括特定级别的功能性测试（本地化的产品是否正常工作）、外观测试（本地化的界面是否美观合理、所有翻译的字符串是否正常显示）和语言质量测试（本地化翻译的文字表达是否准确和符合目标用户的表达习惯）。

测试过程中发现和记录的本地化产品缺陷需要由本地化工程人员尽早、尽快地进行修正，最终为客户提供达到本地化质量要求的产品。由于产品本地化缺陷可能来自于源语言产品的不良设计，也可能来自本地化过程（格式转换、内容重复使用、翻译过程、编译生成过程），定位产生缺陷的来源，找到有效解决各种缺陷（特别是功能缺陷）的难度经常很大，特别是修改本地化缺陷经常处于本地化产品发布之前的短暂时间段，本地化工程人员在时间进度的压力下，工作效率和效果成为亟待提高的问题。

三、全球化产品开发公司的工程挑战

由于产品本地化需求和本地化技术属于近年来快速的新任务，某些公司缺乏对本地化工程的认识，在产品多语种本地化实施过程中，遇到了来自技术、语言和质量方面的挑战。

从本地化工程角度分析，产品开发公司在实施本地化过程中遇到的挑战分别来自本地化技术、本地化语言资产管理和本地化质量保证三方面。

首先是本地化技术方面的挑战。正如前述，产品开发公司的开发人员忙于利用新技术进行软件开发和编码技术，例如，AJAX等新技术带来的工作和学习压力及挑战。技术写作人员忙于编写产品的功能和使用说明等技术文档，对于产品如何有效进行本地化，本地化过程中需要采用哪些具体技术，他们或者没有时间关注或者没有兴趣了解。

产品本地化准备阶段的一项重要内容是准备本地化项目工作包，其中的重要内容之一是从产品的开发环境和设计环境中，分析和提取需要本地化的文件内容，提供产品术语表，在此基础上根据本地化目标语言的需要，制定各个目标语言的本地化翻译风格指南（Translation Style Guide），确定本地化的范围、策略、阶段、流程、技术和风险，接下来编写项目招标书，根据投标书考核和选择外部本地化公司（Vendor）。

如果本地化包的内容准备不充分（遗漏需要本地化的文件或者添加了不需要本地化的文件），项目招标书的技术要求不准确，都会影响到本地化的质量、成本和进度，如果同时进行多语种本地化，则这种损失将呈数倍放大。

其次，本地化语言资产管理的挑战。对于产品开发公司而言，除了产品是其核心竞争力，在本地化过程中积累的翻译记忆库和术语库构成的本地化语言资产，已成为仅次于产品的资产。如果对产品本地化过程中的翻译记忆库和术语库的管理缺少本地化工程技术支撑，经常出现本地化版本混乱、重复翻译、翻译内容和术语等不一致，无法保证获得和应用最新的语言资产文件，造成本地化成本提高、周期延长、质量下降。

如果语言资产管理不善，在产品升级和更新后，将无法确定和重复利用原来已经翻译的译文和术语，这在多语种本地化过程中造成的损失更大。在本地化翻译实施阶段，翻译人员无法及时搜索和引用最新的翻译译文，在本地化产品发布后，无法有效收集整理和备份翻译记忆库和术语库文件。由于语言资产的管理需要综合运用不同的软件（翻译记忆库软件、术语管理软件和 本地化项目管理软件），并且在不同软件之间导入和导出翻译单元和术语，以便更大程度的共享数据，而这些对于以语言翻译擅长的翻译人员而言，将会遇到很多软件应用的技术问题。

再次是本地化质量保证方面的挑战。在本地化实施阶段，如果产品开发公司的本地化团队对于本地化产品的构建技术不了解或者不熟悉，即使外包给本地化服务商，也无法快速有效地检查本地化服务商提交的本地化产品质量，无法及时提供对本地化服务商的各种具体构建问题的技术支持。

本地化质量保证方面的挑战在使用集成产品开发（Integrated Product Development，IPD）或敏捷开发（Agile Development）模式时更为明显。与产品本地化的传统瀑布模型（源语言产品完成全部功能开发和基本测试后，进入本地化阶段）不同，集成产品开发或敏捷开发方式的产品本地化需要采用敏捷本地化方法，其主要特征是开发、测试、本地化过程并行进行，需要科学的版本控制和内容更新处理。如何协调人力和技术资源，如何在不断更新变化中，保证产品本地化的快速构建，快速修正本地化产品的缺陷，度量本地化产品功能的稳定性和语言文字质量，产品开发商需要面临着严峻的挑战。

总之，有效的实施产品本地化，如果仅仅具有语言文字的翻译能力无法满足产品开发商的需求。需要设计实施更有效的工作流程、更完善的管理机制、更严格的质量控制和更先进的技术工具。在这其中，本地化工程作为贯穿产品本地化全过程的技术工作，扮演着举足轻重的角色，迎接不断创新的软件技术和设计模式带来的挑战。

第三节 本地化工程的发展

本地化工程技术的发展需要追随和适应软件开发技术的发展，需要随着市场需求的变化进行内容和方式的调整。随着敏捷开发在软件开发中的应用，敏捷本地化方式将应运而生并在实践中发展。中文产品的本地化将伴随我国企业的全球化发展而壮大，由于中文特有的文化和传统内涵，将对本地化工程的技术带来新的挑战，推动本地化工程的发展和进步。

一、敏捷开发与敏捷本地化工程

为了适应不断变化的市场和用户需求，缩短软件产品开发的周期，实现产品的快速发布，敏捷开发方法在软件开发中取得了积极的应用。

软件的敏捷开发方法以客户体验为中心，采用并行、重用、迭代、流程化方式，实现尽早、持续交付可以运行的软件。为了实现这个目标，需要开发人员的数量较少，激励每个开发人员发挥潜力，并采用面对面交流的方式提高沟通效率，适应不断变化的需求。

对于采用敏捷开发方式开发的软件进行本地化，需要采用敏捷本地化方法。本地化团队成员需要在软件开发的早期介入，熟悉软件开发周期、产品特征和需要本地化的内容，制定本地化的策略、计划和实施技术。对于开发出的每个可运行的软件版本，进行本地化翻译、版本集成、语言质量和功能测试，及时响应用户的反馈、修正软件的缺陷，并且与开发进度相适应，周期性地重复此软件本地化过程，直到达到本地化软件的发布条件。

根据微软公司 SQL Server 开发组的数据统计，采用敏捷本地化方法后，可以将本地化软件缺陷的数量降低 41%，可以提高翻译质量，节省 41% 的本地化外包成本，每个语言的每个单词本地化费用降低 15%。

软件敏捷方法可以提高软件和文档的本地化能力。在软件开发方面，将软件的本地化能力作为软件本地化计划的组成部分，采用技术方法实现全部或者部分语言的伪本地化版本，对伪本地化版本进行自动化测试，通过集成条件提高软件的本地化能力。在软件文档的内容开发方面，采用灵活写作技术提高机器翻译的效率，并且便于内容的重复利用，可以在文档开发计划中预测需要本地化的文字数量，通过自动化方法实现文档内容的创建、编辑、传递、本地化和发布。

敏捷本地化可以提高软件本地化的质量。将各种语言的本地化软件和文档内容进行集中版本管理，对软件用户界面和文档内容持续本地化，采用集中的测试基础架构和自动化方法执行各种语言本地化测试，实现多种语言的本地化软件的同步发布。

实施敏捷本地化，需要本地化团队积极参与到以进度驱动的软件版本的开发过程中，搭建适应敏捷开发的本地化的全球信息管理系统以及本地化技术和软件工具，实现软件版本管理、内容管理、本地化语言资产管理、本地化过程管理的无缝对接。自动化检测、提取、内容重用、传递和交付本地化内容，并且将部分内容外包给专业本地化服务公司，采用内部项目管理和技术支持与外部服务商管理和交流的方式。

敏捷本地化要求本地化团队在角色、技术和能力方面达到专业程度，保持积极有效的交流方式。本地化团队中不仅需要语言文化专家还需要本地化技术专家，设计和维护本地化流程，选择和应用高效的本地化工局，解决和验证本地化缺陷，加强本地化团队内部的交流，加强与外部本地化服务商的交流，加强与软件开发团队之间的交流。

敏捷本地化对本地化工程工作提出了挑战，采取自动化、流程化和集成化的本地化方法成为必然的选择。自动化体现在从本地化内容的获取、自动化重复利用以前的译文、自动化执行本地化测试。流程化体现在本地化工程与项目工作量分析、本地化翻译记忆库和术语的管理、本地化翻译和内容发布的流线式实现。集成化体现在本地化工程不是孤立存在于软件本地化流程的某个环节，也不是采用分散的本地化软件，而是与全球信息管理系统紧密结合，实现内容本地化和信息技术的综合管理。

二、中文产品全球化与本地化工程技术

随着我国一批高新技术企业的快速发展，这些企业加速实施全球化发展战略。产品的本地化成为顺利实施全球化的重要工作。由于文化、人才和历史原因，我国企业产品信息内容的开发绝大多数是以中文为源语言进行本地化，这是本地化工程技术面临的现实挑战。

中文为源语言的产品本地化带来的技术挑战表现在多个方面。首先，在软件开发方面，对于开

发平台和开发技术的选择既需要正确处理中文，同时满足将来软件本地化，即保持良好的本地化能力，提高软件设计的全球化程度。其次，如何根据中文语言的特点，使用术语管理技术进行中文术语词汇的分词和提取，并且保持合理的准确性和工作效率。再次，本地化专业人才的缺乏导致中文产品本地化成本提高，发布周期延长，例如，仅仅从本地化翻译人才而言，全球范围内精通中文和外文翻译的人员非常缺乏，如果再要求翻译人员必须熟练使用计算机辅助软件，熟悉进行本地化的产品的行业知识，则合格的本地化服务商则少之又少。

解决我国本土企业产品本地化遇到的语言问题，可以使用英文为源语言进行软件和内容开发，并且采用全球化软件的设计技术和标准，或者在产品本地化之前，先将产品的中文内容进行英文为目标语言的本地化，再以英文软件为本地化的基准。根据业界实践的经验，采用以英文直接进行产品文档编写是切实可行的，需要产品开发团队组建专业的技术写作组，进行系统的、专业的、较长期的培训和实践。

全球化软件开发技术和经验的不足是影响我国企业产品本地化能力的比较突出的问题。由于开发人员对软件本地化技术和过程不熟悉或者不关注，在软件设计和编码时，没有充分考虑软件的本地化能力，使得后续本地化过程步履艰难。例如，没有实现需要本地化的内容与软件代码的分离，不能充分快速方便地提取和导入需要本地化的内容，或者仅提供软件字符串文字片段，没有可以参考的上下文应用场景，翻译人员无法以所见即所得的方式实时查看本地化后的运行界面。

为了解决中文全球化软件开发存在的本地化能力不足的问题，可以采取在将软件进行本地化之前，成立软件全球化团队，通过修改软件的设计和编码，获得一个国际化软件版本，使其达到多语种本地化的技术要求，但是，这种方法增加了软件设计的流程，延长了软件开发的周期，增加了软件开发的成本。解决这个问题的根本方法是从软件需求和计划开始，将提高软件本地化能力，进行国际化设计纳入软件架构师和产品经理的日常工作，成为他们必须掌握的技能。

本地化工程能力不足是我国大部分企业进行产品本地化遇到的实际问题。这种问题和现象产生的原因既有思想意识方面的问题，也有本地化工程技术人才不足的问题。对于我国实施产品本地化的公司而言，相当一部分人员还把软件本地化等同于翻译，认为只要配备熟悉外语的翻译人员就可以完成软件的本地化工作，殊不知软件本地化是一项语言技能、信息技术、内容维护和项目管理的系统工程，没有专业的本地化工程人员，软件本地化的很多工作将遇到重重困难。本地化工程人员需要熟悉产品开发技术，精通本地化使用的各种软件，具有快速解决问题的能力，当前我国高校还没有软件本地化专业，因此，专业人才不足在短期内仍无法解决。

提高对本地化工程作用的认识，加强本地化工程技术的培训，从本地化项目实践中培养本地化工程人员，将某些本地化工程工作外包给专业的本地化服务商，将是解决我国产品全球化公司本地化工程能力不足的现实选择。

实现产品本地化不仅需要解决语言转换问题，还需要发挥软件信息技术的优势，构建企业全球信息管理系统，并且与内容管理系统、软件版本控制系统有效结合。其中，企业全球信息管理系统包含产品内容信息、项目数据、本地化技术工具、流程与规范等内容。本地化工程技术包含在本地化技术工具中，通过项目流程和信息内容实现。

总之，中文产品的本地化过程将始终伴随中国企业的全球化步伐，由于中文本身的文化和历史，以中文为源语言的产品本地化将带来技术和人力资源的挑战。以英文为产品本地化的基础版本将是未来较长时期内的现实选择，尽管实现这种转变需要较大投入，但从企业全球化发展战略的高度而言，这种转变势在必行。

第四节 本地化工程技术的发展趋势

正如本地化行业不被普通大众熟悉那样，本地化工程对于很多翻译人员充满神秘。随着本地化从混沌期进入成熟期，本地化工程将从幕后走向前台，其范围和作用将在多语种本地化同步发布的项目中得到淋漓尽致地体现，并且随着实践的深入，本地化工程技术将不断发展。

一、本地化工程从"混沌期"进入"标准化"阶段

以前的本地化工程在本地化项目中呈现"小"、"隐"、"繁"的特征，这是本地化工程处于"混沌期"的特征。"小"表现为在本地化项目中起的作用小，例如，大部分集中于实现文件格式转换等一般技术问题，"隐"体现在以不为他人熟知的方式为项目经理和翻译人员幕后技术服务，"繁"体现在针对不同的项目和文件类型，经常需要定制开发各种本地化工程转换工具。

信息技术和因特网技术的进步、本地化项目实践的深入，将推动本地化工程进入"标准化"阶段，表现为"大"、"显"、"简"等特征，具体表现为随着本地化项目和文件类型的丰富，本地化工程工作将包括项目工作量分析、难度分析、格式转换、工程预处理和后处理、质量检查和修正、语言资产管理等各个方面。"显"表现为以独立的专业的工程人员，在本地化项目的各个阶段使用专门的工具和流程，将本地化工程的处理内容呈现给本地化项目经理、翻译、测试等人员，"简"体现在使用各种本地化标准，完成文件格式转换和质量检查，许多本地化工程工作可以使用集成的本地化工程软件，以自动化的方式完成。

本地化工程进入标准化阶段受益于本地化行业标准的应用。例如，翻译记忆交换标准 TMX 使得不同 CAT 软件之间可以交换语料；术语交换标准 TBX 使得不同术语管理软件之间易于导入和导出术语内容。XML 本地化交换文件格式 XLIFF 使 XML 文件转换为 XLF 文件成为业界共同遵守的方式，并且被各种计算机辅助翻译软件直接支持和翻译。本地化工程进入标准化阶段的另一个表现是本地化工程的工作内容、项目计划、工作输入和输出结果、部门及人员组成、工作量定量评价等内容将有章可循。

二、本地化工程向自动化方向发展

当前的本地化工程工作以相对独立的技术、工具和过程分散在本地化项目实施中，随着技术的进步，CMS 与 GMS 将在企业产品本地化部门积极应用。各种本地化工程的实现技术和工具，将集成在 GMS 系统中，成为 GMS 系统不可分割的技术组成部分，成为连接 CMS，GMS 和本地化工作流程的技术驱动形式。未来的本地化项目将是以 CMS+GMS+CAT 为内容管理、项目管理和语言资产管理的基础信息架构，以本地化工程为技术驱动和实现方式，以跨越地域和文化交流的全球项目管理的生产方式。

以 CMS、GMS、CAT 为技术基础，以 TMX、TBX、XLIFF 为标准，本地化工程的文件字数分析和统计、文件格式转换、双语文件内容和格式检查、软件和文档本地化版本生成、本地化测试等各项本地化工程工作将实现自动化。例如，在 CMS 系统中，文档内容更新后，系统自动化地提出更新的文档内容，转换成 XLF 文件，从 GMS 系统的语言资产库（翻译记忆库、术语库）中重复利用内容，完成字数、难度等分析，自动存储在待本地化翻译的文件管理库，自动通知项目经理和翻译人员进行翻译。

翻译后的双语文件，首先使用本地化工程检查工具，检查文件内容的一致性和标识符 Tag 是否变化，对于某些翻译过程的误操作，可以自动化修正错误，自动化地生成和存储目标语言文件和最终的翻译记忆库和术语库，最后以文档版本控制为基础，将本地化文件自动添加到本地化构建环境，在无人值守的静默状态完成本地化版本的构建以及本地化版本功能验证测试（BVT）。

三、云计算、软件即服务、众包等推动本地化工程模式创新

云计算（Cloud Computing）是指服务的交付和使用模式，通过网络以按需、易扩展的方式获得所需的服务。这种服务可以是 IT 和软件、互联网相关的，也可以是任意其他的服务，它具有超大规模、虚拟化、可靠安全等特征。

软件即服务英文是 Software-as-a-Service。国外称为"SaaS"，国内通常称为"软件运营服务模

式"，它是一种通过因特网提供软件的模式，厂商将应用软件统一部署在自己的服务器上，客户可以根据自己实际需求，通过互联网向厂商订购所需的应用软件服务，按订购的服务多少和时间长短向厂商支付费用，并通过互联网获得厂商提供的服务。

众包（Crowdsourcing）指的是一个公司或机构把过去由员工执行的工作任务，以自由自愿的形式外包给非特定的（而且通常是大型的）大众网络的做法。众包的任务通常是由个人来承担，但如果涉及需要多人协作完成的任务，也有可能以依靠开源的个体生产的形式出现。

云计算和软件即服务促进了本地化工程的标准化、模块化和流程化，未来的本地化工程将如同本地化翻译工作那样，可以通过因特网自由定制和购买本地化工程服务，促进本地化工程外包业务的发展。众包将引发本地化项目实施的模式新变化，从独立的本地化专业服务商实体转变为网络化、虚拟化的本地化工作团队。为了实现本地化众包，需要高度可用性的本地化工程基础设施和工程处理技术。

四、开源本地化工程软件将快速发展和应用

开源软件是源代码可以被公众使用的软件，并且软件的使用、修改和分发也不受许可证的限制，只需要遵守通用公众许可（GPL）等的规定即可。开源软件的兴起是因特网时代"自由"和"开放"精神的体现。

开源软件已经进入本地化行业，并且呈现蓬勃发展的趋势，例如，本地化项目管理软件GlobalSight已经发布，并且取得了一定的实践应用。计算机辅助翻译软件OmegaT，支持翻译记忆、关键字搜寻、词汇、译文重复利用。Okapi Framework致力于为业界提供丰富的本地化软件，包括文件格式转换工具、生成本地化文件包的工具等。

开源本地化软件的兴起和发展将是持续的发展过程，将对商业本地化软件产生影响，并且与之长期共存，为本地化服务商提供更多的技术选择，促进商业本地化软件功能的提高和服务内容的增强。开源本地化软件还需要随着本地化行业的发展和壮大，不断提高开源本地化软件的种类和功能，有助于降低本地化过程的工具购买成本和技术成本。

五、多媒体本地化工程将成为新生力量

因特网的深入普及、多媒体技术的发展，将促进技术写作技术的进步。由于市场竞争的加剧、产品功能的不断加强和发布周期的缩短，随着工作和生活节奏的加快，用户对新产品的使用体验将不断增强。传统的以文字为主传播产品功能和使用方式的产品技术文档，已经不适应未来用户快节奏、生动化、形象化和个性化的要求。

多媒体内容的表现形式包括图像、动画、字幕、视频、音频等，不仅在产品手册和软件联机帮助中将得到推广应用，而且在网站、电子学习课件等领域得到加强。

做好多媒体文件本地化工程的工作，需要提高文件格式转换，从多媒体文件中提取需要本地化的内容，采用CAT技术完成译文，对于译文执行检查保证译文质量，最后合成多媒体原来的文件格式，并且测试和修正本地化出现的缺陷。

由于多媒体文件的类型多种多样，设计工具层出不穷，因此，多媒体本地化工程面临技术和效率的挑战，关键是分析多媒体文件的类型特征，选择和设计多媒体文件的格式转换或文字提取工具，保证本地化翻译的过程的质量，最后集中合成和测试，需要组合使用多种工程工具和动画设计软件，对于视频多媒体文件还需要保持本地化后的视、音频画面和声音的同步，这经常是非常耗时的琐碎而精细的工作，可以尝试将这些工作进行本地化工程外包，加快本地化工程的实施进度。

本章小结

经济全球化和产品多语种同步发布对传统本地化工程工作带来了新的挑战，产品设计技术和全球市场的发展驱动着本地化工程技术和方式的发展。敏捷开发技术促生了敏捷本地化方式，中国本土企业中文产品的全球化要求中文本地化工程在技术上进行探索。标准化、专业化、流程化将成为本地化工程的发展趋势。

本章首先介绍了全球化产品开发公司、本地化公司和翻译公司在项目实践中的本地化工程技术挑战，接着分析了软件敏捷开发模式催生的敏捷本地化方式的特征和优势，阐述了中文产品全球化和本地化面临的本地化工程方面的问题和解决思路，最后从技术和市场方面提出了本地化工程的发展趋势。

本章的知识要点归纳如下

* 全球化产品开发公司、本地化公司和翻译公司在项目生产实践中面临本地化工程的挑战。
* 软件敏捷开发模式催生敏捷本地化方式，引发本地化团队职责、生产流程、技术应用的变革。
* 我国本土企业中文产品本地化需要加强全球化设计、技术写作规范、重视本地化工程团队建设、企业全球化信息管理系统建设。
* 因特网技术和信息技术的发展，促进本地化工程的进步，本地化工程将向标准化、流程化、集成化、自动化方向发展。
* 开源本地化工程工具将取得进一步的发展，呈现种类多，功能强的特征。
* 多媒体本地化将成为本地化工程迅速发展的新领域，需要有效的技术工具，以适当外包的方式进行多媒体本地化工程的工作。

思 考 题

1. 全球化产品开发公司、本地化服务公司和翻译公司的本地化工程面临哪些挑战？
2. 敏捷本地化方式具有哪些特点？有哪些优势？
3. 如何有效实施中文产品本地化工程？
4. 本地化工程技术的发展趋势有哪些？
5. 如何提高多媒体本地化工程的效率和质量？

跋

欧盟委员会在 2005 年 11 月 22 日曾经公布过一个题为"实现多语系策略"的官方报告,这份报告的题记使用了斯洛伐克的一句谚语:"你懂得的语言越多,你就越像一个人(The more languages you know, the more you are like a person)"。这句谚语的逻辑是显而易见的。既然语言是人类与动物的最大区别,语言使人类脱离了动物界,那么,如果你懂得的语言越多,你当然也就越像一个人了。欧盟委员会选择这句谚语作为"实现多语系策略"官方报告的基调,目的是鼓励欧盟区域内的公民多掌握一些语言,由此足以看出多语言的使用和翻译已经成为欧盟的一个众人瞩目的大问题。

语言是人类交际、思维和认知的重要工具。但是,欧盟内部严重的语言问题说明,由于语言的差异而造成的"语言障碍"(Language Barrier),确实也给人类带来极大的困扰。为了克服这样的语言障碍,一些有识之士曾经提出使用"人类通用语言"(Lingua Franca)来替代各种不同语言的想法。但是,这样的想法显然是很难实现的,因为语言是民族文化的象征,放弃民族语言就意味着放弃民族的文化,如果全人类都讲一种通用的语言,各具特色的、丰富多彩的民族文化也就黯然失色了。这显然不是一件好事。

我们正在处于信息革命的新时代,科学技术的发展日新月异,新的信息、新的知识如雨后春笋般地不断增加,形成了"信息爆炸"(Information Explosion)的局面。现在,世界上出版的科技刊物约 165,000 种,平均每天有大约 2 万篇科技论文发表。专家估计,我们目前每天在互联网上传输的数据量之大,已经超过了整个 19 世纪的全部数据的总和,我们在新的 21 世纪所要处理的知识总量将要大大地超过我们在过去 2500 年历史长河中所积累起来的全部知识总量。随着知识突飞猛进的增长,翻译服务在翻译市场上供不应求的局面也就越来越严重了。

目前,我国翻译能力严重不足,我国翻译市场的规模尽管已经超过了 100 亿人民币,但是现有的国内翻译公司只能消化其中的 10% 左右,由于无法消化大量从国际上传来的信息流,我们的信息不灵,就有可能使我们在国际竞争中失去大量的机会。多语言网络时代的到来以及信息日益剧增的局面,使得翻译问题变成了当今世界的一个极为迫切的问题。

对翻译的需求是多种多样的,有的对译文质量要求很高,例如,各种出版物、法律文书等;有的只要求译文可以理解,例如,一些临时性文档、内部的报告等;有的只要求实现信息发出者与信息接受者之间的一对一的交流,例如,电子邮件、口语对话等;有的则要求能够完成多语言的信息获取,例如,信息抽取、数据库搜索等。我们应当根据对翻译的不同需求,有针对性地提供恰如其分的翻译服务。

为了解决翻译这个迫切问题,20 世纪 80 年代初,IBM 等国际跨国公司开始推行软件产品的"本地化"(Localization),从而驱动了本地化行业的兴起。本地化是商品适应本土市场要求的过程。本地化要求根据本地的具体情况,对产品或服务进行修改,以适应本地的语言和文化习俗的特点。本地化的服务是获得高质量的译文,并且以此为基础获得高质量的本地化的商业产品。

本地化的输入是源语言(Source Language)的产品,包括软件、网站、用户手册、多媒体材料等;本地化的输出是目标语言(Target Language)的产品,除了对源语言内容的翻译之外,还包括对源语言产品的功能和特征进行修订或改造。因此,本地化具有比翻译更加丰富的内涵。

本地化中使用最多的技术是"翻译记忆"(Translation Memories,简称 TM)。翻译记忆软件能够保存和重复使用翻译工作者已经翻译好的译文。这些译文对于新的翻译文件来看,是"似曾相识的记忆",这使我们想起我国古诗中的名句:"似曾相识燕归来",翻译记忆就好比"似曾相识"的"燕子"。翻译记忆软件在内容修订和更新的全过程中能保存和重复使用译文。如果有新的资料需要翻译,可以使用原来存储在翻译记忆中的译文。

本地化工程(Localization Engineering)是翻译与软件技术交叉的一门综合性的技术。本地化工程要针对产品的开发环境和信息内容，对它们进行分解，翻译其内容，转换其格式，然后再将已经译成目标语言的文字再次配置到产品的开发环境中，从而生成本地化的产品。本地化工程是软件工程学科分支之一，它采用多种软件技术辅助产品本地化翻译的过程，可以降低翻译过程的技术难度，提高翻译工作效率，提高翻译译文质量，缩短产品本地化周期。

本地化工程是解决软件多语种本地化过程文字翻译之外的技术问题。与传统文本文件注重文字内容翻译不同，需要本地化的软件具有多种文件格式，而且边开发边本地化（称之为"敏捷开发"和"敏捷本地化"方式），版本升级较快，因此，处理软件内容的更新和译文重复利用成为重要的问题。此外，在市场化的经营环境中，软件开发商将本地化工作以项目的方式外包到本地化服务提供商，它们需要的不是一个或多个译文，而是一个或多个本地化用于直接发布和销售的产品（软件、用户手册、网站等）。这些需求仅靠语言文字翻译是无法完成的，本地化工程发挥着无可替代的作用。

本地化工程作为独立的技术已经在产品本地化过程中得到了充分应用，并且取得了积极成果，已成为大型软件本地化过程不可缺少的技术核心。在美国和欧洲软件发达国家，本地化工程已经成为高校本科和研究生翻译类专业的必学课程。但是，由于我国本地化服务行业发展历史较短，行业宣传和推广不足，它的重要性和应用领域还没有被广泛理解和重视。我国虽然有三千多家翻译公司，但是真正能提供高质量软件本地化服务的公司却寥寥无几，缺乏本地化工程技术是影响这些翻译公司业务发展的因素之一。

一些翻译工作者因工作范围和思想认识等局限，并不了解全球本地化服务行业的市场现状和技术发展趋势，对以信息技术为基础的本地化工程持有"偏见"，认为本地化工程技术是"雕虫小技"而不值一提，过分陶醉于追求"信达雅"的传统文字翻译工作中。当他们有机会承担软件本地化翻译服务时，却发现缺少本地化工程技术基础，根本无法胜任。现代翻译工作者需要关注和追踪市场和技术的发展，具有全球化意识观念，追求思想的与时俱进。

因此，翻译和本地化工作者除了懂得翻译技术之外，有必要懂得软件技术和本地化工程技术，理解其作用和基本内容。当然，要想在翻译技术、软件技术和本地化工程技术等三个方面都很精通是非常难的。我认为，对于一个从事本地化工作的人来说，应当要求自己在上述的某一个方面是精研通达的内行，而对于另外的两个方面不能是似懂非懂的外行，也就是说，除了精通某一个方面的技术之外，还应当具备另外两个方面的基本知识和技能。

本书介绍了翻译和本地化工程的基础知识，根据翻译和本地化项目的业务特征，论述了软件、联机帮助、文档、多媒体等典型业务的本地化工程技术，介绍了本地化工程管理与过程改进方法。全书注重实践、条理清晰、要点突出；每一章都有思考题，可以帮助读者进一步理解该章讲述的内容。因此，本书非常适合于用作翻译和本土化工程技术实践的教材，也可以作自学之用。相信本书的出版一定会有力地促进我国的翻译和本地化工程技术的发展。希望读者喜欢这本书，从阅读中得到快乐，从学习中得到知识。

冯志伟
2010年5月25日

参考书目

Chandler, Heather M. *The Game Localization Handbook*. 1st ed. Florence: Charles River Media, 2004.

DePalma, Don. *Business without Borders: A Strategic Guide to Global Marketing*. Hoboken: John Wiley & Sons, 2004.

Esselink, Bert. *A Practical Guide to Localization*. Rev. ed. Amsterdam: John Benjamins, 2000.

Lingo Systems. The Guide to Translation and Localization. 7th ed. Portland: Lingo Systems, 2009.

Luong, Tuoc V., et al. *Internationalization: Developing Software for Global Markets*. New York: Katherine Schowalter, 1995.

Uren, Emmanuel, et al. *Software Internationalization and Localization: An Introduction*. New York: Van Nostrand Rinhold, 1993.

崔启亮、胡一鸣:《国际化软件测试》,电子工业出版社,2006年。

童春洁、周皓峰、杨普、舒芳蕊:《全球化软件开发最佳实践》,电子工业出版社,2008年。

王华伟、崔启亮:《软件本地化》,电子工业出版社,2005年。

依微斯·塞佛雷:《XML国际化和本地化开发》,李二勇等译,机械工业出版社,2002年。

杨晓亮:《Word VBA高效排版范例应用》,中国青年出版社,2005年。